网络营销:
工具、方法与策划

WANGLUO YINGXIAO GONGJU FANGFA YU CEHUA

主　编　包金龙　邵嫣嫣
副主编　王晓雪　徐　伟

苏州大学出版社
Soochow University Press

图书在版编目(CIP)数据

网络营销:工具、方法与策划/包金龙,邵嫣嫣主编.—苏州:苏州大学出版社,2019.12
ISBN 978-7-5672-3065-1

Ⅰ.①网… Ⅱ.①包… ②邵… Ⅲ.①网络营销-高等职业教育-教材 Ⅳ.①F713.365.2

中国版本图书馆CIP数据核字(2019)第281847号

网络营销:工具、方法与策划
包金龙 邵嫣嫣 主编

责任编辑 史创新

苏州大学出版社出版发行
(地址:苏州市十梓街1号 邮编:215006)
苏州工业园区美柯乐制版印务有限责任公司印装
(地址:苏州工业园区东兴路7-1号 邮编:215021)

开本 787mm×1 092mm 1/16 印张 16.25 字数 353 千
2019年12月第1版 2019年12月第1次印刷
ISBN 978-7-5672-3065-1 定价:40.00元

苏州大学版图书若有印装错误,本社负责调换
苏州大学出版社营销部 电话:0512-67481020
苏州大学出版社网址 http://www.sudapress.com
苏州大学出版社邮箱 sdcbs@suda.edu.cn

前言

  网络营销是企业开展电子商务的一项基本活动,亦是本科、专科层次电子商务专业人才培养方案中的一门重要核心课程。自从诞生以来,伴随信息技术的飞速发展和电子商务应用模式、工具的不断创新,网络营销实践的脚步从未停歇。这给网络营销教学及教材编写带来了巨大挑战。围绕网络营销理论及实践,国内外学者已编写、出版了一些相关教材,这些教材主要按照三种思路编写,对推动网络营销课程教学质量的提高做出了重要贡献,但均存在一些不足:一种思路沿袭传统市场营销教材的篇章结构,从网络营销职能的角度编写教材;该类教材的优势是理论性较强,便于学生了解企业战略和策略制定层面的一般营销工作过程,但是战略规划及策略制定等先学内容对知识、经验要求较高,属于企业部门营销经理级别以上工作内容,对于初学者而言难度较大,有悖于从易到难的学习规律,在实际教学实践中易于陷入"曲高和寡"的局面。另一种思路从网络营销工具的角度编写教材;该类教材的优势是突出网络营销的实践性,便于学生了解常见的网络营销工具的操作、用法,但不利于学生从整体上把握不同网络营销工具对于总体营销目标实现的影响,易于"只见树木,不见森林";此外,近年来,内容电商、社交电商、社群电商模式不断创新,新型营销工具不断涌现,有必要在网络营销教材中得到及时体现。部分学者已意识到上述两种编写思路的利弊,试图融合两种思路进行编写,虽然知识完备性更好了,但内容逻辑性不够明朗,理论和实践缺乏衔接。

  在已有网络营销教材及相关科研成果基础上,针对现有教材存在的不足,基于职业岗位典型工作任务及职业能力形成规律,按照理论够用原则,本教材由工具篇、方法篇和策划篇三个模块构成,具体设计了网络营销岗位认知、传统网络营销工具、新媒体营销工具、网络营销方法、网络市场调研、网络营销策略、网络营销策划与效果评价七章。其中工具篇由第1、2、3章构成,方法篇由第4章构成,策划篇由第5、6、7章构成。每个章节内部按照案例—知识—实训—习题的逻辑顺序编写。

  本教材的编写特色主要体现在以下几个方面:

  1. 按照职业能力成长规律序化教学单元。结合高职电子商务专业人才培养规划定位,面向制造业、服务业进行企业调查,分析企业网络营销岗位能力要求,围绕企业网络营销实际岗位典型工作任务设置教学单元,并按照任务的从易到难安排学习单元。

2. 按照理论够用原则遴选理论知识。网络营销涉及的理论知识庞杂,如何重点突出地选择理论教学内容是教材编写面临的棘手问题。本教材基于调研梳理出的网络营销岗位能力要求,反求出完成任务所必备的理论知识,据此选择合适的理论知识内容。

3. 学做练一体,突出能力培养。围绕章节学习目标,每个章节选用企业典型案例,在分析案例、学习相关理论知识的基础上,开展项目实训,最后辅以习题巩固,学做练一体,培养学生的网络营销能力。

本教材主要适用于高职院校以及应用型本科院校学生。各章的编写分工如下:第1、4章由邵嫣嫣编写,第2章由王晓雪编写,第3章由张虹编写,第5章由朱远清编写,第6章由徐伟编写,第7章由包金龙编写。全书结构由包金龙、邵嫣嫣确定。包金龙负责全书的总纂。

另外,本教材还参考借鉴了国内外营销学界专家和同行的诸多教学科研成果,在此表示最诚挚的谢意。同时,也对所有直接或间接为我们提供了素材的企业一线经理人表示谢意和敬意。由于编写时间仓促和作者水平有限,书中疏漏之处难以避免,欢迎广大读者批评指正,以便我们进一步修改和完善。我们的电子邮箱:baojinlong@jssvc.edu.cn。

目录
Contents

第1章 网络营销岗位认知
1.1 网络营销现状 / 1
1.2 网络营销岗位要求 / 7

第2章 传统网络营销工具
2.1 搜索引擎营销 / 15
2.2 E-mail营销 / 36
2.3 即时通信营销 / 45
2.4 论坛营销 / 49
2.5 博客营销 / 54
2.6 问答、百科营销 / 63

第3章 新媒体营销工具
3.1 微博营销 / 70
3.2 微信营销 / 82
3.3 抖音营销——短视频营销 / 96
3.4 头条营销 / 103
3.5 知乎营销 / 108
3.6 简书营销 / 115

第4章 网络营销方法
4.1 联盟营销 / 124
4.2 病毒营销 / 131
4.3 口碑营销 / 135
4.4 众筹营销 / 141
4.5 事件营销 / 146
4.6 饥饿营销 / 151

4.7 借力营销 / 156
  4.8 软文营销 / 159

第5章 网络市场调研

  5.1 消费者需求分析 / 164
  5.2 竞争对手分析 / 178
  5.3 行业分析 / 187

第6章 网络营销策略

  6.1 网络营销产品策略 / 194
  6.2 网络营销价格策略 / 201
  6.3 网络营销渠道策略 / 210
  6.4 网络营销促销策略 / 216

第7章 网络营销策划与效果评价

  7.1 网络营销策划 / 225
  7.2 网络营销效果评价 / 238

参考文献 / 252

第1章 网络营销岗位认知

1.1 网络营销现状

1.1.1 学习目标

【能力目标】

※ 能够理解网络营销与传统营销的整合；
※ 能够分析网络营销的优势。

【知识目标】

※ 理解网络营销的内涵与基本特征；
※ 正确认识网络营销对传统营销的冲击。

1.1.2 学习案例

欧莱雅网络营销成功案例

1. 营销背景

随着中国男士使用护肤品习惯的转变，男士美容市场的需求逐渐上升，整个中国男士护肤品市场也逐渐走向成熟，近两年的发展更是迅速，越来越多的年轻男士对护肤的理解已从基本清洁发展为护理，成熟的美容消费意识逐渐形成。

2012年欧莱雅中国市场分析显示，男性消费者初次使用护肤品和个人护理品的年龄已经降到22岁，男士护肤品消费群区间已经获得较大扩张。虽然消费者年龄层正在扩大，但即使是在经济最发达的北京、上海、杭州、深圳等一线城市，男士护理用品销售额也只占整个化妆品市场的10%左右，全国平均占比则远远低于这一水平。作为护肤品牌，欧莱雅男士系列对该市场的上升空间充满信心,期望进一步扩大在中国年轻男士群体中的市场份额,巩固在中国男妆市场的地位。

2. 营销目标

(1)推出新品巴黎欧莱雅男士极速激活型润肤露,即欧莱雅男士BB霜,品牌主希望迅速占领中国男士BB霜市场,树立该领域的品牌地位,并打造中国年轻男士心目中人气最高的BB霜产品。

(2)欧莱雅男士BB霜将目标客户定位在18~25岁的人群,他们是一群热爱分享、热衷社交媒体,并已有一定护肤习惯的男士。

3. 执行方式

面对其他男妆品牌主要针对"功能性"诉求的网络传播,麦肯旗下的数字营销公司MRM携手欧莱雅男士,将关注点放在中国年轻男士的情感需求上,了解到年轻男士的心态在于一个"先"字,他们想要领先一步,先同龄人一步,因此确立了"我是先型者"的创意理念。

为了打造该产品的网络知名度,欧莱雅男士针对目标人群,同时开设了名为"型男成长营"的微博和微信账号,开展一轮单纯依靠社交网络和在线电子零售平台的网络营销活动。

(1)在新浪微博上引发了针对男生使用BB霜的接受度的讨论,发现男生和女生对男生使用BB霜的接受度都大大高于人们的想象,为传播活动率先奠定了舆论基础。

(2)代言人加入,发表属于他的"先型者"宣言:"我负责有型俊朗,黑管BB负责击退油光、毛孔、痘印,我是先型者×××",号召广大网民通过微博申请试用活动,发表属于自己的"先型者"宣言。微博营销产生了巨大的参与效应,更将微博参与者转化为品牌的主动传播者。

(3)在某商城建立了欧莱雅男士BB霜首发专页,开展"占尽先机,万人先型"首发抢购活动,设立了欧莱雅男士微博部长,为BB霜使用者提供一对一的专属定制服务。另外,特别开通微信专属平台,每天即时将新品上市、使用教程、前后对比等信息通过微信推送给关注巴黎欧莱雅男士公众号的每一位用户。

4. 营销效果

该活动通过网络营销引发了在线热潮,两个月内,在没有任何传统电视广告投放的情况下,该活动覆盖人群达到3 500万用户,共307 107位用户参与互动。仅据来自新浪微博的统计,微博阅读量即达到560万,在整个微博试用活动中,一周内即有超过69 136名男性用户申请了试用,在线的预估销售库存在一周内即被清空。

(资料来源:百度文库《网络营销成功案例》,有改动)

问题:思考欧莱雅网络营销成功的原因。

1.1.3 相关知识

1. 网络营销的含义与内容体系

纵观现有专著教材、期刊文章、互联网上资料的各种观点,"网络营销"目前不仅没有形成一个公认的、完善的定义和完整的体系,而且在不同时期、从不同的角度对网络营销的内涵和实质有不同理解。这种状况主要是因为网络营销环境在不断发生变化,各种网络营销模式不断出现,并且网络营销涉及多个学科的知识,不同研究人员具有不同的知识背景,因此对网络营销的研究方法和研究内容的理解必然会产生差异。为了理解网络营销的全貌,有必要为网络营销下一个比较合理的定义。

本书将"网络营销"定义如下:网络营销是指企业面对互联网环境,在整体营销战略规划指导下,对传统市场营销理论加以继承和延伸,综合运用各种信息技术作为营销工具,为实现企业营销目标而进行的一系列活动过程。据此定义,可以得出以下认识:

(1) 网络营销是企业整体营销战略的重要组成部分

网络营销是传统营销在虚拟的互联网环境中的应用和发展,借助信息技术(主要是网站、E-mail、搜索引擎和网络广告等)实现营销组合"4P"(Product,产品;Price,价格;Place,渠道;Promotion,促销)功能,网络营销活动不可能脱离一般营销环境而独立存在。对于不同的企业,网络营销所处的地位有所不同:以经营网络服务为主的网络公司,更加注重网络营销策略;而在传统的工商企业中,网络营销通常只处于辅助地位。由此也可以看出,网络营销与传统市场营销之间并没有冲突,但网络营销依赖互联网应用环境而具有自身的特点,因而其有相对独立的理论和方法体系。

(2) 网络营销不只是网上销售

网上销售是网络营销发展到一定阶段产生的结果,网络营销是为实现网上销售目的而进行的一项基本活动,但网络营销本身并不等于网上销售。这可以从两个方面来说明:一方面,因为网络营销的效果可能表现在多个方面,如提升企业品牌的价值、拓展对外信息发布的渠道、加强与客户之间的沟通。作为一种对外发布信息的工具,网络营销活动并不一定能实现网上直接销售的目的,但是,很可能有利于增加总的销售,加强与客户之间的沟通。另一方面,网上销售的推广手段也不仅仅靠网络营销,许多企业网站根本不具备网上销售产品的条件,在把网站作为企业发布产品信息渠道,通过网站推广手段宣传产品的同时,往往还要采取许多传统的方式,如播放传统媒体广告、发布新闻、印发宣传册等。

(3) 网络营销不等于电子商务

网络营销和电子商务既紧密相关又有明显区别。网络营销与电子商务面对的都是互联网环境,都要运用以信息技术为主的各种先进科技手段。两者的区别主要体现在研究范围方面,电子商务指的是商务活动电子化,而商务活动则涵盖企业各种经营活动,涵盖生产、财务、营销等交易过程的各个环节。网络营销的定义已经表明,网络营销是企业整体营销战略的一个组成部分。可见,无论是传统企业还是基于互联网开展业务的企业,也无论是否有电子化交易的发生,都需要网络营销。但网络营销本身并不是一个完整的商业交易过程,它为促成交易提供支持,是电子商务中的一个重要环节。尤其在交易发生之前,网络营销发挥着主要的信息传递作用。网络营销和电子商务的这种关系也表明,发生在电子交易过程中的网上支付和交易之后的商品配送等问题并不是网络营销所能包含的内容,同样,电子商务体系中所涉及的安全、法律等问题也不适合全部包括在网络营销中。

(4) 网络营销是对网上经营环境的营造

企业网上经营环境由网络服务环境、上网用户数量、合作伙伴、供应商、销售商、相关行业的网络环境等因素构成。网络环境为企业开展网络营销活动提供了潜在用户,提供了向用户传递营销信息、建立顾客关系、进行网上市场调研等各种营销活动的手段和渠道。企业的网络营销活动也是整个网络环境的组成部分,开展网络营销的过程,就是与这些环境因素建立关系的过程,这些关系发展好了,网络营销才能取得成效。例如,网站推广常用的搜索引擎策略和网站链接策略的实施,也就是和搜索引擎服务商以及合作伙伴之间建立良好关系的过程,网站访问量的增长以及网上销售得以实现都是对网上经营环境营造的结果。因此,网络营销是对企业网上经营环境的营造过程,也就是综合利用各种网络营销手段、方法和条件并协调其间的相互关系,从而更加有效地实现企业的营销目标。

2. 网络营销的基本特征

随着互联网技术发展的成熟以及联网成本的低廉,互联网好比是一种"万能胶",将企业、团体、组织以及个人跨时空联结在一起,使得相互之间信息的交换变得唾手可得。市场营销中最重要也最本质的特点是组织和个人之间进行信息传播和交换。如果没有信息交换,那么交易就是无本之源。正因为如此,互联网具有营销所要求的某些特性,这使得网络营销具备了以下特征:

(1) 时域性

营销的最终目的是占有市场份额。由于互联网能够超越时间约束和空间限制进行信息交换,所以营销脱离时空限制进行交易变成可能,企业有了更多的时间和更大的空间进行营销,可每周7天,每天24小时随时随地地提供全球性营销服务。

(2) 富媒体

互联网被设计成可以传输多种媒体的信息,如文字、声音、图像等,使得为达成交易进行的信息交换能以多种形式存在和交换,可以充分发挥营销人员的创造性和能动性。

(3) 交互式

互联网通过展示商品图像、商品信息资料库提供有关的查询来实现供需互动与双向沟通,还可以进行产品测试与消费者满意度调查等活动。互联网为产品联合设计、商品信息发布以及各项技术服务提供了最佳工具。

(4) 个性化

互联网上的促销是一对一的、理性的、消费者主导的、非强迫性的、循序渐进式的,而且是一种低成本与人性化的促销,避免推销员强势推销的干扰,并通过信息提供交互式交谈,与消费者建立长期良好的关系。

(5) 成长性

互联网使用者数量快速增长并遍及全球,使用者多有年轻、中产阶级、高教育水准的特点,由于这部分群体购买力强而且具有很强的市场影响力,因此网络营销是一条极具开发潜力的市场渠道。

(6) 整合性

互联网上的营销可从商品信息发布至收款、售后服务一气呵成,因此也是一种全程营销。企业可以借助互联网将不同的营销活动进行统一设计规划和协调实施,以统一的传播资讯向消费者传达信息,避免不同传播中不一致性产生的消极影响。

(7) 超前性

互联网是一种功能最强大的营销工具,它兼具渠道、促销、电子交易、互动以及市场信息分析与提供等多种功能。它所具备的一对一营销能力,符合定制营销与直复营销的未来趋势。

(8) 高效性

计算机可储存大量的信息,可传送的信息数量与精确度远超过其他媒体,并能应市场需求,及时更新产品或调整价格,及时有效地了解并满足顾客的需求。

(9) 经济性

通过互联网进行信息交换,代替以前的实物交换,一方面可以减少印刷与邮递成本,可以无店面销售,免交租金,节约水电与人工成本,另一方面可以减少由于多次交换而带来的损耗。

(10) 技术性

网络营销是建立在以高技术作为支撑的互联网基础上的,企业实施网络营销必须有一定的技术投入和技术支持,改变传统的组织形态,增加信息管理部门的功能。引进懂营销与电脑技术的复合型人才,才能具备市场竞争优势。

3. 网络营销相对于传统营销的优势

网络营销是一种新的营销技术,更是一种意识,对传统营销产生巨大的冲击;这种基于互联网的新型营销方式已经引起广泛关注,对企业的经营管理产生越来越大的影响。相比传统营销,网络营销的优势体现在以下几个方面:

(1) 大面积、无地域限制的全方位推广

网络营销相对于线下推广来说,不受地域限制,可以大面积宣传公司。尤其是中小企业,由于经营资源的限制,发布新闻、投放广告、开展大规模促销活动等宣传的机会比较少,因此通过互联网手段进行营销推广的意义显得更为重要。

(2) 降低成本,企业获得竞争优势

通过网络发布信息,将产品直接面向消费者,缩短分销环节,使企业实现了产品直销,减少了库存,降低了综合成本,无形中帮助企业减小了生存压力。前来访问的大多是对此类产品感兴趣的顾客,受众准确,避免了许多无用的信息传递,也可节省费用。

(3) 沟通方便快捷,提供更优质的客户服务

可以通过在线方式收集顾客意见,让顾客参与产品的设计、开发和生产,真正做到以顾客为中心,满足顾客各方面的需求,避免不必要的浪费。销售过程中,让顾客既有极强的自主选择余地,又能方便地获得回应,从而获得方便轻松的购物体验。

(4) 形式新颖别致,具备吸引力

由于传送媒介是多媒体设备,所以内容全面、生动形象、互动性强、反馈及时,大大提高了企业信息的传播效率。网络媒体的真正价值,在于它不仅提供了全新的市场营销渠道,而且这个渠道细分后,又可以形成更多不同的营销途径,让今天已经难以突破的传统市场营销格局有了崭新的组合方式。

(5) 营销手段多样化

网络营销具有沟通效率高、覆盖范围广、互动性强、成本低等优势,凭借这些优势发展出的丰富多样的网络营销手段,正生发出勃勃生机。这些手段既包括门户广告、搜索引擎营销、电子商务网站推广、网络联盟等,也包括电子邮件推广、社区推广、视频推广,甚至包括在网上写文章、跟帖,宣传公司和产品等。

4. 网络营销与传统营销的整合

网络营销作为新的营销理念和策略,凭借互联网特性对传统经营方式产生了巨大的冲击,但这并不等于说网络营销将完全取代传统营销,网络营销与传统营销是一个整合的过程。

① 互联网作为新兴的虚拟市场,它覆盖的群体只是整个市场中的某一部分群体,许多群体由于各种原因还不能或者不愿意使用互联网,如老人和落后地区的人群,传统的营销策略和手段则可以覆盖这部分群体。

② 互联网作为一种有效的渠道有着自己的特点和优势,但一些消费者,由于个人生活方式的原因,不愿意接受或者使用新的沟通方式和营销渠道,如许多消费者不愿意在网上购物,而习惯在商场里一边购物一边休闲。

③ 互联网作为一种有效沟通方式,可以方便企业与用户之间直接双向沟通,但一些消费者有着自己的偏好和习惯,愿意选择传统方式进行沟通,如报纸有网上电子版本后,并没有冲击原来的纸质印刷出版业务,而是起到了相互促进的作用。

④ 互联网只是一种工具,营销面对的是有灵性的人,因此一些以人为主的传统营销策略所具有的亲和力是网络营销没有办法获得的。

随着技术的发展,互联网将逐步弥补上述不足,在很长一段时间内,网络营销与传统营销将呈现相互影响和相互促进的局面,最终实现融洽的内在统一。

1.1.4 实训项目

认识网络营销

【实训目的】

通过本次实训,学生明确网络营销与传统营销之间的异同,了解开展网络营销所需的基本条件。

【实训任务】

比较并分析传统购物和网络购物。

【实训步骤】

1. 从传统书店购买一本网络营销相关教材,详细记录购物过程及感受。
2. 在与互联网连接的计算机终端登录淘宝网(网址:www.taobao.com),然后在搜索栏中输入"网络营销",点击"搜索",在弹出的页面中找到所需要购买的书籍,按照页面的提示完成购物过程。
3. 比较传统购物过程和网络购物过程,分析网络购物的优势和实现网络购物的条件,并撰写实训报告。

1.1.5 思考习题

1. 试述网络营销与电子商务的区别。
2. 网络营销的优势是什么?
3. 试述网络营销的基本概念及理论内涵。
4. 试述网络营销的发展历程及未来趋势。

1.2 网络营销岗位要求

1.2.1 学习目标

【能力目标】

※ 能够分析网络营销组织结构;
※ 能够根据网络营销管理的内容,匹配相应的网络营销人员。

【知识目标】

※ 理解网络营销管理的职能与人员;

※ 掌握网络营销管理的内容与流程。

1.2.2 学习案例

某公司网络营销岗位职责及工作内容

1. 主要职责

(1) 负责公司的网络宣传推广工作,有效达成网站平台的访问量等相关推广指标,并不断探索新的运营思路和推广办法;

(2) 负责网络广告投放,与第三方网站进行流量、反链接交换,开展专题活动合作,增加网站的流量;

(3) 负责网络活动营销策划和实施,针对节假日、社会事件或活动策划可执行的有效网络营销活动;

(4) 策划执行软文、在线活动、"病毒式"营销等传播方案,善于发现炒作点并形成文案;

(5) 配合平面和媒体广告,及时更新、转载软文,扩大网站和品牌的影响力;

(6) 每天查看合作网站,对其适当调整,保持网站权重不被降低;

(7) 用其他方式建立品牌美誉度,辅助完成推广效果;

(8) 对公司品牌体系的运作进行维护,提升品牌形象;

(9) 完成领导交办的其他事项。

2. 工作内容

(1) 部门性质:网络销售、推广。

(2) 服务对象:顾客。

(3) 管理权限:受营销中心委托,负责公司产品网络销售及相关事务的管理和实施,承担执行公司规章制度、管理制度、工作指令的义务。

(4) 管理职能:负责公司产品网络销售及相关事务的管理和实施,对所承担的工作负责。

(5) 工作流程:

① 负责每天上班后对公司网站、电商平台进行后台处理,负责公司网站及电商平台的日常维护;

② 负责网络站内站外推广工作,策划微商平台促销活动方案;

③ 负责站内流量分析,制定主推款和关键词,分析数据;

④ 负责官网的维护与修改;

⑤ 负责协调合作单位对网站的装修、改版、上架,以及图片拍摄与平面处理;

⑥ 负责在线客服和售后服务;

⑦ 负责物流准时准款发货；
⑧ 负责网络正常运营及管理；
⑨ 负责管理电子商务平台的商品订单及日常平台操作,处理电子商务平台的交易投诉,跟踪平台的服务质量和用户满意度,以及能够及时准确地执行平台营销的各种工作；
⑩ 配合电子商务部门和其他合作部门的流程梳理以及系统建立；
⑪ 负责每天出具电子商务报告；
⑫ 负责客户佣金核对、支付,信息搜索和更新,以及交易的实施；
⑬ 寻找客户资料,进行电话营销及跟单处理；
⑭ 对线下代理商进行指导和管理；
⑮ 负责商标和专利的监控；
⑯ 整理公司合同并存档。

(资料来源:百度文库《网络营销岗位职责及工作内容》,有删改)

问题: 思考网络营销岗位职责与传统营销岗位职责的差异。

1.2.3 相关知识

1. 网络营销管理及其流程

(1) 网络营销管理必备知识与技能

网络营销活动的优势使之得到广泛关注,很多企业纷纷借助网络开展营销活动,随之而来的网络营销管理问题,尤其是直接影响网络营销活动成效及总体目标实现的资金流、物流和客户管理问题日渐突出。因而,了解网络营销管理的内容,掌握相应的管理方法及技能是每个网络营销人必须做到的。

① 不断学习网络营销基本知识。网络营销是伴随互联网和网络市场的产生而产生的,具有很强的实践性,它以互联网为基础,针对不断发展的网络市场,以创新的思维方式将传统市场营销与互联网不断融合,使网络营销活动在发展中创新,在创新中指导实践,从而推动网络营销不断发展。因此,开展网络营销活动的首要工作是学好网络营销的基本知识,包括传统的市场营销知识。

② 掌握常用的网络营销工具。就像传统营销中的推销人员离不开电话、名片、产品画册等工具一样,从事网络营销活动的人员也离不开电子邮件、搜索引擎、博客等网络工具。网络营销人员应熟练地掌握一些常用的网络营销工具,以便适应网络消费者的需要,更好地开展网络营销工作。

(2) 网络营销管理的内容

① 熟练分析网络营销市场。从传统的市场营销发展到网络营销,是营销活动与其影响环境相互作用的结果。因此,有效地开展网络营销活动,需要正确地分析影响网络营销

活动的环境因素,包括宏观市场环境、行业竞争环境和微观营销环境。只有通过对网络营销环境的调查分析,企业才能发现网络市场的商机。但每个企业把握商机的能力是不同的,这就要求企业对网络消费者行为和目标市场进行有效分析,从而确定企业网络市场定位。

② 正确制定网络营销组合。网络营销组合与传统营销组合相比,有其自身的特点。由于摆脱了对传统物质载体的依赖,知识产品以电子信息的形式可以直接在网上完成其营销过程,而且价格不仅仅以生产成本为基础,更是以顾客意识到的产品价值来计算。网络营销使顾客购买自己需要的商品的渠道更加广泛,可以足不出户就能购买到自己所需要的产品。而顾客对产品的选择很大程度上受网上促销的影响,因而网上促销的作用备受重视,如网络广告、站点推广等。

③ 创建并推广营销导向型网站。网站是开展网络营销的基础,是实施网络营销理论的平台。虽然有一些企业因为条件有限,并没有通过自身建立的网站来开展网络营销,但大多数企业还是建立了自己的网站。网站可以让访问者了解企业及其产品与服务,帮助企业发布信息、提供产品和服务,促成交易的达成。所以企业进行网络营销时,要熟悉企业网站设计应遵循的原则,了解企业网站的种类与形式,理解企业网站的基本功能,掌握网站建设的基本流程,重视企业网站的维护,从而使企业网站达到企业网络营销的目标,在网络市场上占有一席之地。

④ 策划网络营销活动。网络营销作为一种新的营销方式,要取得良好的效果,离不开精心的策划。这就要求一批优秀的网络营销人员能够根据网络营销环境的变化和企业自身的实际,进行全面规划,力求使企业的网络营销策划方案适应企业的营销活动及外部环境的变化,并能做出积极准确的反应,能够在开放的网络市场上获得更大的发展。

2. 网络营销管理的职能与网络营销岗位的设置

(1) 网络营销管理的职能

① 网站推广。网站是企业开展网络营销的平台,网站推广是网络营销人员最基础的工作之一。网站推广的主要目的是让更多的用户了解企业网站,使网下品牌在网上得到延伸,并通过让用户浏览企业网站的内容和使用网站提供的服务来提高网站访问量,提升品牌形象,促进销售,增进企业与用户之间的关系,降低对用户的服务成本等。网站推广活动主要包括搜索引擎营销、网络广告、资源合作、信息发布等。

② 搜集与发布信息。一方面,互联网上的信息浩如烟海,因此,如何在信息的海洋中快速找到自己想要的信息,是摆在每一个用户面前最现实的问题。在利用互联网搜集信息时,重点是如何利用有效的网络工具、手段搜集、整理和分析所需要的资料。另一方面,企业需要将营销信息通过工具发布在互联网上。信息发布需要一定的信息渠道资源支持,主要有内部资源和外部资源两类。内部资源包括企业网站、注册用户电子邮箱等;外部资源包括搜索引擎、供求信息发布平台、网络广告服务资源、合作伙伴的网络营销资源等。因此,网络营销人员要掌握尽可能多的网络营销资源,并充分了解各种网络营销资源的特点,向潜在用户搜集和传递尽可能多的有价值的信息,这是网络营销取得良好效果的基础。

③ 提供客户服务。客户服务主要是通过多种在线服务工具如电子邮件、在线表单、论坛等为客户提供的服务,具体包括产品售前的咨询服务、售中的跟单服务、售后的网上顾客投诉处理、完善常见问题解答内容、保持与客户的长期沟通等。企业通过客户服务,建立并维护与客户良好、稳定的关系。

④ 开展网络促销。网络促销主要是通过各种网络营销方法的综合应用,如网站推广、信息发布、站内广告、邮件列表、综合性网站和专业性网站的网络广告、E-mail营销、搜索引擎营销等,来实现产品或服务销售的一种综合支持手段。

⑤ 网络市场调查。网络市场调查是对传统市场调查手段的补充。网络市场调查主要是通过企业网站设计在线调查问卷、通过电子邮件发送调查问卷,以及与大型网站或专业市场研究机构合作等来进行的。

⑥ 建立网络分销渠道。一个具备网上交易功能的企业网站本身就是一个网上交易市场。网上销售是企业传统分销渠道在网上的延伸。网络分销渠道的建立不限于网站本身,还包括建立在综合电子商务平台上的网上商店及与其他电子商务网站不同形式的合作等。

(2) 网络营销岗位的设置

网络营销岗位比较多,如网络市场调研、网站设计、网站开发、网站文案、网站推广等。根据在组织中所处位置的不同,网络营销岗位被分为高层管理者、中层管理者、基层管理者和作业人员。如图1-2-1所示。

图1-2-1 网络营销岗位金字塔

高层管理者处于组织的最高层,如网络营销总监或营销总裁,其对整个网络营销组织的活动负有全面的责任,主要职责是制定网络营销组织的总目标、总战略,掌握组织的大政方针并评价整个组织的绩效。

中层管理者是处于高层管理者和基层管理者之间的一个或若干个中间层次,如部长、分公司经理等,其主要职责是贯彻执行高层管理者所制定的重大决策,监督和协调基层管理者的工作。与高层管理者相比,中层管理者更注意日常的网络营销管理事务。

基层管理者处于营销组织管理最底层,如网络调研主管、网络推广主管等,他们所管理的是作业人员,主要职责是给下属作业人员分派具体的工作任务,直接指挥和监督现场作业活动,以保证各项任务高效率地完成。

作业人员是一线员工,他们没有下属,主要是执行基层管理者下达的任务。

3. 网络营销人员的岗位要求

（1）岗位知识要求

① 具有一定的营销知识。网络营销管理的任务就是计划、组织、实施和控制企业的网络市场营销活动，因此，具有一定的市场营销知识是网络营销人员完成自己工作任务的前提和基础。

a. 理论基础。市场营销发展到现在，已经形成一个相对独立、相对成熟的理论体系。但并不是所有的市场营销理论都能运用到互联网。对于网络营销管理人员来说，需要掌握一定的市场营销环境分析、消费者的购买行为分析、目标市场、营销组合等知识。

b. 实践基础。理论来源于实践，但理论和实践之间还有一定的差距。企业的网络营销人员要具有丰富的实践经验，能够把理论知识在现实中熟练地应用，这样才可能使企业的网络市场营销活动取得应有的效果。

c. 探索和把握市场营销的发展方向。称职的网络营销人员必须比其他人更能辨明市场营销的发展方向，有很强的预测能力，并能牢牢把握机会。

② 具有一定的互联网知识。开展网络营销，要求营销人员掌握一定的互联网知识，如搜索引擎、电子邮件、论坛、信息发布等。虽然这些网络知识经常听到或用到，但是要真正掌握还需要网络营销人员认真分析和对待。例如，网络虚拟出来的社区有其自身的许多特点，充分理解和利用网络社区的优点，有利于网络营销人员开展网络营销工作。再如，娴熟地运用网站形象、网络礼仪，以及正确地处理网络纠纷等会使网络营销人员的工作有事半功倍的效果。对网络营销人员来说，掌握一些网络营销软件的使用方法也是必要的，如邮件收发软件、信息发布软件等。

（2）岗位能力要求

企业的网络营销人员必须具备一些能力，如果网络营销人员欠缺某些必备能力，企业的网络营销工作将不能正常开展。对于企业的网络营销人员来讲，这些能力体现在日常工作当中，表现为综合的工作能力。

① 观察能力。网络营销人员必须具有敏锐的观察能力，要能够准确地辨别市场机会，察觉市场风险。要培养敏锐的观察力，就必须全身心地投入自己的工作，认真分析网络市场环境的变化、网络消费者的购买行为等，并从中发现商机。

② 应变能力。在企业中，与当今瞬息万变的市场联系最为密切的部门就是市场营销部门，具体到人就是网络营销人员。这一职业的特殊性要求网络营销人员不但要习惯于应对瞬息万变的环境，而且还要能够对眼前的变化迅速做出正确的反应。

③ 沟通能力。沟通是人与人之间传递信息和交流感情，并获得理解的过程。成功的网络营销人员的沟通能力都很强，在和各种人士打交道时不卑不亢、有礼有节。网络营销人员要善于向上沟通，既能尽快领会上级的意图，又能及时汇报市场上出现的许多情况，帮助决策层提高决策质量。同时，网络营销人员还应学会与客户进行有效沟通，消除沟通障碍，促进理解与关怀。

④ 知识更新能力。社会产品的日益丰富，市场竞争的日益加剧，网络营销知识与理念

的不断更新,都要求网络营销人员及时跟踪新的专业知识与理念,不断加深对行业、产品的理解,把握市场趋势,并根据营销环境的变化,制订出相应的营销计划,采取适当的营销组合,提高企业的竞争力。

⑤ 逻辑思维能力。运用出色的逻辑思维能力对环境进行分析与预测,可以使网络营销人员更透彻地理解环境、认识环境,从而使公司更好地把握市场机会,规避市场风险。

⑥ 问题诊断能力。所谓问题诊断能力,就是认知问题、选择备选方案并确定最终解决方案的一种能力。问题的本质往往并不像其表象那样直接,需要网络营销人员通过表象去找到根本原因。优秀的网络营销人员必须具备能迅速找到问题根本原因的能力。

(3) 岗位素质要求

① 积极敬业。网络营销人员必须具备积极的心态,才能迎接各种挑战。更为重要的是,网络营销人员还应该具备崇高的敬业精神,热爱企业并与企业保持荣辱与共的关系,勇于进取,积极向上。网络营销活动超越了时空限制,需要网络营销人员淡化时空观念,更加勤奋敬业。

② 正直诚实。网络营销人员必须具有良好的道德品质,要诚实守信,努力使上级持续得到真实可靠的信息,要坚持实事求是,根据道德规范和标准行事。只有这样的网络营销人才才能得到企业和客户的认可。

③ 作风稳健。企业的市场营销部门是接受信息冲击最多的部门,当外界出现了新的、有前途的市场机会或出现了具有强烈破坏力的市场危机时,必然是市场营销部门最先获得这一信息并将其传递到企业内部,而企业内部的各种情况也会汇总到市场营销部门。由于市场营销部门要比企业中的其他部门面对更多的信息冲击,因此要求网络营销人员具有比较稳定的情绪,能够做到处变不惊。

④ 做事严谨。如果网络营销部门在了解消费者需求上出现了误差,就会影响到企业营销的后续工作。网络营销部门的责任重大,因此,网络营销人员必须是做事严谨、有极强的事业心和责任心、对工作认真负责的人。

⑤ 善于接受新事物。现代社会日新月异,新的文化、新的思想不断涌现,而这些在互联网环境中会传播得更快。企业要生存、要发展,就必须跟上社会发展的脚步,适应新文化、新思想。这一任务不可避免地落在网络营销人员的肩上。因此,网络营销人员不应是思想僵化的人,要能跟得上网络新思想、新文化,从中发现市场商机。

⑥ 良好的心态。中国互联网有自己的特点,可以说,整个中国互联网上的优势产品都是靠一线的营销人员推动起来的。基层营销工作是磨炼人的意志的工作,网络营销人员必须具备良好的心态。首先,不能因客户的不理解而产生心理压力。网络营销人员每天要不厌其烦地拨打客户电话,面对客户的不理解和99%的拒绝率,心理压力不可避免地加大,会产生灰心的感觉,这个时候就需要用良好的心态来调整状态。其次,不要因一直不签单而造成生活和心理压力。网络一线营销人员的成长需要长期的过程,应尽快适应并做好心态调整。

1.2.4 实训项目

亲密接触网络营销

【实训目的】

对网络营销形成初步认知与理解。

【实训任务】

通过对常用互联网产品的调研来认识网络营销。

【实训步骤】

1. 确定自己经常使用的互联网产品和服务。

(1) 确定自己经常使用的互联网服务和产品(邮箱、QQ、微博)以及自己经常浏览的网站(视频网站、娱乐网站、新闻网站等),不少于3个项目。

(2) 为你汇总出的常用互联网产品、服务列出原因,即你为什么愿意使用该产品或服务,填入实训报告。

2. 从这些你熟悉的互联网产品、服务中,根据自己对网络营销的理解,找到一些具体的行为、活动、案例等。

(1) 明确自己对网络营销的理解,即你认为什么才是网络营销。

(2) 从上一步自己列出的互联网产品、服务中,列举出3种你认为属于网络营销的具体成果,可以是截图,可以是URL链接,甚至是视频录屏。相关资源素材,与实训报告一并提交。

3. 对网络营销进行初步评价与分析。

对自己整理出的3种网络营销成果进行评价与分析,可以从偏好、原因等方面展开。

4. 总结实训内容,提交实训报告。

1.2.5 思考习题

1. 网络营销管理的职能是什么?
2. 网络营销管理的内容是什么?
3. 网络营销从业人员应具备哪些基本素质?
4. 试分析网络营销岗位的组织结构。

第 2 章 传统网络营销工具

2.1 搜索引擎营销

2.1.1 学习目标

【能力目标】

※ 能够进行简单的网站搜索引擎优化分析；
※ 能够编写不同页面的 META 标签(Title、Keywords 和 Description)；
※ 能够确定网站/网页关键词并进行优化；
※ 能够重构、优化网站/网页结构；
※ 能够实施提升关键词排名的常见措施；
※ 能够监控网站搜索引擎优化的效果。

【知识目标】

※ 了解搜索引擎的基础知识；
※ 了解 SEM 的工作原理及主要形式；
※ 掌握 SEO 的常见方式和优化手法；
※ 掌握关键词推广类基本操作；
※ 掌握关键词、创意的写法；
※ 会推广计划、推广单元、关键词的部署与投放。

2.1.2 学习案例

案例1 Google 广告成就移动英语

Google(谷歌)是全球最有影响力的搜索引擎之一,其用户也是不计其数。正因为如此,很多企业选择与其合作,目的就是通过其巨大的客流量来提高点击率。

移动英语是一项由美国哈佛大学数十位资深语言专家经过十多年的努力开发而成的口语学习业务。其提出"不用背单词,不用学语法,45 天说一口流利的英语"的概念深受消费者欢迎。它是目前市场上唯一完全脱离书本的一套课程,真正解决了非英语国家学习者面临的最大困境:自始至终坚信书的力量,认定只要把书翻烂就一定能学会英语,而事实并非如此。

2006—2008 年,移动英语与 Google 进行了为期 3 年的合作。在合作初期采取的是关键词搜索,即购买"英语口语"相关关键词做竞价推广,事实证明效果不是很好。因为类似于"英语口语"的相关词比较多,同行在做关键词竞价时基本上也是以这些词语为主,如英语培训学校、英语口语学习教材等,所以每天只能买到几百个 IP,产生一两单业务。

随后,移动英语开始在 Google 上投放内容广告。之后,凡是与"英语口语"相关的内容在与 Google 合作的网站上都会出现移动英语的广告。再加上点击单价比较低,网站访问量在很短的时间内就大幅提升,而且面对的群体范围大大拓宽。以前利用搜索广告宣传时大多数关注用户都是准备学习口语的,意向性比较强,群体较集中;而利用内容广告宣传时点击广告的多数是好奇者,并不是有迫切需求的消费者,这无形中就增加了访客量。

尽管经历了一段"流量非常高但不盈利"的尴尬期,但移动英语的营销很快进入正轨。在这段时间里,移动英语的广告基本上覆盖了所有网站的前三名。最主要的是,通过这种高密度、无缝隙的宣传,移动英语在短短几个月内就树立了自己的品牌,在英语口语学习人群和领域中影响力大增。

借助 Google 在全球范围的影响力,移动英语很快打开了全球市场,成为全球英语爱好者非常喜欢的一门英语教学课程。

问题:Google 为广告主提供了两种广告形式:一种是搜索广告,即先确定某关键词,然后再提供给消费者,通过消费者搜索关键词而达到宣传的目的;另一种是内容广告,是直接展示网页的一种广告方式,后者业务较多,占到 Google 全球总业务的 76%。请分析两种广告形式的优劣势。

案例2　搜索引擎营销让奥巴马大放异彩

47岁、黑人后裔、毫无从政经验……如果不是大选结果已产生,麦凯恩怎么也不会想到打败他的竟是这样一个充满"弱点"的对手。美国大选历来都是全球最激动人心的营销活动,而对搜索引擎营销的应用正是奥巴马连续淘汰希拉里、麦凯恩等强有力竞争对手的法宝之一。

可以说,奥巴马显然比至今仍不知道如何上网的麦凯恩更懂得"网"络民心,比IBM式的希拉里更有亲和力。正是搜索引擎营销等出色的互联网营销让奥巴马大放异彩。

让我们一起来感受奥巴马的搜索引擎营销的力量。

关键词购买——搜索引擎广告的精准狙击

大家广为熟悉的搜索引擎广告也没有被奥巴马忽视。奥巴马购买了Google的"关键词广告"。如果一个美国选民在Google中输入奥巴马的英文名字Barack Obama,搜索结果页面的右侧就会出现奥巴马的视频宣传广告以及对竞争对手麦凯恩政策立场的批评等。

奥巴马购买的关键词还包括热点话题,如"油价""伊拉克战争""金融危机"等。上网一搜,就可以马上知道奥巴马对这些敏感问题的观点评论,有助于人们更好地了解这位竞选人。可以想象,美国人日常搜索的关键词都打上了奥巴马的烙印,想不关注奥巴马都难。这可难为了同台党争的麦凯恩,麦凯恩在互联网上就这样轻松地被狙击了。

搜索引擎优化——Google-SEO技术不断深入

大家知道搜索引擎优化(SEO)在美国是一项很先进的技术,我们可以看到与奥巴马相关的评论观点及事实评论在Google上左侧排名中都有网站介绍。通过关键词搜索,我们很容易看到诸多奥巴马的正面评论。这位伟大的网络营销领袖在世界上最大的搜索引擎Google上约有4 790 000项符合Barack Obama的查询结果。真是太不可思议了!

精打细算——Google效果付费广告形式

我们来看一看奥巴马竞选的网络营销预算:

超过一半的网络预算投放到Google搜索引擎广告,其次是Yahoo!。

仅2008年1—4月,奥巴马就花费了347万美元做网络广告,其中82%用于Google的AdWords平台,大约为280万美元(美国联邦竞选委员会数据)。

在2008年的上半年,奥巴马在搜索引擎上的广告费用超过了300万美元,占了他整个网络营销费用的82%。利用这笔逾300万的美金,奥巴马购买了Google的"关键词广告",通过Google的AdSense平台投放了大量展示广告。

奥巴马可以说是第一位真正借助互联网成功当选的美国总统。

"我命令你们,4个月时间,花掉这300万美金,全部用到搜索引擎上。"在过去的几个月中,Google、Yahoo!比任何一个代言人都不厌其烦地将这些信息传递给选民。通过搜索引擎,人们逐渐认识了这个出生在夏威夷的黑人小伙。奥巴马十分懂得一个道理:搜索引擎决定"你是谁",而"你是谁"很大程度上决定了未来的美国总统是谁。

问题:奥巴马竞选成功的案例给了我们什么启示?

2.1.3 相关知识

1. 搜索引擎概述及其工作原理

(1) 搜索引擎的历史

在互联网发展初期,信息查找比较容易。然而随着互联网爆炸性的发展,信息查找越来越难,为满足大众信息检索的需求,专业搜索网站便应运而生了。第一个搜索引擎是 1990 年由蒙特利尔大学学生 Alan Emtage 发明的 Archie。当时,由于大量的文件散布在各个分散的 FTP 主机中,查询起来非常不便,因此 Alan Emtage 想到了开发一个可以以文件名查找文件的系统,于是便有了 Archie。Martin Koster 于 1993 年 10 月创建了 AliWeb,它是 Archie 的 HTTP 版本。AliWeb 不使用"机器人"程序,而是靠网站主动提交信息来建立自己的链接索引,类似于现在我们熟知的 Yahoo!。

最早的现代意义上的搜索引擎出现于 1994 年 7 月。当时 Michael Mauldin 创建了大家现在熟知的 Lycos。同年 4 月,斯坦福大学的两名博士生 David Filo 和杨致远(Gerry Yang,美籍华人)共同创建了超级目录索引 Yahoo!,并成功地使搜索引擎的概念深入人心。从此搜索引擎进入了高速发展时期。

随着互联网规模的急剧膨胀,现在搜索引擎之间开始出现了分工协作,并有了专业的搜索引擎技术和搜索数据库服务提供商。比如,国外的 Inktomi(已被 Yahoo! 收购),它本身并不是直接面向用户的搜索引擎,但向包括 Overture(原 GoTo,已被 Yahoo! 收购)、LookSmart、MSN、HotBot 等在内的其他搜索引擎提供全文网页搜索服务。国内的百度也属于这一类。

(2) 搜索引擎的分类

① 全文搜索引擎。全文搜索引擎是名副其实的搜索引擎,国外具有代表性的有 Google、Fast/AlltheWeb、AltaVista、Inktomi、Teoma、WiseNut 等,国内著名的有百度。它们都是从互联网上提取各个网站的信息(以网页文字为主),然后建立数据库。当用户使用搜索引擎时,它们从数据库中检索与用户查询条件匹配的相关记录,然后按一定的排列顺序将结果返回给用户,因此它们是真正的搜索引擎。

② 目录索引。目录索引是按目录分类的网站链接列表。用户完全可以不用关键词查询,仅靠分类目录就可找到需要的信息。目录索引中最具代表性的莫过于大名鼎鼎的 Yahoo!,其他著名的还有 Open Directory Project(DMOZ)、LookSmart、About 等。国内的搜狐、新

浪、网易搜索也都属于这一类。

③ 元搜索引擎。元搜索引擎在接受用户的查询请求时,同时在其他多个引擎上进行搜索,并将结果返回给用户。著名的元搜索引擎有 InfoSpace、Dogpile、Vivisimo 等,中文元搜索引擎中具有代表性的有搜星搜索引擎。在搜索结果排列方面,有的直接按来源引擎排列搜索结果,如 Dogpile,有的则按自定的规则将结果重新排列组合,如 Vivisimo。

(3) 搜索引擎的基本工作原理

了解搜索引擎的工作原理对我们日常搜索应用和网站提交推广都会有很大的帮助。搜索引擎的工作原理如图 2-1-1 所示,分为抓取网页、建立数据库、处理搜索请求、计算排列顺序等过程。外国研究专家称"看不见的互联网可能比看得见的互联网大 2—50 倍",搜索引擎只找到互联网信息的 0.03%。

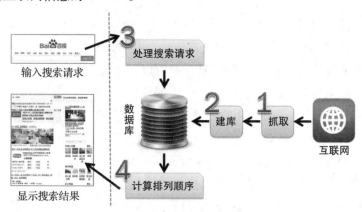

图 2-1-1　搜索引擎工作原理

① 全文搜索引擎的工作原理。全文搜索引擎的自动信息搜集的方式分两种。一种是定期搜索,即每隔一段时间(比如谷歌一般是 28 天),搜索引擎主动派出蜘蛛程序,对一定 IP 地址范围内的互联网站进行检索,一旦发现新的网站,它就会自动提取网站的信息和网址加入自己的数据库。另一种是提交网站搜索,即网站拥有者主动向搜索引擎提交网址,搜索引擎在一定时间内(2 天到数月不等)定向地向网站派出蜘蛛程序,扫描网站并将有关信息存入数据库,以备用户查询。

当用户以关键词查找信息时,搜索引擎会在数据库中进行搜寻,如果找到与用户查找的内容相符的网站,便采用特殊的算法——通常根据网页中关键词的匹配程度、出现的位置或频次、链接质量等——计算出各网页的相关度及排名等级,然后根据关联度高低,按顺序将这些网页链接返回给用户。

② 目录索引的工作原理。全文搜索引擎与目录索引有以下不同:

首先,全文搜索引擎属于自动网站检索,而目录索引则完全依赖手工操作。用户提交网站后,目录编辑人员会亲自浏览该网站,然后根据一套自定的评判标准甚至编辑人员的主观印象,决定是否接纳该网站。

其次,全文搜索引擎收录网站时,只要网站本身没有违反有关的规则,一般都能收录成功。而目录索引对网站的要求则高得多。

再次,在网站被收录到全文搜索引擎的数据库中时,我们一般不用考虑网站的分类问题,而被收录到目录索引的列表中时则必须将网站放在一个最合适的目录里。

最后,搜索引擎中各网站的有关信息都是从用户网页中自动提取的,所以用户拥有更多的自主权;而目录索引则要求必须手工另外填写网站信息,而且还有各种各样的限制。

目录索引,顾名思义就是将网站分门别类地存放在相应的目录中,因此用户在查询信息时,可选关键词搜索,也可按分类目录逐层查找。

2. 搜索引擎营销概述

搜索引擎营销(Search Engine Marketing,SEM)就是根据用户使用搜索引擎的方式,利用用户检索信息的机会,尽可能将营销信息传递给目标用户。简单来说,搜索引擎营销就是基于搜索引擎平台的网络营销,利用人们对搜索引擎的依赖和使用习惯,在人们检索信息的时候将信息传递给目标用户。

搜索引擎营销的基本思想是让用户发现信息,并通过点击进入网页,进一步了解所需要的信息。企业通过搜索引擎付费推广,让用户可以直接与公司客服进行交流,实现交易,以最小的投入在搜索引擎中获得最大的访问量并产生商业价值。搜索引擎营销得以体现的必要条件包括三个环节:一是有用户熟悉使用的搜索引擎;二是用户利用关键词进行搜索;三是搜索结果页面的信息对用户产生吸引从而产生进一步的点击行为。可见,在搜索引擎及其收录的网络信息既定的情况下,搜索引擎营销取决于用户的行为。

(1) 从用户搜索行为看搜索引擎营销基本原理

一个典型的用户搜索流程是:选择搜索引擎;设定关键词或者关键词组合进行检索;对搜索结果进行筛选并点击符合期望的信息;进入信息源网站获得详细的信息。如果用户满意结果,本次搜索结束;或者,更换关键词重新搜索。如果在更换关键词后仍然没有得到合适的信息,可能放弃或者更换其他搜索引擎进行搜索,并重复上面的搜索过程。用户在完成搜索、筛选、点击等基本信息获取行为之后,对于本次获取信息行为是否获得期望的结果得出自己的判断。用户通过搜索引擎获取信息的过程如图 2-1-2 所示。

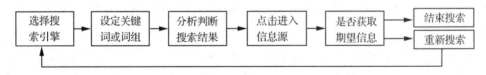

图 2-1-2　用户通过搜索引擎获取信息的过程

企业利用被用户通过搜索引擎检索的机会实现信息传递的目的,这就是搜索引擎营销。搜索引擎营销的信息传递过程如图 2-1-3 所示。

图 2-1-3　搜索引擎营销的信息传递过程

① 企业将信息发布在网站上成为以网页或文档形式存在的信息源(包括企业内部信

息源及外部信息源)。

② 搜索引擎将网页或文档信息收录到索引数据库。

③ 用户利用关键词进行检索(对于分类目录则是逐级目录查询)。

④ 检索结果中罗列相关的网页索引信息及其链接 URL。

⑤ 根据用户对检索结果的判断选择有兴趣的信息并点击 URL 进入信息源所在网页。

这样便完成了企业从发布信息到用户获取信息的整个过程,这个过程也说明了搜索引擎营销的基本原理。

在上述搜索引擎营销过程中,包含五个基本要素:信息源(网页)、搜索引擎信息索引数据库、用户的检索行为和检索结果、用户对检索结果的分析判断、对选中检索结果的点击。对这些因素以及搜索引擎营销信息传递过程的研究和有效实现就构成了搜索引擎营销的基本内容。

(2) 搜索引擎营销的基本内容

根据搜索引擎营销的基本原理可以看出,搜索引擎营销的基本内容(任务和方法)如下:

① 构造适合于搜索引擎检索的信息源。网页信息源被搜索引擎收录是搜索引擎营销的基础,这也是网站建设之所以成为网络营销基础的原因,企业网站中的网页内容信息是搜索引擎检索的基础。由于用户检索之后还要来到信息源网页获取更多的信息,因此这个信息源的构建不能只是站在搜索引擎友好的角度,应该包含用户友好,这就是我们在建立网络营销导向的企业网站中所强调的,网站优化不仅仅是搜索引擎优化,而是包含三个方面,即对用户、对搜索引擎、对网站管理维护的优化。

在讨论搜索引擎营销时,一般情况下,我们主要考虑搜索引擎对于各种网页的检索。除了基于对网页的检索之外,也有一些专业领域的检索,如 Google 的新闻组和图片检索,百度的图片、音乐、视频、新闻、地图检索等,一些搜索引擎也可以对特定文档格式进行检索,如 DOC、PDF、PPT 等,但无论是图片还是 MP3 等文件,通常也是被嵌入在网页中的,可以通过浏览器直接打开或链接到相关信息。这一特点也就决定了要做好搜索引擎营销,需要从每个网页的搜索引擎优化设计做起。

② 创造网站/网页被搜索引擎收录的机会。网站建设完成并发布到互联网上并不意味着自然可以达到搜索引擎营销的目的,无论网站设计多么精美,如果不能被搜索引擎收录,用户便无法通过搜索引擎发现这些网站中的信息,当然就不能实现网络营销信息传递的目的。因此,让尽可能多的网页被搜索引擎收录是网络营销的基本任务之一,也是搜索引擎营销的基本步骤。

③ 让网站/网页信息出现在搜索结果中靠前的位置。网站/网页仅仅被搜索引擎收录还不够,还需要让企业信息出现在搜索结果中靠前的位置,这就是搜索引擎优化所期望的结果,因为搜索引擎收录的信息通常都很多,当用户输入某个关键词进行检索时会得到大量反馈的结果,如果企业信息出现的位置靠后,被用户发现的机会就大为降低,搜索引擎营销的效果也就无法保证。

④ 以搜索结果中有限的信息获得用户关注。搜索引擎营销是"信息引导模式"的代表,搜索结果的摘要信息获得用户关注是信息引导得以实现的基础。一般来说,由于搜索结果信息量很大,用户通常不可能点击浏览检索结果中的所有信息,而是首先对搜索结果进行判断,从中筛选一些相关性最强的信息进行点击,进入相应网页之后获得更为完整的信息。这就需要在内容设计时适应搜索引擎收集信息的方式并在有限的展示空间中提供用户感兴趣的信息。相关的主要元素包括:网页标题、关键词、网页摘要信息、网页URL 等。

⑤ 为用户获取信息提供方便。用户通过点击搜索结果而进入网站/网页,是搜索引擎营销产生效果的基本表现形式,用户的进一步行为决定了搜索引擎营销是否可以最终为企业带来收益。用户来到网站之后可能为了了解某个产品的详细介绍,或者成为注册用户,但是否最终转化为购买者还取决于更多的因素,如产品本身的质量、款式、价格等是否具有竞争力。在此阶段,搜索引擎营销将与网站信息发布、顾客服务、网站流量统计分析、在线销售等其他网络营销工作密切相关,在为用户获取信息提供方便的同时,与用户建立密切的关系,使其成为潜在顾客,或者直接购买产品。

(3) 搜索引擎营销的特点

与其他网络营销方法相比,搜索引擎营销具有以下特点:搜索引擎营销的基础是企业网络营销信息源;搜索引擎营销只发挥信息引导作用;搜索引擎营销是用户主导的网络营销方式;搜索引擎营销的直接效果表现为网站访问量;搜索引擎营销方式依赖于搜索引擎的检索方式或服务模式,需要适应网络服务环境的发展变化。

(4) 搜索引擎营销的目标层次

消费者的购买过程对应的是商家的推广过程,就是商家将搜索引擎营销的信息传递给消费者的过程,可以分解为不同层次,从初级的被搜索引擎收录到高层次的将浏览者转化为真正的客户,搜索引擎的目标依次提高。

① 搜索引擎营销的存在层。存在层的基本目标是网站尽可能多的网页在主要的搜索引擎中获得被收录的机会,这是提高网站信息搜索引擎可见度从而获得整体网络可见度的基础。因此,一个网站被搜索引擎收录的网页数量通常被认为是搜索引擎营销的评价指标之一。付费搜索引擎广告也是提高搜索引擎可见度的方式之一,其表现是当用户用尽可能多的关键词搜索时都可以出现企业的付费推广信息。

② 搜索引擎营销的表现层。表现层的目标是在被搜索引擎收录的基础上尽可能获得好的被推荐机会,即在搜索结果中有良好的表现,因而称为表现层。用户关注的通常只是搜索结果中靠前且引导信息有吸引力的少量内容。如果利用主要的关键词检索时网站在搜索结果中的表现不佳,通常可以利用关键词广告等方式作为补充手段来实现这一目标。同样,如果在分类目录中的位置不理想,则需要同时考虑在分类目录中利用付费等方式获得排名靠前。

③ 搜索引擎营销的关注层。关注层表现为用户通过搜索引擎检索结果是否会点击来到网站,这直接关系到网站的访问量。由于只有受到用户关注,经过用户比较选择后的信

息才可能被点击,因此,这一层次称为关注层。从搜索引擎的实际情况来看,仅仅做到被搜索引擎收录并且在搜索结果中排名靠前是不够的,这样并不一定能增加用户的点击率,更不能保证将访问者转化为顾客。要通过搜索引擎营销实现访问量增加的目标,则需要从整体上进行网站优化设计,并充分利用关键词广告等有价值的搜索引擎营销专业服务。

④ 搜索引擎营销转化层。转化层是搜索引擎营销的最高目标——将来到网站的访问者转化为真正的顾客,即将通过搜索引擎带来的网站访问量的增加转化为企业最终的收益。转化层是前面三个目标层次的进一步提升,是各种搜索引擎方法实现效果的集中体现,但并不是搜索引擎营销的直接效果。

从搜索引擎营销的各项工作,如信息源发布、搜索引擎收录并获得用户点击,到最终产生收益,其间的中间效果表现为网站访问量的增加,网站的收益是由访问量转化所形成的,从访问量转化为收益则是由网站的功能、服务、产品等多种因素共同作用而决定的。因此,第四个目标在搜索引擎营销中属于战略层次的目标。其他三个层次的目标则属于策略范畴,具有可操作性和可控制性的特征,实现这些基本目标是搜索引擎营销的主要任务。

消费者的购买过程对应的是商家的推广过程,商家推广的最终目的是将商品销售出去转化为企业的最终收益,在推广过程中,搜索推广效果的转化漏斗模型如图2-1-4 所示。

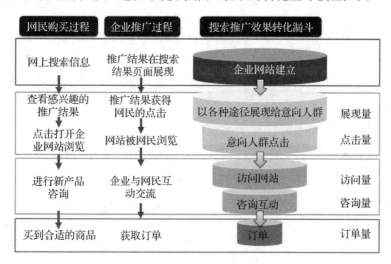

图 2-1-4　搜索推广效果的转化漏斗模型

(5) 搜索引擎营销的主要模式

随着搜索引擎技术的不断发展,搜索引擎营销的模式也随之发展,到目前为止,搜索引擎营销的常见方式可归纳为下面几种:

① 免费登录分类目录。这是最传统的网站推广手段,随着基于超链接的技术性搜索引擎重要性的提高,现在传统分类目录网站的影响力已经越来越小。搜索引擎的发展趋势表明,免费搜索引擎登录的方式已经逐步退出网络营销舞台。

② 付费登录分类目录。类似于原有的免费登录,仅仅是当网站缴纳费用之后才可以获得被收录的资格。与分类目录网站的总体趋势一样,曾经有一定影响力的付费登录分类

目录的方式目前也已经越来越少。例如,百度旗下的 hao123 导航网站(www.hao123.com)以及百度网址大全(http://site.baidu.com)、搜狗搜索引擎所属的网址导航(http://123.sogou.com)等都仅提供部分大型网站的链接,与传统分类目录不同的是,这些导航网站不一定有详细的行业分类,并且通常不轻易接受新网站登录申请。

③ 搜索引擎优化。即通过对网站栏目结构和网站内容等基本要素的优化设计,提高网站对搜索引擎的友好性,使得网站中尽可能多的网页被搜索引擎收录,并且在搜索引擎自然检索结果中获得好的排名效果,从而通过搜索引擎的自然检索获得尽可能多的潜在用户。搜索引擎优化是 2004 年之后最重要的搜索引擎营销模式之一。一些没有专门进行搜索引擎优化的网站,其要素也可能符合搜索引擎收录的要求,因而也可能通过搜索引擎获得一定的访问量,实际上这也属于搜索引擎优化推广的范畴,属于自然适应性优化。系统的网站优化可以获得长期效果。

④ 搜索引擎关键词广告。即通过向搜索引擎服务商付费的方式,当用户用某个关键词检索时,在搜索结果页面专门设计的广告链接区域显示企业的广告信息。由于关键词广告信息出现在搜索结果页面的显著位置且与用户搜索的内容有一定的相关性,因而比较容易引起用户的关注和点击,这是快速扩大搜索引擎可见度的有效方式,也是目前搜索引擎营销市场成熟的推广模式。

此外,更多的搜索引擎模式的出现,如本地搜索、博客搜索、微博搜索、购物搜索、地图搜索、视频搜索、手机搜索等,也可能会出现相应的搜索引擎营销模式。这些都是搜索引擎在某些领域的具体细分模式,在搜索引擎营销的基本方式上与常规搜索引擎营销具有一定的相似性。

3. 搜索引擎优化的概念及优化的基本内容

(1) 搜索引擎优化

搜索引擎优化(Search Engine Optimization, SEO)又称为网站优化技术,指通过了解各类搜索引擎如何抓取页面,如何进行索引,以及如何确定其对某一特定关键词的搜索结果排名等技术,来对网站内容进行内部及外部的调整优化,使其符合用户浏览习惯,并在不损害用户体验的情况下提高搜索引擎排名,从而提高网站访问量,最终提升网站的转化率或宣传能力的技术。对搜索引擎优化处理,是为了让网站更容易被搜索引擎接受。搜索引擎会将网站彼此间的内容做一些相关性的资料比对,然后再由浏览器将这些内容以最快速且最接近完整的方式呈现给搜索者。

(2) 搜索引擎优化的基本内容

搜索引擎优化工作是将一个对搜索引擎友好性不够好的网站,通过对网站一些要素的合理设计,改善其在搜索引擎检索结果中的表现,获得用户的关注和点击,并为用户提供有价值的信息。根据网站对搜索引擎友好的基本特征,网站对搜索引擎优化的内容可以归纳为下列几个方面:

① 合理的网站栏目结构和导航系统。网站栏目结构和导航决定了网站的基本框架,决定了用户是否可以通过网站方便地获取信息,也决定了搜索引擎是否可以顺利地为每个

网站的每个网页建立索引。合理的网站栏目结构,要能正确地表达网站的基本内容及其之间的层次关系。一个合理的网站栏目结构主要表现在以下几个方面:

  a. 通过主页可以到达任何一个一级栏目首页、二级栏目首页以及最终内容页面。
  b. 通过任何一个网页可以返回上一级栏目页面并逐级返回主页。
  c. 主栏目清晰并且全站统一。
  d. 每个页面有一个辅助导航。
  e. 通过任何一个网页可以进入任何一个一级栏目首页。
  f. 如果产品类别或信息类别较多,设计一个专门的分类目录是必要的。
  g. 设计一个表明站内各个栏目和页面链接关系的网站地图。
  h. 通过网站首页一次点击可以直接到达某些拥有最重要内容的网页(如核心产品、用户帮助、网站介绍等)。
  i. 任何一个网页经过最多3次点击可以进入任何一个内容页面。

  另外,一个良好的站点导航系统即网站地图也是搜索引擎友好性的重要表现。网站地图除了可以让用户很快找到其需要看的内容,还可以让搜索引擎顺藤摸瓜,对网站上的所有页面都进行抓取,有利于企业网站被搜索引擎收录,并获得理想的搜索排名。

  ② 网站内容优化与网页标题设计。网站结构具有相对稳定性,一旦设计完成很少频繁改动,而网站内容则是网站中最活跃的因素,不同的网站内容设计方法也成为影响网站搜索引擎优化的主要因素。网站内容优化包括网页标题设计、网页 META 设计、网站内容关键词的合理设计、重要关键词的合理链接等方面。

  网页标题是对一个网页的高度概括,一般来说,网站首页的标题就是网站的正式名称,而网站中文章内容页面的标题就是文章的题目,栏目首页的标题通常是栏目名称。在企业网站中,产品介绍页面应该以与该产品名称相关的内容作为标题,而不应把企业名称作为标题,尤其不应所有网页共用同一个标题。

  网页 META 设计,TDK 标签优化。T 标签指的是 Title,它在 SEO 工作中的作用是突出本页面目标关键词,在页面内部优化工作中非常重要;D 标签全称为 Description,即用简短的话语来说明页面的内容,功能是让搜索引擎判断整个页面的内容,它是对目标关键词的重要补充,对于目标关键词的相关搜索有排名辅助作用;K 标签全称为 Keywords,即关键词的意思,主要用来调整关键词密度。

  网站内容要具有相关性和实用性,搜索引擎和浏览者都非常喜欢原创优质内容,可以通过原创优质内容提高收录及排名。

  网站内容优化的主要指标包括:

  a. 每个网页都应该有独立的、概要描述网页主体内容的网页标题。
  b. 每个网页都应该有独立的反映网页内容的 META 标签(关键词和网页描述)。
  c. 每个网页标题都应该含有有效关键词。
  d. 每个网页主体内容应该含有适量的有效关键词文本信息。
  e. 对某些重要的关键词应保持其在网页中相对稳定的位置。

③ 网页布局优化设计。网页布局,也就是为一个网页分配各项内容的展示位置和方式,让用户方便地找到自己所需要的信息。网页布局的改进需要从用户和搜索引擎两个角度来考虑。网页布局对于用户获取信息以及搜索引擎索引信息都有较大的影响,因此也被认为是网站结构方面优化的基本要素之一。网页布局与网页内容是密切相关的,合理的网页布局是为了更好地展示网页内容。

在网页布局优化方面需要注意以下几个问题:

a. 最重要的信息出现在最显著的位置。

b. 希望搜索引擎抓取的网页摘要信息出现在最高位置(根据网页 HTML 代码顺序)。

c. 网页最高位置的重要信息保持相对稳定,以便搜索引擎抓取信息。

d. 首页滚动更新的信息(如新闻动态等)应该有一定的稳定性,过快滚动的信息容易被搜索引擎蜘蛛错过,这就要求给予滚动信息以足够的空间。

此外,各个网页布局设计还有必要根据消费者的浏览习惯进行一些调研,在此基础上考虑一些重要信息的位置安排和表现形式。网民热力单击图可以反映网站访客对网页局部关注高低的情况,颜色越暖表明网民关注度越高,从总体上看,热力图显示为 F 形。关键词布局可按照 F 形进行,以提升网站的排名和权重。

④ 网页格式和网页 URL 层次。网页格式包括动态网页和静态网页两种基本形态。静态网页比动态网页对搜索引擎更有友好性,因此在可能的情况下将动态网页转化为静态网页是基本优化措施之一。对于某些难以全部实现静态化的网站,在网页设计中应采取"静动结合"对策。与动态网页相关的另一个问题是,如果网页的 URL 层次过深,同样会影响网页的搜索引擎效果。网页 URL 层次的搜索引擎优化要点如下:

a. 网站首页,必须保证把 index 文件放在根目录下,确保当用户访问时出现的是 http://www.mydomain.com,而不是多层次结构。

b. 一级栏目首页,网页 URL 最好不超过 2 个层次。

c. 详细信息页面,例如企业信息和产品信息,最好不超过 4 个层次。

⑤ 网站链接与搜索引擎优化。由于技术型搜索引擎把一个网站被其他相关网站链接的数量作为评估网站级别的因素之一,因此在搜索引擎优化中需要适当考虑网站链接。外部链接基本分为单向外链和双向外链(友情链接)两种类型。描述一个网站被链接数量的概念常用"链接广度"(Link Popularity)一词。根据搜索引擎制定的网页级别排名规则,在其他方面差不多的情况下,链接广度高的网站在搜索结果中排名靠前。不过,搜索引擎的算法也在不断发展,近年来一些搜索引擎对外部链接的权重有了新的规定,影响可能不如从前那么直接,但总体来说仍然是比较重要的。搜索引擎并不把网站的链接广度作为考察外部网站链接的唯一因素,同时还要考虑外部链接网站的质量(如网站的访问量和链接网站之间的相关程度等),一个高质量网站的链接效果高于多个低质量网站的链接,因此建立链接要选择高质量网站。

外部链接优化技巧:

发布单向链接。可以选择在权重高、排名好、流量较大的网站发布外部链接,例如可以选择在百度知道、百度文库以及百度贴吧等百度产品平台上发布外部链接,因为百度的权重、排名以及流量都较好。这样的外部链接可以提高网站排名和权重。

增加网站的友情链接。增加友情链接同样有利于提升网站权重和关键词排名,提高品牌知名度。因此,可以以锚文本和图片的形式添加友情链接。

⑥ 其他与 SEO 有关的问题。除了上面提到的五个方面内容以外,还有一些因素也会对搜索引擎排名产生一定的影响。例如,域名的级别、主机的稳定性、网站内容的学术价值、网站内容更新频率、是否存在堆砌关键词现象、是否存在复制内容及不合理网页重定向等欺骗搜索引擎的方法等。

4. 搜索引擎关键词广告

并不是每个网站都可以通过搜索引擎优化获得足够的访问量,尤其在一个竞争激烈的行业中,大量的企业网站都在争夺搜索引擎检索结果中有限的用户注意力资源,很多企业会受到搜索引擎自然检索推广效果的制约,因此企业往往采用付费搜索引擎广告与搜索引擎优化的组合策略。付费搜索引擎广告的主要形式是关键词广告。

付费搜索引擎广告,就是在用户利用搜索引擎检索信息时在检索结果页面出现的与用户所检索信息有一定相关性的广告内容。出现在搜索结果页面左侧的搜索广告,也具有信息流广告的特征。

最早的付费搜索引擎竞价排名开始于 2000 年。1998 年创建于美国的搜索引擎 Overture 以成功运作竞价排名模式而著名,并且带动付费搜索引擎营销市场蓬勃发展。Overture 在 2003 年 7 月份被雅虎以 16.3 亿美元的价格收购,成为雅虎搜索引擎营销体系的组成部分。

关键词广告是搜索引擎服务商的主要盈利模式,目前在国内影响力最大的搜索引擎包括百度、360 和搜狗,每个搜索引擎都有各自的关键词广告服务,在表现形式上也有较多的相似之处,只是在具体的广告投放模式、广告管理方式、每次点击的价格等方面有一定的差异。下面以百度为例介绍关键词广告的表现形式。

(1) 百度关键词广告形式及演变

百度关键词广告,最初叫竞价排名,后统一称为"百度推广"。竞价排名最初是指在搜索引擎检索结果中,依据付费的多少来决定广告的排名位置,付费高的网站信息将出现在搜索结果最靠前的位置。这里所说的付费,是指用户每点击一次检索结果的费用。由于这种纯粹按照付费来决定排名的方式可能出现广告与搜索结果的相关性不高或者其他容易引起误导的情形,因此逐步演变为考虑了更多因素形成的综合排名模式。

在利用某些关键词进行搜索时,如果有广告客户"购买"了这个关键词,那么在搜索结果页面将出现广告信息和自然检索结果同时存在的情形。如图 2-1-5 所示,图中标注了"广告"字样的文字链接,并且鼠标点击该链接会出现提示"本搜索结果为商业推广信息,请注意可能的风险",这就是百度关键词广告的形式。搜索引擎以这种标注或者不同背景色的方式区别付费信息与免费检索信息,以尽可能减少信息误导。另如图 2-1-5 中标注了"保"字样的文字链接,是百度推出的网民权益保障计划,这个计划保障百度注册网民在搜索中遭到推广商家欺诈时经济不受损失。

图 2-1-5　百度关键词广告页面

（2）关键词广告排名的算法

随着搜索广告技术的不断发展，对关键词广告提出越来越高的要求，因而并不是付费就可以获得好的广告展示机会，这是由关键词广告排名算法规则在发挥作用。不同的搜索引擎算法规则也存在一定差异，而且随着环境的变化，各种算法和规则也在不断地调整和改进，图 2-1-6 是关键词广告排名影响因素。

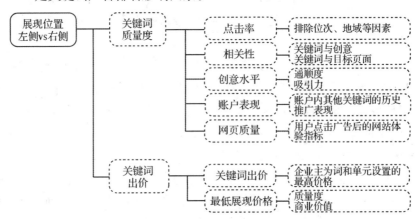

图 2-1-6　关键词广告排名影响因素

下面是根据一些网上公开的资料对百度关键词广告排名算法的介绍。

① 排名的原则。企业的关键词推广信息能否排名靠前，由出价和质量度两个因素决定。

出价，是企业对一个关键词愿意出的最高价；百度计费机制保证实际点击价格不高于甚至低于用户的出价，为用户尽可能地节省推广预算。出价不是客户最终花的钱，只是客户的心理上限，可以理解为封顶价。

质量度，是一个综合性的指标，是搜索媒体平台对广告的打分，评价信息是否满足网民需求，在账号中以五星十分方式来显示。高质量度意味着更佳的展现位置、更优的排名、支付更低的推广费用。可以通过优化关键词的质量度，特别是提高关键词与创意的相关性，来降低最低展现价格及点击费用。质量度由以下多个因素决定：

点击率。推广信息的点击次数与展现次数的比例，点击率高，说明企业提交的关键词与网民搜索的关键词高度相关，网民兴趣大、关注度高。

相关性。主要是指关键词与创意的相关程度及关键词或创意与访问URL页面的相关程度。相关性越高越好。

创意水平。展现在网民面前的搜索结果相当于广告语，越吸引网民眼球，网民点击到企业网站的概率越大。创意的撰写要围绕关键词，突出卖点，如价格、促销、独特优势等，语句通顺，符合逻辑。

账户综合表现。账户内其他关键词的历史推广表现。

网页质量。用户点击广告后的网站体验指标。

质量度体现的是相对水平，是随时变化的，如果竞争对手都在优化，而自己没优化，就有可能会退步。

排名越靠前，推广结果就越能吸引网民的关注，带来更多的潜在客户访问，或者加深网民对网站、品牌的印象。排名是由质量度和出价共同决定的，是由系统实时调整的。在关键词质量度相同的情况下，出价越高，排名就越靠前；在出价相同的情况下，质量度越高，排名就越靠前。

② 付费的计算方法。

$$点击价格(CPC) = \frac{下一名的(出价 \times 质量度)}{自己的质量度} + 0.01$$

头名中标者获得第一广告位，支付第二名竞标者的出价+1分钱；第二名中标者获得第二广告位，支付第三名竞标者的报价+1分钱。

（3）关键词广告的投放策略

搜索引擎关键词广告除了选择关键词及写作广告文案外，还有更多的问题需要考虑，如在产品或网站推广的什么阶段最适合投放广告，选择哪些搜索引擎平台组合，以及如何不断优化关键词广告以提高投资收益率等。无论是自行投放关键词广告，还是委托搜索引擎广告代理商投放，在制订关键词广告、计划以及投放关键词广告时，都需要考虑这些基本问题：应该在哪个阶段投放？在哪些搜索引擎上投放？应该如何选择关键词？如何设计关键词广告及着陆页面？如何设定关键词广告预算并对广告效果进行管理控制？

① 在网站运营的哪个阶段投放关键词广告。

关键词广告的特点之一是灵活方便，可以在任何时候投放，也可以将任何一个网页作为广告的着陆页面，因此，如果需要，可以在网站推广运营的任何阶段投放关键词广告。例如：网站发布初期；有新产品发布并且希望得到快速推广时；在竞争激烈的领域进行产品推广时；当（与竞争者网站相比）网站搜索引擎自然检索结果效果不太理想时；希望对某些网页进行重点推广时。具体在哪个阶段投放关键词广告，企业要依据具体情况而定。

② 搜索引擎广告平台的选择。

网络营销：工具、方法与策划

目前，就各大搜索引擎占有的市场率来看，国内的百度、搜狗、360、腾讯和海外的雅虎、谷歌的市场占有率最大，用户也比较多。

中国目前已经是全球第二大搜索市场，在全球的搜索市场份额中占到10%。中国的主要搜索引擎网站见表2-1-1。

表2-1-1　中国主要搜索引擎网站

百度	全球最大的中文搜索引擎，致力于向人们提供"简单、可依赖"的信息获取方式
360	属于元搜索引擎，通过一个统一的用户界面帮助用户在多个搜索引擎中选择和利用合适的（甚至是同时利用若干个）搜索引擎来实现检索操作，是对分布于网络的多种检索工具的全局控制机制
搜狗	搜狐公司旗下的子公司，于2004年8月3日推出，目的是增强搜狐网的搜索功能，并推出搜狗输入法、免费邮箱、企业邮箱等业务。2010年8月9日，搜狐与阿里巴巴宣布将分拆搜狗成立独立公司，引入战略投资，获得注资后的搜狗有望成为仅次于百度的中文搜索工具
搜搜	腾讯旗下的搜索网站，是腾讯主要的业务单元之一。网站于2006年3月正式发布并开始运营。搜搜目前已成为中国网民首选的三大搜索引擎之一，主要为网民提供实用便捷的搜索服务，同时承担腾讯全部的搜索业务，是腾讯整体在线生活战略中重要的组成部分之一
有道	有道搜索是网易公司的搜索服务，在网易结束与谷歌的合作后，公司自行研发的有道搜索成为其搜索服务的内核。核心是将设想中的服务一点点变成现实，分享给大家使用，让搜索引擎使用者更快一秒找到想要的好东西

注：网站排名顺序基于用户覆盖数的大小。

在国际市场上，谷歌所占市场份额最大，达到60%以上，高居榜首。其次是雅虎，百度第三，微软第四，其他依次为 eBay、NHN（韩国）、Yandex（俄罗斯）、Facebook、Ask 和阿里巴巴。

雅虎（Yahoo!）搜索　　雅虎（Yahoo!）是美国著名的互联网门户网站，其服务包括搜索引擎、电邮、新闻等。业务遍及24个国家和地区，为全球超过5亿的独立用户提供多元化的网络服务，同时也是一家全球性的互联网通信、商贸及媒体公司。

谷歌（Google）搜索　　这是谷歌公司旗下的一款互联网搜索引擎，于1998年9月7日在美国加利福尼亚山景城创立。谷歌被公认为全球规模最大的搜索引擎，它提供了简单易用的搜索服务。

尽管搜索工具有很多，但每种工具都有自己的特色，侧重的领域也不同。也就是说，在选择搜索工具时要结合市场影响力、所处的行业、专业程度等多种要素进行判断，如目前百度的人气最高，用户最多，如果在百度上做推广，面临的受众群体就会比其他工具要多，适合大众信息推广；如果推广的信息专业性较高，只针对某一类人群，可以选择360搜索，因为360抓取网页信息的能力最强，收录网页也较全面，可对某类专门信息进行自动分类、整合，大大减少了人们整合资料的时间。如果希望自己的广告内容向尽可能多的用户传递，那么选择不同搜索引擎的组合是比较合理的。

如果针对海外客户，应优先选择谷歌、雅虎，或者 NHN、Yandex、Facebook 等；而如果针对国内客户，就应当优先选择百度、搜狗等。

③ 关键词组合的选择。

关键词是用以捕捉有意向的网民也即潜在客户的,关键词的选择直接决定了广告的展示和被点击的情况,是对投资收益率影响最大的因素,一些看起来用户检索量很大的通用词汇可能带来大量的点击(意味着花费了大量的广告费),却不一定获得很高的顾客转化率。所以,在选择关键词时,既要考虑这些关键词可能带来的用户检索量,也要考虑用户点击率与转化率的关系。合理的关键词选择建立在对用户检索行为分析的基础之上。

一般来说,一个网站的关键词可分为三大类型:核心关键词、关键词组合(含核心关键字的词组及句子)和语意扩展关键词(同义词、否定词、语境关联词等)。具体可以从以下四个方面来发掘关键词:

首先是产品或服务的名称,可以是产品大类,也可以是产品细类,可能具体到产品的种类、型号、品牌等。前者如"英语培训""鲜花""宠物用品""汽车"等,这类词搜索量较大,能够覆盖更多的潜在客户,竞争可能较为激烈。后者如"雅思听力班""买玫瑰花""皇家猫粮""奥迪 A4 价格"等,这类词的搜索意图一般较为明确。对不同行业、企业来说,产品词的大类和细类的区分可能不同,如"雅思培训"对于专门的雅思培训机构来说可能属大类,而对代理各种培训业务报名的机构来说可能属细类,企业要根据自身业务性质灵活把握。

其次是产品或服务的通用名称、别名等,如关键词"手提电脑",有的搜索者可能用"笔记本电脑""便携式电脑"等搜索。

再次是产品服务的简称、行业简称。由于网民的搜索习惯各不相同,对一些特定的产品名称,还可以考虑使用一些缩写、别称形式,如"雅思"—"雅思英语"—"IELTS","干洗机"—"干洗设备"等。

最后,把产品和服务名称与地域、品牌、行业等进行组合,也能产生出好的关键词,如"旅游""西湖旅游""杭州旅游"等。

选择合适的关键词还可以依赖于搜索引擎营销人员丰富的经验,以及对该行业产品特点和用户检索行为的深入理解;同时,也可以借助于搜索引擎服务商提供的相关工具和数据进行分析,如百度统计报告、百度搜索风云榜。百度统计报告中给出了在百度、谷歌、搜搜及其他搜索引擎来源中的搜索词浏览量、访问次数、访客数等数据。百度搜索风云榜中,可以看到实时热点、热门搜索等排列,还能分行业分类别地看出网民最近的关注重点,是企业进行营销的好帮手。

④ 撰写关键词广告创意。

创意是指网民搜索触发推广结果时,展现在网民面前的推广内容,包括标题、描述,以及访问 URL 和显示 URL,如图 2-1-7 所示。关键词可以定位潜在客户,创意的作用则是吸引潜在客户。出色的创意能使推广结果在众多结果中脱颖而出,吸引潜在客户访问网站,并在浏览网站的基础上进一步了解提供的产品或服务,进而采取转化行为。

网页标题不宜过短或者过长,以 20—30 字为宜;标题内容应添加"精华描述",给网民更丰富的信息,标题除了写企业名称外,还应加入其他重点信息的描述;长标题有效断句,快速抓住网民注意力,大于 19 字的标题,断句 3—4 次,点击率高,效果好(如使用逗号、空

图 2-1-7　创意

格、破折号等符号断句;电商类标题含有"折扣""品质"类信息时,更能吸引注意力)。网页标题中应含有丰富的关键词。

创意内容必须针对关键词撰写,突出产品或服务的特色和优势,且语句通顺,符合逻辑。

a. 客观、真实,不要夸大实际或包含虚假信息。

b. 使用有意义的符号、数字、字母、空格符,如产品型号中必须包含的符号、数字或字母。

c. 避免在创意中使用特殊符号,包括但不限于【】『』○●△▲◎☆★◇◆□■▽等。

d. 避免在创意的标题、描述中使用网址或类似网址的形式,如 www.baidu.com 等。

e. 避免在创意中使用含有贬低其他客户或直接与其他客户进行比较的用语。

f. 勿在创意中使用包括赌博、色情等宣传非法内容或有悖公序良俗的词汇。

对于显示 URL,其主域名必须与账户推广的网站的域名保持一致。对于访问 URL,确保是账户推广的网站上可以正常访问的页面,并指向包含推广结果中所提供的信息的网页,否则可能无法通过审核。

⑤搜索推广的账户设置。

在搜索推广平台申请搜索引擎营销推广账号,设置账户结构。推广账户结构由账户、推广计划、推广单元、关键词或创意四个层级构成,且推广单元由多对多关键词列表和创意列表构成,如图 2-1-8 所示。

a. 推广计划要根据营销的目的来划分。可以按产品或服务的种类、预算、地域、季节、网站结构、转化目标(注册类、在线咨询类等)等来设置推广计划,每个账户内推广计划的数量不少于 2 个。一般来说,较多的推广计划和推广单元意味着对关键词的细分更透彻,能够以更精准的方式定位更多的潜在客户。即便只在一个地区推广一种产品或服务,也可以从多个角度对关键词进行分类,并搭配更有针对性的创意,通过提升关键词与创意的相关性来提升点击率与质量度,优化推广效果。

b. 每个推广单元内的关键词数量不超过 30 个,建议保持在 5—15 个。如果关键词数量太少,可能导致该推广单元缺乏展现机会,不能定位更多的潜在客户,起不到推广效果。

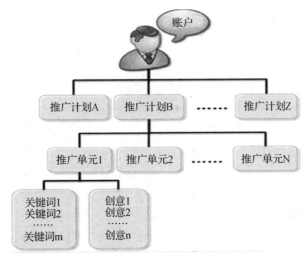

图 2-1-8　推广账户结构

如果关键词太多,可能无法保证每个关键词与创意之间都有较高的相关性,无法吸引网民关注,造成点击率较低,进一步影响质量度。建议将意义相近、结构相同的关键词纳入同一推广单元,并将每个推广单元内关键词的数量保持在 5—15 个,如果超过 30 个,应利用关键词转移功能尽可能地予以拆分。

　　c. 每个推广单元内至少有与关键词密切相关的 2 条创意。在网民搜索触发推广结果时,关键词所对应的各条创意均有展现机会。在不同的展现位置,创意的展现效果有所不同,要注意创意中描述的完整性。对于同一组关键词,可以在不同的创意中尝试不同的产品卖点、风格和表达方式,并通过创意报告来对比评估不同创意对网民的吸引力,不断优化创意质量。

　　设置账户层级功能。新建推广计划—预算管理—推广地域—其他设置(关键词或创意的待激活时长、精确匹配扩展、动态创意设置、搜索合作网络)。

　　某少儿英语培训机构按照用户需求,细分产品层级的推广账户如图 2-1-9 所示。

　　此外,除了搜索结果页面的广告之外,搜索引擎关键词广告也会出现在联盟网站的页面上。基于内容定位的搜索引擎广告,也就是采用了网络会员制营销模式的关键词广告,可以将广告展示在合作网站的网页上,并且广告形式更加灵活,可以是各种规格的图片展示广告,也可以是文字链接广告。这是搜索引擎关键词广告的延伸模式,百度、谷歌、搜狗、360 搜索等,目前都提供这种网站联盟形式的关键词广告,广告主可以选择是否在合作伙伴(内容发布商)网站展示自己的广告。这种模式的广告设计、投放、管理等与关键词广告的基本模式类似。

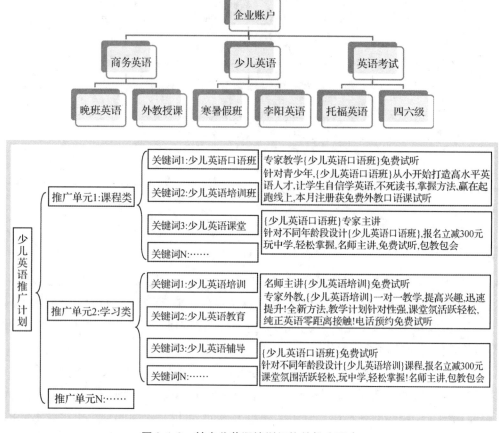

图 2-1-9　某少儿英语培训机构的推广账户

2.1.4　实训项目

撰写搜索引擎推广文案

【实训目的】

能根据企业产品及服务特点撰写搜索引擎推广文案。

【实训任务】

鲜花礼品网是北京一家出售鲜花、礼品的企业,是国内信誉最好、最具影响力的鲜花、礼品商城之一,公司的宗旨是为客户提供质量最好、价格最优的产品以及最优质的服务,保证提供100%新鲜花材。公司还拥有强大完善的配送体系,让客户足不出户就可以享受公司提供的优质服务。

目前正值情人节期间,D公司想借此机会参加百度推广,并且希望能先在北京及周边城市(如天津、河北)打开推广市场。目前只在黄金时间推广,即工作日8:00—20:00有人接待,投放金额为每天500元。

同时,公司特为情人节开展优惠活动,有各类鲜花、卡通玩偶花束、巧克力、情人节特制蛋糕等。凡选购超 100 元者均可享受免费邮递,保证情人节当天送到爱人手中。

请根据案例情况撰写创意:

(1) 请围绕"产品特点"撰写一条相关创意。

(2) 请围绕"优惠活动"撰写一条相关创意。

(3) 请围绕"公司优势"撰写一条相关创意。

【实训步骤】

1. 撰写产品特点创意。

2. 撰写优惠活动创意。

3. 撰写公司优势创意。

网络推广方案设计

【实训目的】

能根据企业产品或服务特点设置推广计划、单元、关键词及创意。

【实训任务】

张明明是大闸蟹的养殖专业户,在苏州阳澄湖有 300 亩的养殖水域,每年的大闸蟹上市销售都是比较头疼之事。随着网络营销时代的到来,通过网络营销手段开发更多的国内客户已迫在眉睫,张明明首先想到了搜索引擎,想通过搜索引擎营销为自己引来潜在客户。

今年的大闸蟹上市正好临近中秋节,请为张明明设计网络推广方案。要求:推广计划不少于 4 个,每个推广计划下至少有 3 个推广单元,关键词不少于 10 个,撰写 3 条创意。

【实训步骤】

1. 设置推广计划。

2. 设置推广单元。

3. 设置关键词。

4. 撰写创意。

2.1.5 思考习题

1. 什么是搜索引擎?有哪些分类?

2. 什么是搜索引擎营销?简述搜索引擎营销的实施过程。

3. 搜索引擎营销有哪几种主要形式?各有什么特点?

4. 如何发掘搜索引擎营销的关键词?请举例说明。

5. 为了提升网站的排名,应从哪些方面进行搜索引擎优化?

6. 谈谈公司如何综合应用 SEO 和 PPC(Pay Per Click,点击付费广告)来提升自己网站的排名,创造价值。

7. 依据表 2-1-2 的出价及质量度,计算排名及点击价格。

表 2-1-2 账号、出价及质量度

账号	出价	质量度	出价×质量度	排名	点击价格
A	2.00	0.97			
B	1.80	1.12			
C	1.50	0.80			
D	1.45	1.20			

2.2 E-mail 营销

2.2.1 学习目标

【能力目标】

※ 能够设计较合理、具有一定创意的 E-mail 营销实施方案;
※ 能够根据 E-mail 营销的目的获取有效的外部列表和内部列表;
※ 能够设计、撰写邮件内容;
※ 能够熟练地使用邮件群发系统;
※ 能够对 E-mail 营销的效果进行监控和评估;
※ 能够独立完成一次完整的 E-mail 营销活动;
※ 能够通过邮件订阅各种信息。

【知识目标】

※ 了解 E-mail 营销的定义、分类;
※ 了解 E-mail 营销的基础条件;
※ 熟悉许可 E-mail 营销与垃圾邮件的区别;
※ 掌握 E-mail 营销的实施过程。

2.2.2 学习案例

电商分享吸金攻略:邮件群发必不可少

1. 公司背景

Udot(右道)是一家专营牛仔裤的公司,Udot 牛仔裤的设计团队,融汇粤港京牛仔设计达人,掌握欧美、日本和中国香港地区的最新设计元素,不断思索和创新,打造出适合东方女性的完美牛仔裤。设计时尚、独有修身提臀版型、品质优良是 Udot 牛仔裤的品牌特征。Udot牛仔裤系列：Feel追求无拘束感觉，Love追求被爱感觉，Chic追求仰慕感觉，Simple追求简单感觉。

据统计，淘宝2018年"双11"交易额4分钟就超过200亿元，参与五折优惠活动的商家数量上万，这表明，在"双11"商机显现之际，牢牢抓住的电商不在少数。作为天猫原创品牌，Udot牛仔裤高瞻远瞩，提前做好了多方准备，恰到好处地分得一杯羹，赚了个满盆。

据Udot方表示："此次商城活动能有此成效，有很大部分是因为除去天猫的整体活动宣传外，我们还利用U-Mail群发系统，在'双11'电商平台大促销前夕，把店铺活动详情以邮件的形式告知淘客，先入为主，提醒淘客，以五折大优惠口号抢占眼球。"

2. 为什么选择邮件群发推广

在众多宣传推广方式中，选择邮件群发，公司是经过慎重考虑的。首先，99%以上的淘客都有绑定常用邮箱，只要获取到正确的邮箱账户，就有机会把活动信息传达给顾客。其次，在传播方式上，邮件群发具有一对一特性，信息传播更精准，也是一条较为隐蔽的推广渠道，可以很好地抢得用户注意力。再者，网页格式设计的邮件，美观大方，图文并茂，能更好地进行产品展示，html的邮件模板内嵌商品链接，更便于用户点击直接购买。最后，邮件群发是成本较低的推广方式。所以，电子邮件推广是公司这次促销活动的杀手锏。

公司深知，要想做好邮件群发，要注意的方面有很多，像发送对象、邮件设计、主题内容等都是需要下一番功夫的。在邮件群发实施过程中，公司对以下几个方面较为注意：

（1）无效邮箱地址过滤。公司原先通过各种渠道收集到约30万个用户邮箱地址，使用U-Mail邮件群发系统的无效地址过滤功能，把其中邮箱不存在及格式错误的邮件地址统统剔除掉，以便提高邮件送达率，节约成本。

（2）发送前期测试。公司把设计好的html导入U-Mail模板中后，在U-Mail售后客服的建议下，先对邮件模板进行了多次测试，以确定邮件能否送达用户邮箱，内容显示是否正常。比如QQ邮箱，发纯图片的邮件基本上不能直接显示。企业邮箱对群发邮件过滤更严格，如何不被过滤，群发内容很有讲究，公司要求员工以发散性思维尝试不同的内容格式。当然，发送平台的技术实力高低也是影响送达率的关键因素。

（3）群发效果分析。在U-Mail群发后台，公司先分析了送达率，除去用户拒收、邮箱已满等客观因素，成功发出去的邮件有20多万封，总体送达率达91%，相比以前公司使用过的那些邮件群发工具，U-Mail的送达率是最高的。同时，在后台公司还看到近一半的用户对公司的邮件有反馈行动，像打开邮件、从邮件点击进入店铺的用户等都不在少数，邮件群发效果一目了然。

总之，在U-Mail群发系统的精准快速投递保障下，公司的促销优惠活动吸引了更多的新老客户眼球，再加上已购买用户评价总体较高，产品信誉度好，让很多用户趁优惠折扣之际迅速下单，极大地促进了当日产品销量的提升。

3. 效果评价

以前公司也做过邮件群发推广,但是只有这次获得的效果最佳,极大地带动了整个店铺的销量。公司对 U-Mail 群发平台的简易操作、功能多样、精准投递、快速发送、详细效果统计等方面的优势,非常满意。相信在后期进行活动推广时,电子邮件群发还会是公司的首选!

问题:为什么 Udot 这次的 E-Mail 营销的效果比较好?

2.2.3 相关知识

20 世纪 90 年代初期,E-mail 营销诞生。1995 年,通过 E-mail 发送的广告数量已经超过传统邮件,响应率和收益都胜过传统邮件和其销售形式。1998 年,随着几家 E-mail 服务供应商(ESPs)的成立,E-mail 营销成为一种重要的营销方式。其成本低、精准度高、覆盖范围广等特点深受企业营销者的青睐。

1. E-mail 营销的定义

E-mail 营销是指在用户事先许可的前提下,通过电子邮件的方式向目标用户传递价值信息的一种网络营销手段。

E-mail 营销有三个基本因素:用户许可、电子邮件传递信息、信息对用户有价值。三个因素缺少一个,都不能称为有效的 E-mail 营销。

与许可 E-mail 营销具有本质区别的是垃圾邮件。由于很多互联网用户无法正确区分许可 E-mail 营销与垃圾邮件,因此垃圾邮件泛滥已经成为破坏 E-mail 营销环境的首要因素。

2002 年 11 月 1 日,由中国互联网协会、263 网络集团和新浪网共同发起,中国互联网协会反垃圾邮件协调小组在北京正式成立,国内 20 多家邮件服务商首批参加了反垃圾邮件协调小组。《中国互联网协会反垃圾邮件规范》是这样定义垃圾邮件的:

收件人事先没有提出要求或者同意接收的广告、电子刊物、各种形式的宣传品等宣传性的电子邮件;

收件人无法拒收的电子邮件;

隐藏发件人身份、地址、标题等信息的电子邮件;

含有虚假的信息源、发件人、路由等信息的电子邮件。

遵照国内外有关机构对垃圾邮件的认识,本书将未经用户许可而大量发送的电子邮件均视为垃圾邮件。本书主要介绍许可 E-mail 营销的基本方法。

2. E-mail 营销的分类

(1) 按照发送信息是否事先经过用户许可分类

按照发送信息是否事先经过用户许可分类,可以将 E-mail 营销分为许可 E-mail 营销

（Permission E-mail Marketing，PEM）和未经许可的 E-mail 营销（Unsolicited Commercial E-mail，UCE）。未经许可的 E-mail 营销也就是通常所说的垃圾邮件。

（2）按照用户对 E-mail 地址资源的所有权限分类

按照用户对 E-mail 地址资源的所有权限分类，可以将 E-mail 营销分为内部列表 E-mail 营销和外部列表 E-mail 营销，或者简称为内部列表和外部列表。内部列表是一个企业网站利用一定方式获得用户自愿注册的资料来开展的 E-mail 营销，而外部列表是指利用专业服务商或者与专业服务商一样可以提供专业服务的机构提供的 E-mail 营销服务，自己并不拥有用户的 E-mail 地址资料，也无须管理和维护这些用户资料。

从网络营销的目的来看，常见的邮件列表有六种形式：电子刊物、新闻邮件、注册会员通讯、新产品通知、顾客服务或顾客关系邮件、顾客定制信息。一般情况下，在采用内部列表开展 E-mail 营销时，有时也笼统地称为邮件列表营销。内部列表开展的 E-mail 营销以电子刊物、新闻邮件等形式为主，是在为用户提供有价值的信息。

（3）按照企业的营销计划分类

按照企业的营销计划分类，可以将 E-mail 营销分为临时性 E-mail 营销和长期 E-mail 营销。临时性 E-mail 营销，如不定期的产品促销、市场调查、节假日问候、新产品通知等；长期 E-mail 营销通常以企业内部注册会员资料为基础，主要表现为新闻邮件、电子杂志、顾客服务等各种形式的邮件列表，这种列表的作用要比临时性 E-mail 营销更持久，其作用更多地表现在顾客关系、顾客服务、企业品牌等方面。

（4）按照 E-mail 营销的功能分类

按照 E-mail 营销的功能分类，可以将 E-mail 营销分为顾客关系 E-mail 营销、顾客服务 E-mail 营销、在线调查 E-mail 营销、产品促销 E-mail 营销等。

（5）按照 E-mail 营销的应用方式分类

按照 E-mail 营销的应用方式分类，可以将 E-mail 营销可分为经营型 E-mail 营销和非经营型 E-mail 营销两类。当以经营性质为主时，E-mail 营销实际上已经属于专业服务商的范畴了。

3. E-mail 营销的基础条件

E-mail 营销需要一定的基础条件，尤其是内部列表 E-mail 营销，是网络营销的一项长期任务，因此有必要对内部列表的基础及形式等相关问题进行深入分析。开展 E-mail 营销需要解决三个基本问题：向哪些用户发送电子邮件，发送什么内容的电子邮件，以及如何发送这些邮件。可将内部列表 E-mail 营销这三个基本问题进一步归纳为 E-mail 营销的三大基础，即：

（1）邮件列表的技术基础

从技术上保证用户加入、退出邮件列表，并实现对用户资料的管理，以及邮件发送和效果跟踪等功能。

（2）用户 E-mail 地址资源的获取

在用户自愿加入邮件列表的前提下，获得足够多的用户 E-mail 地址资源，是 E-mail 营销发挥作用的必要条件。

(3) 邮件列表的内容

营销信息是通过邮件列表向用户提供的,邮件的内容对用户有价值才能引起用户的关注,有效的内容设计是 E-mail 营销发挥作用的基本前提。

邮件列表的基础条件具备之后,才能开展真正意义上的 E-mail 营销,邮件列表的价值才能逐步表现出来。

对于外部列表来说,技术平台由专业服务商所提供,因此,E-mail 营销的基础相应的也只有两个,即潜在用户 E-mail 地址资源的选择和 E-mail 营销的内容设计。

利用内部列表开展 E-mail 营销是 E-mail 营销的主流方式。一个高质量的邮件列表是企业增强竞争优势的重要手段之一,因此,建立一个属于自己的邮件列表是非常有必要的。尽管很多网站都非常重视内部列表的建立,但是,建立并经营好一个邮件列表并不是一件简单的事情,涉及多方面的问题。事实上,很多网站都难以建立高质量的邮件列表资源,主要原因有以下三个方面:

一是邮件列表的建立通常要与网站的其他功能相结合,并不是一个人或者一个部门可以独立完成的工作,将涉及技术开发、网页设计、内容编辑等内容,也可能涉及市场、销售、技术等部门的职责,如果是外包服务,还需要与专业服务商进行功能需求沟通。

二是邮件列表必须是用户自愿加入的,是否能获得用户的认可,本身就是很复杂的事情,要能够长期保持用户的稳定增加,邮件列表的内容必须对用户有价值,邮件内容也需要专业的制作。

三是邮件列表的用户数量需要较长时期的积累,为了获得更多的用户,还需要对邮件列表本身进行必要的推广,同样需要投入相当的营销资源。

在许可 E-mail 营销中,除了上面提到的用户邮件资源之外,邮件列表的发送、邮件内容的制作等都不是轻而易举的事情。下面将对邮件列表的技术基础、E-mail 地址资源的获取以及邮件列表内容策略等基本问题给予进一步分析。

4. E-mail 营销的过程

E-mail 营销的过程,也就是将有关营销信息通过电子邮件的方式传递给用户的过程。要将信息发送到目标用户的电子邮箱,首先应该明确向哪些用户发送信息,发送什么信息,以及如何发送信息。E-mail 营销的过程如下:

(1) 制定 E-mail 营销的策略目标

营销分析的第一步是目标客户的定位。真正的目标客户是谁?他对什么感兴趣?他希望看到什么信息?他的习惯是什么?他在什么地方?清晰定位客户的个性特征和需求,分析产品的卖点,并将二者有机结合来策划、设计、制作广告文案。同时要策划格式,常用的邮件格式包括纯文本格式、网页格式。一般来说,html 格式的电子邮件比纯文本格式具有更好的视觉效果,从广告的角度来看,效果会更好。

(2) 收集整理邮件列表

E-mail 营销的邮件列表有内部列表和外部列表,用外部列表投放 E-mail 广告,选择合适的外部列表服务商就可以了。一般说来，内部列表 E-mail 营销是一项长期性工作，通常在企业网站的策划建设阶段就已经纳入了计划，内部列表的建立需要相当长时间的资源积累，可以有以下方式：

① 向公司或他人购买。这是最简单的方法，到搜索引擎里搜一下，会有很多人卖，价格也不贵，这种方式的缺点是邮箱的质量不好。

② 通过活动收集。一般大公司都是通过活动收集邮箱，这比较精准，成本也比较高，基本步骤是策划网络活动，到相关网站投放此活动广告，用户参加需要填邮箱。很多团购网站也是通过这种方法来收集邮箱的，如 0 元购宝马汽车、1 元购 iPad、注册就有 10 元代金券等。

③ 通过社会化网络收集。比如微博里，就有很多类似"转发此微博，并留下你的邮箱，就会得到最新的网络优化技巧资料"等信息，这样做除了能得到邮箱外，还能增加粉丝。这种留下邮箱，发免费资料的方法很多论坛里都有，收集的邮箱比较精准，但比较累人。

④ 采集用户的邮箱。这需要用到一些邮箱采集器，有很多免费的并且很好用的软件，操作也都比较简单，可以通过关键词采集网页中的邮件，或者直接采集 QQ 群里的邮箱。采集 QQ 群里的邮箱比较精准，可以按群的名字采集，也可以按地区、年龄、爱好等采集。还可以采集阿里巴巴、淘宝的邮箱。诚信通的用户都是实名认证的，阿里旺旺上面也有邮箱，这些采集起来都比较精准。

通过 QQ 邮件订阅栏目收集邮箱，要给用户一个主动注册的理由，可以是生活信息、健康咨询、行业咨询、优惠券等一切能让用户感兴趣的东西。可以做一个定时更新的栏目（只要有好的内容，免费博客甚至 QQ 空间都可以做订阅栏目），定时更新目标客户感兴趣的内容。

企业发布的内容准备好之后，在"QQ 邮件订阅"的右上侧，点击"发布栏目"，如图 2-2-1 所示，按照提示操作，将信息内容发布到 QQ 邮箱订阅开放平台，如图 2-2-2 所示。QQ 邮箱订阅开放平台是免费的订阅内容接入平台，旨在为广大网站主提供内容接入服务，通过稳定高效的邮件系统，共同为海量 QQ 邮箱用户提供高质量的订阅邮件投递服务。QQ 邮箱推出了基于订阅邮件的开放平台系统，是国内唯一能让站长放心使用的 RSS（Really Simple Syndication，简易信息聚合）统计订阅工具。QQ 邮箱订阅开放平台也会统计订阅数据，如阅读量、评论量都能统计出来，并且自动生成运营数据图表。目前只能在 QQ 邮箱用户中使用，但考虑到 QQ 邮箱有庞大的用户群，再加上订阅的邮件全部由 QQ 邮箱进行投送，邮件的被拦截率大大降低。

⑤ 通过文库收集。像百度文库、新浪文库，搜索时带上"邮箱"等关键词，再选择 .xls 格式，可以搜到很多邮箱文件。

⑥ 现有会员的邮箱。如果自己有个论坛，则注册会员的邮箱很精准，获得也最简单。为了防止那些随便用个邮箱注册的会员，可以设置成功注册后需要激活邮件才能使用。

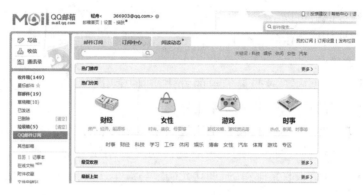

图 2-2-1　QQ 邮件订阅

图 2-2-2　QQ 邮箱订阅开放平台

（3）针对内部和外部邮件列表分别设计邮件内容

尽管每封邮件的内容和结构各不相同,但邮件列表的内容从形式上看有一定的规律可循。设计完善的邮件内容一般应具有下列基本要素。

① 邮件主题。邮件最重要的内容是主题,邮件主题应该能让人在不打开邮件的前提下了解邮件的大致内容。邮件主题的设计,与网页标题设计有一定的类似之处,要对用户有吸引力且便于传播。

② 邮件列表名称。一个网站可能有若干个邮件列表,一个用户也可能订阅多个邮件列表,仅从邮件主题中不一定能完全反映出所有信息,需要在邮件内容中表现出列表的名称。

③ 目录或内容提要。如果邮件信息较多,给出当期目录或者内容提要是很有必要的。邮件内容 Web 阅读方式说明(URL):如果提供网站阅读方式,应在邮件内容中给予说明。

④ 邮件正文。本期邮件的核心内容,一般安排在邮件的中心位置。

⑤ 退出列表方式。这是正规邮件列表内容中必不可少的内容,退出列表的方式应该出现在每一封邮件内容中。纯文本个人的邮件通常用文字说明退订方式,html 格式的邮件除了说明之外,还可以直接设计退订框,用户直接输入邮件地址进行退订。

⑥ 其他信息和声明。如果有必要对邮件列表做进一步的说明,可将有关信息安排在邮件结尾处,如版权声明和页脚广告等。

电子邮件的内容多种多样,可以是简单的一句话,也可以是大段的文章分享,但用于营销许可式电子邮件的内容通常有自动提醒、网站公告、客户关怀、活动促销、期刊咨询等。

根据 U-Mail 邮件营销平台 2018 年电商类邮件数据报表,以下 3 种形式的 E-mail 营销更受用户欢迎:一是节日群发邮件,二是优惠或降价提醒,三是购物车提醒。

(4) 根据计划向潜在用户发送电子邮件信息

① 通过 E-mail 的 Web 页面。几乎所有的 E-mail 服务器都提供 Web 页面登录方式,用户可以在浏览器中打开E-mail的 Web 页面登录,并完成收发邮件、撰写邮件、管理地址簿等基本操作。因此,用户可以通过发件选项中的抄送与密送设置来添加多个收件人地址,从而完成群发邮件的操作。但群发邮件的数量与速度,受到 E-mail 服务器相关设置的制约,这是用户需要提前获知并注意的。

② 使用电子邮件客户端。如果用户使用了诸如 Outlook、Foxmail 之类的电子邮件客户端程序,那么就充分利用软件功能,快捷便利地实现电子邮件的群发。电子邮件群发软件的功能强大,能够节省推广人员大量的时间,费用也较低,但也存在调试成本高、成功率较低等不足,企业需慎重考虑。

③ 使用邮件营销平台。第三方邮件营销平台与各大邮件服务商有一定的接口优化和白名单机制,只要邮件内容不敏感或用户投诉较少,邮件投放都可以达到良好的发送成功率。邮件营销平台具有模板完善、发送性能强大、成功率高、单封邮件价格低的特点,发送量较大的企业可以选择这种方式进行电子邮件营销。当前主流的第三方邮件服务平台有 Webpower、易邮通、亿业科技、螺丝帽、U-Mail 等。

(5) 对 E-mail 营销活动的效果进行分析和总结

电子邮件投送完后,推广人员还需要对本次邮件投放结果进行数据统计和分析。一般来说,衡量电子邮件营销效果的指标分别为有效率、阅读率、点击率三项。

① 有效率。有效率也称成功率,是用来衡量邮件成功送达用户邮箱的指标,证明邮件发送地址是存在的。它的计算公式为:

$$有效率 = 成功发送数量/发送总量$$

其中,发送总量是指电子邮件数据库的数量,成功发送数量是指成功到达邮件地址的数量,即电子邮件数据库的有效量。

② 阅读率。阅读率直接影响着 E-mail 营销活动的效果,它表明被用户打开并阅读了的邮件数量。阅读率是用来评估用户对邮件标题的兴趣程度的重要指标。它的计算公式为:

$$阅读率 = 打开量/成功发送数量$$

打开量指的是有效地址的用户接收到电子邮件后,打开邮件的数量。

③ 点击率。点击率用来评估用户对邮件内容的兴趣程度。如果电子邮件的阅读率较高,但点击率却较低,那么就需要调整电子邮件的内容。它的计算公式为:

$$点击率 = 点击量/打开量$$

其中,点击量是指用户打开电子邮件后,触发的单击的数量。如果电子邮件中存在多个链接,最好单独统计,这样可以评估出用户对邮件中不同内容的兴趣度,用以调整和优化电子邮件的内容。

通过对邮件发送结果的数据统计分析,可以发现在本次 E-mail 营销活动中存在的不足和问题,同时认真分析用户反馈的有效信息内容,将此作为调整和优化邮件内容以及邮件发送方式的重要依据。

2.2.4 实训项目

E-mail 营销

【实训目的】

掌握 E-mail 营销的基本流程和方法。

【实训任务】

王丽带领团队成员为校园咖啡店开展 E-mail 营销。

【实训步骤】

1. 获取用户邮箱地址。

一方面,利用现有校园相关 QQ 群和好友信息,导出邮箱地址;另一方面,加入各类本校校园 QQ 群。因为是校园咖啡吧,故消费者群体以在校师生为主,以输入关键词"苏州职业大学"为例,即可搜索到关于本校的很多主题群,申请加入,同意后即可导出 QQ 邮箱号码。

2. 撰写邮件内容。

以某一主题命名,如"属于我们师生自己的校园咖啡吧开业啦",邮件正文要图文并茂,有开业时间、商品类目、商品来源、商品价格、物流配送等核心数据。

3. 发送邮件。

(1) 利用 QQ 发送邮件。

① 写信—普通邮件—分别发送—定时发送—其他选项(需要回执)。

② 写信—群邮件发送。

(2) 利用 Foxmail 发送邮件。

下载安装后,设置接收、发送邮件服务器,添加邮箱地址,然后发送。

(3) 网上搜索群发邮件软件。

如"U-mail 群发邮件软件"或"六台阶邮件群发助手"等,下载安装后群发指定邮件。

2.2.5 思考习题

1. 什么是 E-mail 营销?有哪些分类?
2. E-mail 营销的基础条件是什么?
3. 如何避免自己的邮件被归到垃圾邮件中?

4. E-mail 群发与 E-mail 营销是否一回事？

5. 试着写与女士包有关的 E-mail 营销软文。

2.3 即时通信营销

2.3.1 学习目标

【能力目标】

※ 能够根据特定情境进行即时通信营销的策划和实施。

【知识目标】

※ 了解即时通信营销的定义；

※ 了解常见的即时通信工具；

※ 了解即时通信营销的优势；

※ 掌握即时通信营销的实施过程。

2.3.2 学习案例

案例 1　Toyota WhatsApp 活动促销

Toyota 西班牙在 WhatsApp 上创造过一次有趣的"挑逗比赛"。这次活动推动了 Toyota 的新车 Toyota Aygo 的发布。根据 *Mobile Marketing Magazine* 的报道，西班牙的 ISO 系统用户有 99% 都在他们的手机上装载 WhatsApp。这次活动鼓励用户去关注新的 Toyota Aygo 汽车，在情人节公布的得胜者将会得到一辆全新的汽车。用户只要给 Toyota 西班牙的账号发送称赞 Toyota Aygo 汽车最肉麻的口头禅、图片、声音邮件和视频，就有可能赢得比赛。

Toyota 依赖自身在社交媒体上既有的影响力，给 WhatsApp 的营销活动带来了流量。潜在的粉丝从 Facebook 或者其他推广渠道获得了 Toyota 在 WhatsApp 上面的账号，才转到 WhatsApp 上来参加活动。

问题：以上案例体现了即时通信营销的什么特点和优势？

案例 2　QQ 在线火炬接力营销

成为奥运火炬传递手几乎是每个国人的梦想。然而，真正能实现这一夙愿的只是极少数人，对于绝大多数普通民众而言，传递圣火是可望而不可即的。而在线传递火炬，成为他们表达心中奥运情结的一个极佳平台。可口可乐借着圣火传递之势,适时推出这一在线传递活动,不仅成就了普通网民传递火炬的梦想,也实现了其品牌自身的梦想。

要成为在线火炬手方法很简单。未成为火炬手的 QQ 用户往往会受到已成为火炬手的 QQ 好友的邀请,点击接受邀请,就相当于接过了火炬。此时只要把手中的火炬传给另一个尚未参与火炬传递的 QQ 好友,就算完成了火炬传递的整个过程,并可以获得一个点亮的火炬图标作为标志。错过或尚未收到火炬传递要求的也没关系,可以通过登录火炬在线传递官网首页,在活动资格争夺区争夺火炬传递的资格。

和现实中的奥运圣火一样,网络火炬接力所到之处引来无数尖叫和沸腾,短短 130 天内,就有超过 6 200 万人在网络上传递了圣火,引起了 7 600 万人的竞相议论,产生了 251 万个讨论热帖,参与人数之多也创下了国内互联网营销的纪录。发起这场活动的可口可乐和腾讯,在短时间内成为互联网热议的焦点,品牌的知名度、美誉度得到了极大的提升。

问题:可口可乐火炬在线传递活动为什么会吸引如此多的网友参与?

2.3.3 相关知识

世界上最早的即时通信(Instant Message,简称 IM)软件是 ICQ。ICQ 是英文"I seek you"的谐音,意思是"我找你"。4 名以色列青年于 1996 年 7 月成立 Mirabilis 公司,并在 1996 年 11 月发布了最初的 ICQ 版本。ICQ 在 6 个月内就有 85 万用户注册使用。

早期的 IM 只是个人用户之间的信息传递工具。现在随着 IM 工具在商务领域内的普及,IM 营销日益成为不容忽视的话题。最新调查显示,IM 已经成为人们在工作中沟通业务的主要方式,有 50% 的受调查者认为每天使用 IM 的目的是方便沟通交流,49% 的受调查者在业务往来中经常使用 IM 工具交换文件或沟通信息。

1. 即时通信营销的定义

即时通信营销是企业通过即时通信工具(如 QQ 或 MSN)帮助企业推广产品和品牌的一种手段。

即时通信营销一般有两种应用方式:第一种是网络在线交流,中小企业在建立网店或者企业网站时一般会有即时通信在线,潜在的客户如果对产品或者服务感兴趣,就会主动和在线的商家联系。第二种是企业通过 IM 营销工具发布产品和促销信息,以及包含企业宣传标志的图片。

2. 常见的即时通信工具

即时通信工具是基于互联网网络通信协议产生的点对点或点对面通信的一种软件。软件种类非常多,只要可以提供即时文件、文字、图像、语音、视频等形式的媒体数据的交换,方便人们沟通的,便可成为一种工具。传统的即时通信工具有 MSN、腾讯 QQ、网易泡泡、新浪UC、雅虎通等。有些网络软件与电子商务交易平台也提供这类即时通信工具，如淘宝网的淘宝旺旺。

近几年，面向个人和企业两类不同应用场景的即时通信产品均得到进一步发展。在个人应用场景领域，陌陌通过全资收购探探巩固了其在陌生社交领域的市场份额。在企业应用场景领域，以钉钉和企业微信为代表的即时通信产品用户规模持续提升，针对垂直行业特殊应用场景的专用型即时通信产品也崭露头角，如满足金融机构监管要求的金融业合规即时通信已经在业内初步形成规模。

以下是对目前较为流行的两种即时通信工具，即腾讯QQ与MSN的介绍。

（1）腾讯QQ

QQ是腾讯公司开发的一款基于互联网的即时通信软件，支持在线聊天、视频通话、点对点及离线传输文件、共享文件、网络硬盘、自定义面板、QQ邮箱等多种功能，并可与多种通信终端相连。QQ的这些功能和沟通传播方式为企业通过QQ进行营销推广提供了诸多便捷。同时，QQ作为即时通信工具的代表，拥有数以亿计的庞大的用户群体，截止到2018年，QQ注册用户已经超过10亿，同时在线用户突破1亿，日均覆盖人数达到2.1亿，日均网民到达率达到57.4%，其推广的优势不言而喻。QQ推广的优势主要表现为高适用性、精准性、成本低、持续高效等特点。

（2）MSN

MSN全称Microsoft Service Network（微软网络服务），是微软公司推出的即时通信软件。用户可以利用MSN与亲人、朋友、工作伙伴进行文字聊天、语音对话、视频会议等即时交流，还可以通过此软件来查看联系人是否联机。微软MSN移动互联网服务提供包括手机MSN（即时通信Messenger）、必应移动搜索、手机SNS（全球最大Windows Live在线社区）、中文资讯、手机娱乐和手机折扣等创新移动服务，满足了用户在移动互联网时代的沟通、社交、出行、娱乐等诸多方面的需求。

3. 即时通信营销的优势

（1）门槛较低

任何营销类的工作，都可以用即时通信来营销，且对于运营者来讲，即时通信营销操作起来非常简单，很容易就能上手。

（2）精准性高

即时通信工具在信息传播方面非常精准。比如，QQ可以根据人为需求设置。假如一位卖美容产品的商家利用QQ进行推广，就可以将QQ内容设置为美容方面的，专门为特定人群服务。再比如，商家可以通过QQ建立一些特定的群，如购物群、女性车友群等。

（3）成本较低

即时通信工具的使用通常不需要太多的花费，有很多甚至是免费的，且人力成本也很低，通常只需要一个人就可以全权负责。主要工作内容包括信息的发布、与对方的互动，以及后期的维护等。

(4) 回报速度快

这是即时通信营销最显著的特点,可能刚发完广告,马上就有回应,甚至成交。这是即时通信营销的最大好处,也是企业想要达到的效果。

(5) 大众化

利用即时通信工具可以在线进行语音、文字、影像的交流,给人的信息更加直观、可信、快捷。即时通信工具可以在线传输文件,也可以实现远程协作,因此格外受广大网民的欢迎。

值得注意的是,即时通信工具虽然可以突破空间的限制,但无法摆脱时间的限制,这也给信息交流双方带来了实际交流上的不便。

4. 即时通信营销的营销方法

即时通信营销的营销方法可分为在线客服、网络空间管理、集成应用三种。

(1) 在线客服

即时通信营销的即时性是其基本特征。即时性,顾名思义就是指在最短的时间内给客户提供需要的服务。因此,在线客服是即时通信营销的核心表现形式,它包括人工在线导购、人工客服咨询和自动咨询应答等形式。在线客服是联系目标客户与网站方的重要纽带,也是商机挖掘的直接载体。在技术层面,即时通信的在线客服又分为需要客户端和直接嵌入网页不需要客户端两种类型。

(2) 网络空间管理

企业即时通信营销往往是与网络空间管理分不开的。这里的空间一般是指通过即时通信系统在网站分析、访客管理等方面而产生的宝贵数据和资源。

商机管理是即时通信营销中的重要环节,也是即时通信工具在线营销功能所产生的成果汇总,对于后续的网络营销活动开展及客户资源管理,起着非常重要的过渡作用。

(3) 集成应用

由于即时通信营销工具有"无所不在,实时监控"的特性,在企业投入应用的网络营销工具中,其使用频率往往是最高的。即时通信营销工具作为企业实施网络营销管理的综合入口,还集成了相当多的其他应用,包括快速导航、集成登录、快捷搜索等。

即时通信营销的应用已经渗入人们生活的每一个层面。如果需要进行这方面的营销,就一定要充分考虑其特殊性、眼球效应及即时性。这些即时通信营销的基本要素和特征往往可以决定即时通信营销的成败。

2.3.4 实训项目

即时通信营销

【实训目的】

掌握即时通信营销的基本流程和方法。

【实训任务】

王丽带领团队成员为校园咖啡店开展即时通信营销。

【实训步骤】

1. 创建新的 QQ 账号。
2. 设置 QQ 资料。

头像:可将头像设置为企业 logo 标志或真人头像。

昵称:可将从事行业或营销产品名称与自己姓名相结合。

排名:开通会员,以在名字前加入特殊字符等方式提高 QQ 账号在目标用户 QQ 群内的排名。

3. 通过查找 QQ 群等方式加入不同的 QQ 群进行营销,可以通过产品特点选定要添加的群的主题,如教育、医疗、电商等。

2.3.5 思考习题

1. 什么是即时通信营销?
2. 简述常见的即时通信工具及其特点。
3. 分析即时通信营销的优势。
4. 列举即时通信营销的方法。
5. 尝试通过不同的即时通信工具进行产品推广,并分析它们的优势与劣势。

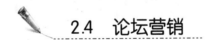

2.4 论坛营销

2.4.1 学习目标

【能力目标】

※ 能够根据特定情境进行论坛营销的策划和实施。

【知识目标】

※ 了解论坛营销的概念、特点;
※ 了解论坛营销的技巧;
※ 了解论坛营销的推广流程。

2.4.2 学习案例

百度贴吧"贾君鹏"事件营销

2009年某日,百度贴吧"魔兽世界"吧出现了一座新楼,标题是"贾君鹏你妈妈喊你回家吃饭",内容只有"RT"两字,却引起了网友的广泛关注。四个半小时后(下午三点半),楼盖到了5 000层。再经过一小时又一刻钟,达到了10 000楼。这时盖楼的速度是每分钟266楼。其后速度持续狂飙,从每小时2 500楼到半夜的每小时12 000楼。7月16日这天结束时,楼高已逼近6万。不到一天的时间,事件引发各大网站的报道,吸引了海量的网友目光。于是,除了"贾君鹏"的妈妈外,他的同学、朋友、邻居、老爷、姑妈、二姨妈等一夜间通通现身。

在互联网最喧嚣的子夜,盖楼当然不会停止,7月17日深夜两点,楼高突破8万,睡了一觉要上班的人,起床看到时楼高已经达10万。这一天盖楼还是以每小时超过1万楼的速度在进行,到当天结束时楼高30万。之后因为系统的限制,电脑的跟帖被禁止,来自手机的跟帖让速度慢了下来。但这股热潮却燃烧到了百度贴吧之外,引发了各式各样的评论、恶搞图片、歌曲、视频。

"贾君鹏"事件的目的是希望制造话题,激活贴吧上因为魔兽世界游戏服务器停机而无游戏可玩的网民,也吸引了大众的目光。"贾君鹏"事件完全可以作为一个经典的论坛营销案例。它所释放的影响力,让企业见证了网民强大的舆论力量,也为企业提供一条新的营销思路。

思考题:成功的论坛营销需要具备哪些要素?

2.4.3 相关知识

1. 论坛营销的概念

论坛可以简单理解为发帖回帖讨论的平台,是一种电子信息服务系统,也被称作"社区"。它提供一块公共电子白板,每个用户都可以在上面发布信息,提出看法或者获得信息服务。企业在论坛上可以通过文字、图片、视频、语音等方式发布企业的产品或服务信息,从而让目标客户更加深入地了解企业的产品或服务,最终达到宣传企业品牌、提高市场认知度的目的。

典型的网络社区有百度贴吧、天涯社区、猫扑、西祠胡同、MySpace交友社区等。

2. 论坛营销的特点

论坛属于社会化媒体中的一种,具有社会化媒体的属性和特点,论坛推广的特点主要体现在以下几个方面:

(1) 高人气开放性

论坛的超高人气可以有效地为企业提供营销传播服务。论坛话题的开放性，使企业论坛营销在现阶段的营销诉求都可以通过论坛传播得到有效的实现。

(2) 强大的聚众能力

论坛活动具有强大的聚众能力，企业推广者可以通过论坛，以踩楼、灌水、贴图、视频等方式与潜在用户进行交流，调动网友与品牌之间的互动。

(3) 可信度高

论坛营销一般是企业以自己的身份或者是伪身份发布的信息，所以对于消费者来说，要比单纯的网络广告更加可信。为了迎合用户的需求，很多不同类型的站点都架构了论坛系统，操作者发布论坛信息的广度也很明显。

(4) 精准度高

企业做营销的时候一般都会提出关于论坛营销的需求，其中会有对于主题和版块内容的特别要求。操作者多从相关性的角度思考问题，所操作的内容就更有针对性。用户在搜索自己所需要内容的时候，精准度也就更高。

(5) 注重策略和执行

论坛营销需要推广者在主流论坛中发布和维护大量的帖子，重在推广者的执行。同时，论坛的推广营销需要遵循一定的策略，如对帖子的引导回帖、话题营销等。

(6) 利于 SEO 工作

通过审核的论坛内容往往会在短时间内就被搜索引擎收录，同时会保留很长时间。论坛营销可以有效地辅助网站的 SEO 工作。

3. 论坛营销的技巧

要一个论坛人气旺盛，除了需要精心设计发帖内容以外，还需要进行有效推广，让更多的人可以看到帖子，增加回帖的概率。

(1) 和论坛坛主、版主做朋友

论坛编辑不仅要管理论坛中的每个版块，负责对帖子内容进行严格的审查，同时也要根据论坛投资方要求，定期维护论坛版块内的各类广告，帮助投资方创造收益。论坛编辑会在论坛相关版块置顶位置发布论坛相关公告或相关活动，用户可以利用加好友或者私信的方式与论坛编辑建立联系并成为好友。

(2) 借助他人的帖子宣传自己

一般情况下，能够在论坛平台相关版块的首页显示的，都是被顶帖较多的帖子或者是新发布的帖子，这些帖子的浏览量都很高。用户可以利用论坛的这一特性，勤发帖，勤回帖。

在论坛平台选择版块类别，单击大家比较关注的版块，在进入的页面中阅读版块规则及内容，然后在热门帖底部发表评论。由于论坛编辑与版主有权利删除他人撰写的评论，所以不要在评论中直接打广告或发一些与原文无关的内容。可以结合原文表述自己的感受，或者将话题引向自己的帖子或帖子链接。有些论坛是不允许发站外链接的，但是可以发站内帖子的链接,并且可直达帖子位置。

(3) 增加论坛互动性

与网友的交流互动可以提高论坛帖子的访问量,可以通过以下方法增加论坛的互动性。

① 开放"好友"与"访客"组件。这一点可以在相关添加好友的权限中进行设置。

② 认真回复消息。添加好友后除了要积极地访问好友的帖子外,还应认真及时地回复他人的评论和留言。

③ 关注新动态。若你在论坛中结识了一定数量的好友,当有新的好友动态后,可查看某一范围内的用户动态。若对博文感兴趣,可以进行"评论"或"点赞"。

(4) 利用论坛自身技术分析论坛帖子

① 借助论坛的分析功能。用户登录论坛后,可以在自己的主页看到帖子的回复和阅读量,这可以帮助用户对帖子的受关注度有个大致的了解。

② 将帖子的 URL 提交给搜索引擎。通常搜索引擎可以为论坛提供一定的访问量,因此将帖子提交给搜索引擎也是提高论坛流量的关键。以百度搜索引擎为例,在 IE 浏览器的地址栏中输入百度网站,登录网址 https://zhanzhang.baidu.com/linksubmit/url,单击"转至"按钮。填写链接地址并提交,将自己的帖子交到百度搜索引擎中。这样一来,当有人在搜索引擎上搜索相关关键词时,帖子就有机会被网友看到。

(5) 筛选人气论坛

论坛的人气是决定帖子能不能火起来的首要因素。无论你的文章写得多精彩,如果放在一个冷清的论坛上,就没有人去看。可以先通过网址导航了解哪些论坛比较热门,或者根据营销内容选择不同主题的论坛。

4. 论坛营销的推广流程

论坛营销的推广流程一般包括目标群体定位、账户准备、营销策划选题、发帖、顶帖与回复、效果监测六个部分。

(1) 目标群体定位

选择有自己潜在客户的并且人气旺的论坛,熟悉其特点,深入分析目标用户群体的习惯喜好与活动范围。

(2) 账户准备

论坛账户应该有专人负责,在论坛上注册多个账号并在发帖前进行一定的培养,积极发布相关主题的帖子,积累人气。对主账号应该尽可能培育成知名账号并分析对应论坛或者用户的习惯和兴趣点,尽量接近版主、管理员等核心管理层。

(3) 策划营销选题

策划营销选题需要将产品卖点与用户需求相结合,筛选出最佳营销亮点。帖子主题要有创意,有一定话题性、争议性,能引起共鸣,主题要和论坛或者版块相关,同时最好能够和热点事件结合。

（4）发帖

在核心论坛进行话题发布。发帖时尽量长帖短发，太长的帖，不管它有多大吸引力，都很少有人能够看完。发帖后要及时记录和更新发帖情况，尽快提高帖子人气。当参与回帖讨论的人较多时，即使有一些小的违规，管理员一般也不会直接删除。

如果论坛可以修改自己的帖子，那么在发帖的时候可以先不发布广告信息，等到帖子有一定的人气后，再对其进行编辑，加入推广的内容。

（5）顶帖与回复

顶帖也不要千篇一律，注意观点的引导和碰撞，注意顶帖的稳定性，避免波动太大的情况出现。同时，积极回复并参与讨论，从多方位、多角度验证帖子的可信度。顶新帖时争取能做到前5名，最好是第1名。可以使用不同的账号来提升话题热度，引导讨论的方向。如果出现争论，则需要对争论进行适当的引导，而不要一味地抵制反对意见，以免失控。

（6）效果监测

论坛推广后期要进行效果的监测，做好数据统计和分析，以便了解策划执行过程中的细节，为之后的改进和推广提供依据。

2.4.4 实训项目

论坛营销

【实训目的】

掌握论坛营销的基本流程和方法。

【实训任务】

王丽带领团队成员为校园咖啡店开展论坛营销。

【实训步骤】

1. 选定论坛，打开官网。
2. 注册并创建账号。
3. 输入网站提示的各种信息，直到提示注册成功。
4. 完善资料，特别是头像、签名等设置。
5. 在不同版块发布相关帖子。

2.4.5 思考习题

1. 什么是论坛营销？有什么特点？
2. 列举论坛营销的特点与优势。
3. 举例说明论坛营销的技巧。
4. 简述论坛营销的流程。

5. 寻找论坛营销的成功案例,并讨论其成功原因。

2.5 博客营销

2.5.1 学习目标

【能力目标】

※ 能够根据特定情境进行博客营销的策划和实施。

【知识目标】

※ 了解博客的概念、分类；
※ 了解博客营销的概念及价值；
※ 熟悉博客营销的优势、博客文章的写作技巧；
※ 掌握博客营销的实际操作方法、效果分析方法。

2.5.2 学习案例

手拉手、心连心——百万博客共建绵竹灾区爱心木屋小学行动

公司背景

杭州港龙工艺品有限公司是专业从事现代集成住宅产业化及家居用品的外向型企业。公司自主设计、生产、销售木屋,同时生产各类家居用品、户外庭院家具以及纸雕立体画、画框、艺术杯垫等精制工艺品。公司拥有一大批年轻的艺术家及设计师,长期为本公司从事产品的创作与开发,其产品远销世界各地,客户遍布全球,因产品对路,质量稳定,已积累了一批稳固的客户群。公司拥有 30 多项产品专利,拥有两大品牌——"龙门"和"都市庭院"。

活动过程

2008 年 5 月 12 日,四川汶川地震,多少活泼可爱的孩子瞬间失去了他们热爱的课堂……地震无情人有情,我们万众一心、众志成城;我们手拉手,心连心,共同为灾区重建希望小学,让更多的孩子早日回到校园怀抱,让灾区同胞感受我们的真诚和友爱。

由四川德阳市教育局、绵竹市教育局发起主办,杭州港龙工艺品有限公司和企博网承办,以及诸多媒体共同支持参与的"手拉手,心连心——百万博客共建灾区爱心木屋小学行动"全面展开。

一所爱心木屋小学的建造需要 100 多万元的工程款！博友们,积极行动起来吧,拿出你的诚意,伸出你的援助之手,一起用爱心为灾区孩子筑起希望的明天!爱心木屋小学落成后,我们将邀请10名博客前往现场参加落成典礼,共同见证我们广大博友亲手竖起的丰碑。

活动分为"你写博文,我捐钱"和"你送祝福,我捐款"。

1. "你写博文,我捐钱"

地震过去了,但它留给我们太多的悲恸、遗憾、感动和启发。打开你的博客,轻敲你的键盘,放飞思绪,写一篇关于抗震救灾、灾后重建、捐资助学等主题的博客,为灾区爱心木屋小学的建设献出你的力量。

成功发表一篇博文,即由杭州港龙和企博网共同捐出100元用于建设爱心木屋小学。因此,博友发表文章的多少将直接关系到工程款的筹集,爱心木屋小学建设的顺利与否全由博友决定!同时,为感谢广大博友的积极参与,所有成功发表文章的博主其博客地址将永久刻在建好的爱心木屋小学的爱心墙上,让大家永远铭记曾经为爱心木屋小学做过贡献的你。

文章要求:

文章主题围绕抗震救灾、灾后重建、捐资助学等展开。范围包括自己在现场的亲身经历,看了新闻后的感受,捐血、捐款、捐物的动人事迹以及各种展现人性光辉的事迹;文章体裁不限,字数要求在200字以上,如是诗歌类的则不能少于20个字。

活动规则:

(1) 每个用户最多发布3篇文章,多发无效;

(2) 所有文章均有可能用于主办方出版印刷、网站的宣传中,不再另行通知。

2. "你送祝福,我捐款"

拿出真诚,写上祝福,道出祝愿。为遇难同胞默哀,愿他们得到安息。为灾区人们献上由衷的祝福,祝愿他们坚强活下去,早日重建家园。成功发送一条祝福,由杭州港龙和企博网共同捐出10元爱心木屋小学建设款。最后,所有的祝福将刻成光盘并随希望小学工程奠基入土,埋在地底下永久保存,这是一种很有意义的纪念,同时也是对该小学、对灾区人们的永久祝愿。

活动规则:

(1) 每人限发一条,多发无效;

(2) 祝福内容与抗震救灾、灾后重建、捐资助学等相关。

营销效果

活动仅持续23天,就收到爱心博文916篇,爱心祝愿116 873条,杭州港龙和企博网126万元工程建设款如数捐出。

问题:分析此次活动的意义,此次活动对于杭州港龙和企博网有什么价值?

2.5.3 相关知识

1. 博客概述

2002年,博客的概念被引入中国并得到快速发展;博客是继 MSN、BBS、ICQ 之后出现的第四种网络交流方式,现已受到大家的欢迎,其基本属性从个人网络日志逐步发展为企业信息发布的平台,并为实现企业全员营销提供了技术及营销的支撑。到目前为止,博客仍是互联网的基础应用之一。

(1) 博客的定义

博客最初的名称是 Weblog,由 Web 和 Log 两个单词组成,按字面的意义就是网络日志,又译为部落格或部落阁等,是一种通常由个人管理,不定期张贴新的文章的网站。博客上的文章通常根据张贴时间,以倒序方式排列。许多博客专注在特定的主题上提供评论或新闻,其他文章则是比较具有个人色彩的日记。一个典型的博客结合了文字、图像、其他博客或网站的链接及其他与主题相关的媒体,能够让读者以互动的方式留下意见。

博客的三大要素:

① 网页主体内容由不断更新的众多帖子组成。

② 内容按时间顺序倒序排列,最新的在最上面。

③ 内容可以是各种主题、各种布局和各种写作风格的,但是文章内容以"超链接"作为重要的表达方式。

(2) 博客的分类

① 按表现形式分类,分为基本博客和微型博客。

基本博客是博客中最简单的形式。单个的作者对于特定的话题提供相关的资源、发表评论,没有字数和形式的限制。这些话题几乎可以涉及社会的所有领域。

微型博客(MicroBlog),即微博,目前是全球最受欢迎的博客形式。博客作者不需要撰写很复杂的文章,而只需要发表140个字(这是大部分的微博字数限制,网易微博的字数限制为163个)以内的心情文字即可,如 Twitter、新浪微博、随心微博、Follow5、网易微博、搜狐微博、腾讯微博、叽歪等。

② 按博客主分类,可以分为个人博客和企业博客。

个人博客按照博客主人的知名度、博客文章受欢迎的程度,可以分为名人博客、一般博客、热门博客等。

企业博客是商业、广告型的博客。广告型博客的管理类似于通常网站的 Web 广告管理。商业博客分为 CEO 博客、企业博客、产品博客、"领袖"博客等。以公关和营销传播为核心的博客应用已经被证明将是商业博客应用的主流。

③ 按存在方式分类,可以分为平台博客、附属博客以及独立博客。

平台博客。无须自己注册域名、租用空间和编制网页,只要免费注册申请即可拥有自己的博客空间,是最"多快好省"的方式。

附属博客。将自己的博客作为某一个网站的一部分（加一个栏目、一个频道或者一个地址）。

独立博名。一般指采用独立域名和网络主机的博客，即在空间、域名和内容上相对独立的博名。独立博客相当于一个独立的网站，而且不属于任何其他网站。

(3) 经营博客的技巧

① 时常更新。时常更新不仅对博客有利，也是成功经营博客的必备条件。如果没有做到每天至少更新一次，就没有充分利用博客的潜力。时常更新不仅因为读者喜欢新鲜的内容，还因为可以增加搜索引擎的偏好度。搜索引擎喜欢新的内容，网站更新越频繁，搜索引擎造访次数就越多，如此可以让自己的博客经常被列入搜索的结果中，提高博客在搜索结果中的排名。

② 积极回应评论。在每篇文章的下面提供评论框，可以鼓励读者评论文章。要通过电子邮件或在自己的评论框中回应他们的意见，以进一步讨论，让读者意识到他们的意见非常受重视。

③ 多和其他博主交流。建立利益同盟（Community of Interest）是企业或个人成功经营博客的关键。对大部分企业而言，这个同盟中混杂着现有的博客写手、新资源、业界有影响力的人士，以及员工、合作伙伴、供货商和顾客等。对个人而言，利益同盟是自己的朋友和与其有相同兴趣爱好的人。利益同盟就是自己感兴趣的同盟加上对方感兴趣的同盟。在你的利益同盟中留言是让这些博客写手及他们的读者了解你，他们可能会对你的博客感兴趣。大家最常见的发现新博客的方式就是通过共同的链接，如果可以参与其间，便能获得更多的流量，就能与其他博客写手及他们的读者建立关系。

④ 多与好友交换友情链接，扩大自己的博客圈子。与好友交换友情链接，不仅可以获得很多直接的访问量，还可以扩大博客交往圈子，让好友的好友也了解自己。交换链接的意义实际上已经超出了可以直接增加访问量这一范畴。

⑤ 生动、有创意的标题。标题是成功经营博客的关键因素。好的标题可以让搜索引擎找到并会带来更多的流量。有魅力、好的标题可以吸引读者阅读，换取更多的链接。标题对于搜索引擎、新闻种子以及其他外部环境理解的博客都非常重要。在这些情况下，用户通常只看标题，并据此判断是否阅读整篇内容。

⑥ 加入"博客圈"。博客的服务提供商一般都会有"博客圈"，其中有各种不同类型的博客圈内容，例如"原创文学交流圈""驴友天下圈""电影评论圈""服装潮流圈""易发电子传真圈"等，多加入与自己博客定位相同的圈子可以得到更多志同道合的朋友的关注。

⑦ 多参加官方活动。官方博客会不定期举办一些活动，比如节日活动或征文活动等，多参加官方活动，也可以获取高的流量，增加知名度和关注度。

⑧ 向搜索引擎和网址站提交博客。向搜索引擎和网址站提交博客的方式有多种。一是向综合类搜索引擎，如谷歌等提交。不是所有的搜索引擎都容易发现博客，所以可以通过人工提交来补充。二是向博客搜索引擎提交。随着博客的兴起，各大搜索引擎纷纷推出了博客搜索功能。如果博客能被抓取到各大博客搜索引擎的索引库中，那将会给博客带来

更多的访问量。三是可以向博客目录网站提交博客网址。

2. 博客营销的定义及价值

（1）博客营销的定义

博客营销就是利用博客开展网络营销，是一种基于个人知识资源（包括思想、体验等表现形式）的网络信息传递形式。开展博客营销的基础问题是对某个领域知识的掌握、学习和有效利用，并通过对知识的传播达到营销信息传递的目的。

一般来说，开展企业博客营销需要具备三个基本条件。

① 博客发布和管理的网站平台。即要有发布博客的基本条件，可以是企业自建的独立博客网站、官方网站的博客频道，也可以是建立在第三方博客平台上的企业博客。

② 持续的博客内容资源。博客文章是博客营销的基础，对用户有价值的、源源不断的博客内容是体现博客营销价值的必要条件，也是博客营销工作的核心内容。

③ 企业博客管理规范。企业博客与个人博客有一定的差异，需要有一定的规范来约束，这样才能保证博客营销的价值。另外，对于企业博客营销开展过程中的问题和效果也需要相应的管理规范。一般企业博客管理规范都是在博客营销实践中不断摸索和完善而成的。

（2）博客营销的价值

博客产生之后便受到很多网民的关注和投入，尤其是博客运用于营销活动之后，所产生的商业价值更是引起了商家的注意。博客营销的价值具体表现在以下几个方面。

① 可以直接带来潜在用户。博客内容发布在博客网站上，如博客网等，这些网站往往拥有大量的用户群体，有价值的博客内容会吸引大量潜在用户浏览，从而达到向潜在用户传递营销信息的目的。用这种方式开展网络营销是博客营销的基本形式，也是博客营销最直接的价值表现。

② 降低网站推广费用。在博客内容中适当加入企业网站的信息（如某项热门产品的链接、在线优惠券下载网址链接等），达到网站推广的目的，这样的"博客推广"也是极低成本的网站推广方法，降低了一般付费推广的费用，或者在不增加网站推广费用的情况下，提升了网站的访问量。

③ 为用户通过搜索引擎获取信息提供了机会。多渠道信息传递是网络营销取得成效的保证。一般来说，访问量较大的博客网站比一般企业网站的搜索引擎友好性要好，用户可以比较方便地通过搜索引擎发现这些企业博客内容，通过博客文章，可以增加用户通过搜索引擎发现企业信息的机会。

④ 可以增加企业网站的链接数量。获得其他相关网站的链接是一种常用的网站推广方式，但是当一个企业网站知名度不高、日访问量较低时，往往很难找到有价值的网站给自己链接，通过在自己的博客文章为本企业的网站做链接则是顺理成章的事情。这样不仅可以为网站带来新的访问量，也可增加网站在搜索引擎排名中的优势。

⑤ 可以以更低的成本对读者行为进行研究。当博客内容比较受欢迎时，博客网站也成为与用户交流的场所，通过博客文章的评论和回复等功能与读者互动交流，了解读者的

所想。当然,也可以在博客文章中设置在线调查表的链接,同时,就调查表中的问题与读者在线互动交流,提高在线调查的效果,降低调查研究的费用。

⑥ 进行品牌推广并增进顾客关系。博客的内容通常是公开的,大家可以发表自己的日志,也可以阅读和评论别人的网络日志,这是一种基于个人知识资源(包括思想、体验等表现形式)的网络信息分享。这种对等的交流能为博客带来广泛的信息传播和必要的访问量,尤其对企业博客来说,有助于提升品牌形象,获得公众认知和认可。

3. 博客营销的步骤、方法与技巧

(1) 注册流程

选择好博客平台,进行博客注册。目前拥有用户量最多的博客平台主要集中在四大主流门户网站:新浪、网易、腾讯和搜狐。除门户网站外,另有部分受企业欢迎的博客平台,用户量也日趋上升,如企博网、畅享网、百度空间、博客网等。

博客注册的流程类同于一般注册流程,填写用户名、密码等信息。需要强调的是博客名称和个性域名的选择。在填写昵称和博客名称时,务必将企业名称或需要推广的产品品牌注明。这样的操作一方面从用户角度考虑,可让来访者一目了然地看到品牌名称;另一方面从搜索引擎角度考虑,对搜索引擎友好,易于宣传品牌。

(2) 设置博客

注册好博客后,需将博客信息设置完善,包括企业简介、头像的选择、关注信息的类别、友情链接的添加等。在企业网站中,一般企业简介的内容都较长,而博客中的企业简介不允许过长,内容主要说明企业的概况、企业的主营产品和在行业内的影响力就可以了,便于来访网友了解企业的情况。

此外,头像的选择也很重要。作为企业的推广博客,最佳选择是企业的Logo。设置了关注信息类别之后基本就确定了博客所关注的行业范围。例如,博导卓越的推广博客在关注信息类别中就选择了教育行业和互联网行业。

在博客设置中,应特别注意友情链接的添加,既可添加自己要推广的网站链接,也可和较友好的网站交换链接,增加访问量。

(3) 内容编辑

博客注册设置完成后,则进入博客营销的重要环节——内容编辑,即进行日志写作。

博客营销终归是一种营销手段,目的是为了推广产品,促进产品销售。持续的博客内容资源是博客营销价值的必需条件。企业博客文章的内容选题可以包括:个人知识和观点分享、专业领域研究和思考、个人生活经历及其延伸、公司工作相关话题、行业信息及问题思考、社会活动及人脉资源扩展、没有明确主题的其他经历等。

博客文章可分为转载类、原创类以及伪原创类。

① 转载类。适合转载的文章一定是那些在网站上浏览量高、转载量高、主题吸引人的文章,且一定要与企业服务或产品有相关性。

② 原创类。一般来说,原创文章编写流程为:确定内容范围;选择关键词;文章写作;编辑修改。

确定内容范围,选择好恰当关键词后,就要撰写博客文章了。企业博客写作中,企业员工需要在一定的原则指导下写作企业博客,否则博客文章不仅没有网络营销价值,还可能给企业造成损失,例如泄露公司机密,为竞争对手所利用,或者给公司造成负面影响等。企业博客文章的写作一般应注意:文章内容符合法律法规;正确处理个人观点与企业立场的关系;博客文章应注意保密;博客文章必要的声明;要有版权意识。

由于每篇博客文章都是一个独立的网页形式,因此应具备一个网页内容的基本要素。无论文章形式多么复杂或者简单,博客文章的一般要素都可以归纳为:文章标题、博客正文内容(包括图片等附加信息)、合理的内容编辑以及必要的相关链接等。

对于具备高级功能选项的博客系统,在发布博客文章时则可能有其他专业的要素,如自定义文章(网页)名称、关键词、网页描述等,这些通常是为了文章(也就是网页)的搜索引擎优化而设计的。博客文章的编辑技巧,实际上与网站运营中的网页内容编辑方式是一样的。

不过,原创类日志除了要具备上述的营销意识之外,更要有价值。这里的价值更多地体现在日志内容的含金量上,也就是说读者阅读后能够有所收获,这样才是一篇完美的博客营销文章。

③ 伪原创类。伪原创文章则是把一篇文章进行再加工,使搜索引擎认为其是一篇原创文章,从而提高网站权重。一般对于伪原创文章的编辑,主要在于标题的修改和文章首尾内容的编辑修改。伪原创文章选择范围相对较广,可在网上搜索访问量或转载量较高、比较有价值的相关的文章,对其进行编辑修改之后,即可发布,相对省时省力。

博客文章的写作要把握住一点,即向读者提供有价值的信息。只有给读者提供的信息有价值,才能达到潜移默化的营销效果,带来潜在客户。

(4) 发布文章

在发布博客文章时,要注意一些细节问题的把握,如关键词(Keywords)、描述(Description)、标签(Tag)的设置和文字链接的添加。

① 一般博客平台中会有关键词或标签以及描述内容的设置,这几个要素基本决定了博客文章搜索引擎优化的效果。标签主要选择用户日常检索频率较高的词语以及与自己的产品或服务相关的词语。标签的设置可以很好地体现在搜索引擎的搜索上,其在引导读者来访博客方面能起到重要作用。

与关键词和标签同样重要的描述也就是摘要内容,一般博客平台都要自定义文章摘要。由于摘要内容在博客首页显示,摘要内容应为本篇文章的核心内容,也可将文章中的亮点语句放于此,以吸引读者浏览。另外,在摘要中加入关键词,能促进搜索引擎及时收录,并使得搜索快照的内容含关键词,便于用户搜索。

② 在文章中挑选关键词设置链接。每篇博客文章的关键词应为该篇文章中的核心词语或能概括该篇文章内容的词语,也可选择企业或个人推广的目标关键词加上网站的链接地址,关键词所加链接应指向产品内容页或各类产品列表页。

(5) 效果监控与评估

① 解读博客的访问情况。可以借助博客的分析功能。用户在登录自己的博客后,可以在首页的"个人资料"版块中看到博客的访问量,单击"博客访问"选项右侧的数字,可以打开访问统计页面。该页面显示了博客最近30天访问量的走势,并详细显示了今日访问数量、今日被评论次数以及今日被转载次数。用户可以通过对访问量走势图的分析总结出博客访问量变化的规律,再结合这一时期发表博文的情况分析博客流量变化的原因。在走势图的下方就是"来源分析"版块,这里提供了"访问来源"和"分析"选项卡。"访问来源"选项卡为博主提供了最近10次访问来源以及10个热门来源,"分析"选项卡下将会显示出系统对博客访问来源的分析结论,博主可以通过这些分析找出网友访问自己博客的常用途径。

② 博客营销对网站的作用。开通博客平台的博客内容的推广后,看是否对产品品牌的知名度有所提升,企业产品网站的访问量、网站的反向链接数量是否增加。

为了提升博客营销的效果,必要时还需要利用网络技术推广博客:一是将博客文章提交给搜索引擎,通常搜索引擎可以为博客提供一定的访问量。以百度搜索引擎为例,在IE浏览器的地址栏中输入百度网站,登录网址 https://zhanzhang.baidu.com/linksubmit/url,单击"转至"按钮。填写链接地址并提交,将自己的博客文章提交到百度搜索引擎中。二是通过互踩网站提升博客人气。用户可以登录"爱互踩"网站提升博客人气,网址 http://www.aihucai.com/。在互踩执行过程中,浏览器将自动运行,无须手动操作。

2.5.4 实训项目

博客营销

【实训目的】

掌握博客营销的基本流程和方法。

【实训任务】

公司背景:杭州港龙工艺品有限公司是专业从事现代集成住宅产业化及家居用品的外向型企业。公司自主设计、生产、销售木屋,同时生产各类家居用品、户外庭院家具以及纸雕立体画、画框、艺术杯垫等精制工艺品。公司拥有一大批年轻的艺术家及设计师,长期为本公司从事产品的创作与开发,其产品远销世界各国,客户遍布全球,因产品对路,质量稳定,已积累了一批稳固的客户群。公司拥有30多项产品专利,两大品牌——"龙门"和"都市庭院"。

互联网应用手段愈发多样,网络营销便是其中之一。博客营销作为网络营销的重要组成部分,历来是实施效果好、实施成本低的绝佳方式。杭州港龙工艺品有限公司对网络信息进行了收集、整理和挖掘,这对公司产品和业务具有很好的促进和拓展作用。因此,对公司的产品实施博客营销是必然之举。

为杭州港龙工艺品有限公司的网站实施博客营销实践活动。

【实训步骤】

1. 策划博客营销方案。

① 根据公司背景,分析公司博客营销的实施原因、实施目的及目标受众群体。

② 根据博客营销的目的以及受众群体进行博客营销策划,确定博客营销的相关主题及内容、博客文章的表现形式,同时确定合适的博客营销平台,熟悉主流博客平台的功能。

2. 注册博客。

自主选择一个博客平台,注册博客。

① 选定合适的博客名称及博客域名。

② 进行博客相关属性的设置。

3. 内容编辑。

① 撰写"原创类"博客文章。选择与博客营销主题相关的某一观点撰写相应博客文章,如观察评论、产品描述等,注意语句通顺,避免语法错误、错别字以及重复内容。

② 撰写"伪原创类"博客文章。围绕博客营销主题进行相关内容的搜索,将对自身博客营销有价值的文章或报道等进行简单的加工修改。

③ 转载与博客营销主题有关的价值文章。围绕博客营销主题进行相关价值内容的搜索,将合适的文章转载到自己博客上,并标明文章出处。

4. 发布博客文章。

① 编辑修改文章,按照博客平台的要求,进行关键词、描述、标签的设置和文字链接的添加,发布博客文章。

② 将自己较受欢迎的博客文章发至自己所加入的博客圈。

③ 可推荐圈内或圈外其他同学博客中的精华文章。

5. 效果监控与评估。

① 查看自己博客的访问量、搜索排名等数据。

② 查看自己的博客营销给自己推广的网站或网店带来的访问量数据。

③ 分析自己博客营销的总体效果。

④ 查看博客圈内其他人博客营销的效果并作评价。

2.5.5 思考习题

1. 什么是博客?有哪些分类?
2. 什么是博客营销?博客营销的价值是什么?
3. 阐述博客营销的流程。
4. 随着技术的进步,涌现出了好多新媒体营销工具,博客营销是否不再重要了?阐述理由。

2.6 问答、百科营销

2.6.1 学习目标

【能力目标】

※ 能够根据特定情境进行问答、百科营销的策划和实施。

【知识目标】

※ 了解问答营销的概念和营销价值；
※ 掌握问答营销的实施技巧；
※ 了解百科营销的概念和营销价值；
※ 了解百科营销的推广模式；
※ 掌握百科词条的编写技巧。

2.6.2 学习案例

21天抢"鲜机"——Intel百度有奖知识问答

1. 营销背景

大多数购买电脑的消费者都相对理性，面对琳琅满目的电脑产品，不仅仅满足对其品牌、功能配置、价格、售后服务等的单方面追求，而是更加注重对其进行综合考量。他们更希望买到一款既能最大化地满足自己的应用需求，性价比又高的产品。

传统硬广告偏重于品牌宣传，很难全面传达产品配置、价格以及性能等多方面的信息。而来自电脑使用者自身体验的良好口碑推荐更能得到消费者的信赖。

此次通过百度知道电脑问题的有奖互动问答，旨在让消费者更深入地了解Intel推荐的电脑品牌。同时，丰富百度知道平台有关Intel推荐电脑的问答题目，通过解读电脑知识长时间地影响百度知道的用户，引导消费者购买Intel推荐的品牌产品。

2. 营销策略与创意亮点

百度为Intel推出的21天抢"鲜机"有奖知识问答，更是"搜索推广+社区互动+口碑传播"三者有效结合的经典之作。活动紧抓以下关键点，达到了非凡的营销效果。

（1）利用消费者购物前上网搜索的行为习惯，沿其搜索路径进行活动推广页面的跟踪曝光，将潜在消费者聚拢到百度知道社区平台。

（2）以解决用户购买电脑时面临的选择问题为出发点，设置推荐回答，间接而又自然地将Intel推荐品牌产品融入其中，既确保了受众的广泛参与，又弱化了受众对广告的排斥。

（3）参与用户之间的口碑相传，以自身的产品使用体验为例证，让产品特质深入人心。

此举不仅增强了Intel推荐品牌的可信度，而且让受众从内心深处认同品牌价值，进而产生购买行为。

3．执行过程

基于百度知道平台的超大流量和用户的高活跃度，百度为Intel量身定做了"21天抢'鲜机'电脑高手赢酷礼"的专题活动页面，配合相关电脑功能配置、技术等知识性问答互动，吸引众多消费者的广泛参与。

配合百度搜索推广，打通百度新闻、知道、贴吧、MP3等高流量频道，在目标受众所有可能出现的地方，进行专题活动页面推广，扩大活动曝光率，实现精准的广告导流。

活动期间，网友针对电脑提出的相关问题将被集合在活动页面中，同时设置典型的精彩问答题目，参与者按照要求完成有效回答，即可获取相应积分。

在答题过程中，参与者可以推荐活动页面右侧提供的Intel推荐电脑型号列表中的任意一款产品，并根据自己的使用经验和产品特点给出"推荐理由"，让其他消费者对推荐品牌有更进一步的了解和认知。

活动结束后，Intel将从成功回答问题的用户中，评选出"Intel鲜机达人"；同时在问题回答被采纳为最佳答案最多的用户中，评选出"知道电脑达人奖"。所有获奖用户均可得到由Intel提供的丰富奖品。

4．营销效果

截至活动结束，活动页面浏览量(PV)近6万次，参与人数高达8 000余人。整个活动汇集了1 000多个有针对性的消费者提出的问题。活动期间汇集的参与用户提出的典型性问题，也构成了品牌广告主庞大的FAQ(Frequently Asked Questions，常见问题解答)数据库来源。

问题： 分析21天抢"鲜机"——Intel百度有奖知识问答活动成功的原因。

2.6.3 相关知识

1．问答营销的概念

问答营销是借助于问答社区进行口碑营销的一种网络营销方式。问答营销就是在遵守问答站点规则的前提下，通过发问或回答，巧妙地运用软文，将自己的产品或服务植入问答里面，达到第三方口碑效应。这种营销方式既能与潜在消费者产生互动，又能植入商家广告,是做品牌口碑、互动营销的重要营销方式。

目前国内比较知名的问答社区有:百度知道、天涯问答、搜搜问问、爱问知识人、雅虎知识堂、搜狗问问等。

问答营销的问答方式有以下几种:

(1) 自问自答

这种方式需要在各个问答社区注册大量的ID马甲,也需要频繁地更换新马甲,防止自己所提问和回答的内容被删或被举报为广告。

(2) 选题作答

此种方式需要平时多关注与所需关键词相关的问题和受众行业人群的提问,在回答的内容上需注意精练且隐藏营销的内容,回答巧妙者很容易被提问者采纳为最佳答案,从而为自己的马甲加分。此种方式也需要频繁地更换马甲,否则回答很难避免被删或被举报。

(3) 只提不答

此种方式的侧重点在于问题的设计。设计的问题主要可以分为企业信息类、产品概念功能类、顾客症状需求类、销售信息类(渠道信息、促销信息)、对比询问类等。此种方式的优势是提问可带链接,提出按顾客需求而设计的问题效果最好。

2. 问答营销的实施技巧

(1) 选取关键词

做搜索问答推广,首先必须要明确推广的是哪些关键词。选择正确合理的关键字,会让问答营销更具有穿透力和目的性。

(2) 注册问答平台的账户

这种营销方式需要不断地更换ID,所以需要注册很多的账号。但需注意的是,可以在问答推广时分为两个阶段:第一个阶段,需要大量的账号,频繁地更换账号来提问或回答,提问账号与问答账号要分开,不要既提问又回答,不便于账号的管理;第二个阶段,各个账号中积累了很多的积分,接下来就需要将这些账号的积分汇总到几个账号里,为的是得到几个高等级的账号,因为高等级的账号可以让问答的权重更高、更有力度,推广的效果更好。

(3) 设计问题和答案

在此种营销方式中,最常见的方式为自问自答。需要事先设计好关键词的位置、提问的方式、关键词的布局数量,当然如果有网友提供更好的答案,也可以采纳。

设计问题的技巧主要有以下几种。

① 简单模式:根据自身的条件进行提问。

② 联想法:也叫衍生法,根据行业的特点衍生出更多的问题。

③ 事件法:在事件前后分别作问答推广。

④ 主动发难法:在行业内,难免会遇到竞争对手的栽赃陷害,或者遇到公关危机,所以要掌握主动权。

一个完整的问答包括题目、补充问题、答案、参考资料、评价五部分,在植入关键词的时候,在这五部分都应该植入关键词。

（4）发布问题

不同的平台有不同的审核标准,审核尤其严格的就是新浪爱问平台,这也是为什么新浪爱问里的信息质量比较高,而且能够更好地提供好的信息。审核最差的是天涯问答,里面充斥了大量的垃圾广告,没有人去管理,这不仅让提问的网友很烦,也让回答的网友很烦。不规范的管理,会让平台失去更多的网友和浏览量。

发布问题的技巧主要有以下两个：

① 给予奖励积分。天涯问答平台是必须给予奖励积分的,最低是 5 分;有些平台没有规定,由用户自己决定是否给予奖励积分;有些平台没有积分奖励。

② 把握补充问题。设计的问题可以很简单,但是补充问题必须要写,而且要多写,要养成这个良好的习惯,这不仅仅是为了通过像新浪爱问这样具有严格审核标准的平台的审核,而且是因为补充问题是一个很好的推广位置,不可以忽略掉。

（5）回答问题

选择回答账号,用事先设计好的答案回答问题。

（6）关闭问题并反馈

这一步就很简单了,把自己的回答设置成最佳答案。关闭平台后,把该问题的链接整理到相应的文档里,做好备案。

3. 问答营销的价值

（1）营销精准度高、转化率高,营销效果好

通过问答类网站寻求帮助和找答案的用户,往往都是对相关问题涉及领域感兴趣或有需求的。比如提问"聚美优品的化妆品怎么样"的人,应该是在聚美优品买过化妆品或想在聚美优品上买化妆品的人。

（2）口碑效果好,可信度较高

百度知道问答平台上的问答,给人感觉是用户与用户之间的互助,这种来自第三方的评价更能够以客观的角度吸引用户,也能更好地提升产品的销量。

（3）搜索引擎优化效果好

百度知道问答平台作为百度旗下的产品,权重较高,往往能在搜索引擎中获取到非常好的排名,对于搜索引擎站外优化有重要的作用,是搜索引擎优化的重要辅助手段之一。

（4）高效的网络客服

通过百度知道问答平台可以与用户进行良好的互动,从而达到品牌营销的目的。这里主要是指,借助百度知道企业平台,用户可以获得企业官方人员专业的解答,而企业可以通过与用户的良好互动达到品牌营销的目的。

（5）可申请成为专家,获得特权

百度知道专家有很多特权,如免费推广机会、百度搜索优先收录等。企业能以此来提升自身知名度,寻找潜在客源或与用户一对一沟通。

4. 百科营销的概念

网络百科作为一个网络在线百科全书平台,具有很高的知识分享价值。由于百科词条内容是开放式的,任何用户都可以编辑修改,因此与传统的内容营销模式有着很大的不同。网络百科在企业营销过程中对于树立企业的品牌形象,增加企业的信誉度以及宣传企业产品有着重要的营销价值,同时因其成本低廉,受到众多企业的青睐。

目前国内影响力较大的中文在线百科网站包括百度百科、搜狗百科、360百科等,而国外常见的百科网站有维基百科等。各个百科平台提供的功能有一定差异,平台的用户群也有所不同,但都有一个共同的特点,即用户可以自由创建词条以及对现有词条进行编辑修改,并且都可以在一定程度上为词条编辑者提供"网络推广"的机会。

5. 百科营销的价值

百度百科的编写和审核流程比较严格,其展现的内容也相对全面和权威。企业利用百科平台营销可以实现以下四大价值:

(1) 树立品牌

有效提高企业的知名度、信任感、权威度等。可以在百科词条中创建企业、产品、品牌等词条,在词条内容中直接展示企业的信息,增加企业品牌曝光度,进而可以有效提高企业的知名度、信任感、权威性,增加传播的机会。

(2) 提升权重

百度百科作为百度公司旗下产品,当用户检索信息时,百度搜索引擎会优先展示百度相关产品,同时搜索引擎还会给予百科词条很高的权重。因此,企业网站可以通过百度百科提升网站权重和网站关键词排名。

(3) 提高转化

企业可以将产品信息穿插在其他词条中,以获得企业信息展示的机会,提高企业信息网络可见度,并且通过相关内容的网址链接引导用户访问网站。企业创建百科词条可以为网站带来大量免费的流量,增加产品和品牌的曝光率,进而吸引更多的潜在用户,促使其成为产品或服务的消费者。

(4) 成本低廉

百度百科作为一个开放的平台,允许网民在不违反道德和法律的基础上进行自由编辑,因此百度百科适用于所有企业。同时,百度百科的编辑不需要任何费用,成本较低。

6. 百科营销的推广模式

在线百科平台网络推广一般有以下六种模式。

(1) 百科词条正文内容广告

百科词条正文内容广告是在词条的正文内容中添加的具有广告功能的文字信息,如在企业名称词条中介绍企业具体产品或服务信息,或在与企业相关的某商品词条中介绍本企业产品信息及公司介绍等。对于企业名称词条而言,详尽的正文内容不仅能为访问者提供有价值的信息,而且有助于提升企业形象。词条正文内容中如果包含有详尽的产品或服务介绍信息,可以增加访问者对企业信息的了解,在一定程度上实现企业产品或服务的推广。

(2) 百科词条中的网页 URL 链接

URL 链接广告是指在词条的参考资料或扩展阅读中加入企业官方网站或其他关联信息页面的链接。URL 链接广告不仅能为企业的相关平台带来优质的外部链接,而且能为企业网站或相关平台带来直接访问量,是有效的外部链接资源之一。

(3) 百科词条中的图片广告

在词条的正文中,引入图片对企业及其产品或服务进行描述,实际上发挥了图片广告的效果。相对文字来说,图片更容易让用户形成视觉上的感官认识,丰富了企业百科推广的表现形式。

(4) 百科词条中的图片文字注释

百科词条中图片文字注释的表现形式包括:底部加粗的文字说明,或者在图片上加入文字水印宣传信息。这种方式进一步加强了图片广告的营销传播效果。

(5) 百科词条中的相册广告

相册广告是互动百科和百度百科特有的功能,是指在百科词条正文内容中出现的图片不是单图,而是组图的形式。除此之外,在词条内容的下方有专门的组图展示区域。相册广告是图片广告进一步的延伸和发展,能够更充分地发挥百科平台的图片广告推广价值。

(6) 百科词条中的名片广告

名片广告是百度百科特有的形式,是指百度百科词条中出现在词条正文上方的内容,是对整个词条内容的概括和总结。名片广告可以丰富企业的词条内容,提升企业词条的专业性。另外,百度名片属于百度百科的一种关联平台,为企业制作名片可以增加企业推广渠道,增加企业信息的传播机会。

7. 百科词条的编写技巧

以百度百科为例,百度百科词条在创建后,只有通过百度的审核才算创建成功。因此企业在创建百科词条时,要严格遵循百科词条编写规则及编写注意事项,才能提高词条审核通过的概率,具体表现在以下几个方面:

① 创建百科词条应使用规范的语言文字,词条名不能有"☆"等个性化符号。此外,词条名也不能添加修饰词,例如不能以"好看的电影钢铁侠"作为词条名。

② 词条中不能出现 QQ 号码、电子邮箱、外部链接等信息,否则会被判定为广告。凡是有助于词条质量提升的操作都是可行的,没有最小编辑量的要求。

③ 标题和概述应当简明扼要,不能与词条正文内容字样直接重复。在词条主体部分不要出现任何网址链接,不要在目录中增加含有品牌名称的目录,可以将要推广的网址链接放到参考资料与扩展阅读部分。

④ 除了以公司或产品名称作为词条名外,还可以用与此相关的名称创建词条,并将营销信息加入其中。

2.6.4 实训项目

问答、百科营销

【实训目的】

掌握问答、百科营销的基本流程和方法。

【实训任务】

王丽带领团队成员通过创建百度百科词条,为校园咖啡店开展百科营销。

【实训步骤】

1. 确定词条名称。

在百度百科首页的搜索栏里输入想要创建的词条名称,然后单击"进入词条"按钮。如果该词条没有被创建,则会出现"我来创建"的提示,然后单击"我来创建"按钮进入词条创建流程。

百度百科规范的词条名通常为一个专有名词,需要使用全称或广为人知的常见名称,例如"网络营销""鲁迅""中国石油化工集团公司"这些词可以进行百度词条的编辑,而"如何进行网络营销""周树人"和"中石化"则不能用来编辑百科词条。

2. 编辑词条主题。

进入编辑页面,填写词条概述,单击"下一步"按键进入词条主题选择页面。根据要求编辑词条的属性,选择正确的词条主题。

3. 编写词条内容。

根据词条编写提示编辑该词条内容,且不同的词条分类有不同的内容结构。如企业类词条包含的内容包括经营内容、产品品牌、公司架构及发展历史等。同时也可以根据自身需要加入自定义栏目。内容填写完整后还可以添加相关的图片和视频。

4. 添加参考资料。

在该词条编辑页面的底部单击"添加新参考资料"进行添加。权威的参考资料能够证明编写内容的权威性和真实性,还能够增加该词条通过审核的概率。

5. 提交词条。

词条内容填写完整后,可以单击该页面上方的"提交"按钮提交词条。提交后的词条会进入审核期,通过审核后即可在网页检索中展现。

2.6.5 思考习题

1. 什么是百科营销?什么是问答营销?
2. 百科营销和问答营销分别有什么营销价值?
3. 简述百科营销的推广模式。
4. 结合百科营销的推广技巧,在百度百科上创建或编辑词条。

第 3 章 新媒体营销工具

3.1 微博营销

3.1.1 学习目标

【能力目标】

※ 能够撰写合适的网络营销微博文章；
※ 能够实施微博营销的策划；
※ 能够熟练使用微博的各项功能；
※ 能够运用各种网络营销工具推广微博。

【知识目标】

※ 了解微博的概念、特点；
※ 了解微博营销的概念、本质以及博客写作人群的类型；
※ 熟悉微博营销的优势、常见形式以及博客文章的写作技巧；
※ 掌握微博营销的实际操作方法、博客营销效果分析的方法；
※ 熟悉微博的常用功能。

3.1.2 学习案例

OPPO R11 上市推广

2017年5月17日，@OPPO 微博预热 R11 即将发布，通过微博小尾巴可看到由"前后2000万 OPPO R11"发出，文案中带出推广主话题#前后2000万 OPPOR11#。当天，@OPPO 微博发起换头像赢 R11 抽奖活动，粉丝通过使用微博配图作为自己微博头像并带话题转发该微博即可参与。见图3-1-1。

图3-1-1　OPPO上市微博推广图

同日,@OPPO公布了R11手机的明星家族@William威廉陈伟霆与@Dear-迪丽热巴。

2017年5月19日,@OPPO发起#前后2000万 OPPO R11#话题抽奖,并发布OPPO R11浪漫广告,@William威廉陈伟霆与@Dear-迪丽热巴对该条内容进行话题转发,视频得到陈伟霆与迪丽热巴粉丝的热情转发。

2017年5月24日,@OPPO确认将在浙江卫视打造#前后2000万 OPPO R11#发布会。5月25日公布R11发布会将于6月10日在深圳大运中心举行,浙江卫视将于当晚20:30全程直播,将会有众明星参与R11现场发布会活动。见图3-1-2。

图3-1-2　微博OPPO发布会

2017年6月2日,@OPPO公布OPPO明星家族新成员周杰伦,引发了大量周杰伦粉丝及相关团体的转发。

2017年6月7日,@巴塞罗那足球俱乐部、@中国移动10086、@中国电信以及@中国联通微博发布#前后2000万 OPPO R11#微博抽奖活动,在图片和文字中充分结合2000万像素作为画面核心信息。见图3-1-3。

图 3-1-3　OPPO 微博抽奖活动

2017年6月8日，@OPPO联合京东、天猫、国美、苏宁易购、迪信通、天语FunTalk、中国国家地理、微博摄影、爱奇艺、网易新闻、百度地图、去哪儿、滴滴出行、浙江卫视中国蓝、招商银行发布以"2000W"为核心创意信息的跨界海报。见图3-1-4。

图 3-1-4　OPPO 以"2000W"为核心创意信息的跨界海报

2017年6月5日到6月9日，@OPPO发布以参与发布会明星为主画面的倒计时动态漫画版海报。

2017年6月10日，@OPPO与@浙江卫视年中盛典共同直播了当晚"反正都精彩"浙江卫视OPPO年中盛典。见图3-1-5。

图 3-1-5 OPPO 微博直播浙江卫视年中盛典

2017 年 6 月 11 日,OPPO 与微博合作,在微博搜索合作艺人的名字以及"OPPO R11"这些词,会出现全部相关的名称。

发布会后期,@OPPO 与多位微博时尚博主及摄影师合作,发布 R11 摄影技巧,通过覆盖时尚博主以及摄影师的粉丝增加 OPPO R11 的曝光度。

@OPPO 通过策划#谁是拍照 KING#和#会拍照的男朋友#话题活动继续保持产品热度,两大话题始终围绕拍照功能展开。

2017 年 7 月 24 日,@OPPO 发起#会拍照的男朋友#话题微博,以男朋友为女主角拍照为切入点传递 OPPO R11 的拍照技术,在#会拍照的男朋友#话题页,以 OPPO 标识、照片以及 R11 产品图进行的装修显得优雅简单。

同期,OPPO 通过微博广告位为#会拍照的男朋友#引流以增加曝光,在话题排行榜中,位于生活记录榜 TOP1。

[案例解析]

1. 推广有重点

新媒体平台只是人们生活的一部分,受众在众多平台的停留时间有限,想在有限的时间里赢得受众的关注,就要求企业在新媒体推广时有的放矢,不可把所有产品卖点和盘托出,而是将聚焦于产品定位的核心卖点作为推广的主要宣传力,这样才能够在有限的时间里加深受众的印象,在注意力转瞬即逝的新媒体平台上增加产品的曝光度,更容易使产品进入消费者的购买清单中。OPPO R11 的核心卖点是前后 2000 万像素的拍照功能,从手机公布到后期维持产品热度,@OPPO 内容始终以拍照为核心展开内容创作,在#前后 2000 万 OPPO R11#、#谁是 OPPO 拍照 KING#、#会拍照的男朋友#话题中以及与明星艺人的合作中,拍照功能的内容重点一脉相承。

2. 内容形式多样性

内容形式的多样性有利于增加内容的趣味性,可以覆盖不同喜好的受众对于内容的阅读,同时不同创意风格的内容对于内容形式的要求各不相同,这要求内容形式的多样性是必然的。在 OPPO R11 手机推广过程中,使用到了创意海报、H5、动态海报、短视频、直播等,并与相关合作伙伴推出跨界海报,邀请专业摄影师和明星达人讲解 OPPO R11

的拍照功能和拍摄技巧。

3. 内容质量高

在信息泛滥的网络上,受众往往不会为粗劣制作的内容付出自己的浏览时间,内容质量高且制作精美的海报、视频等能够很好地抓住受众的眼球。@OPPO微博的文案、配图、视频、话题页装修、外部投放的时尚博主以及摄影师的内容质量都有较高的制作水平,整体内容格调统一。

4. 寻找更大曝光点

随着信息的流通越来越顺畅,明星开始进入大众视野,而微博更是给了普通人一个与明星近距离接触的机会,明星在微博平台上的曝光度逐渐提高,其粉丝群体也不断壮大,粉丝经济现象开始出现。OPPO与众多明星艺人合作,充分借用了粉丝经济,通过明星家族来带动R11的产品曝光,并且OPPO通过#浙江卫视年中OPPO盛典#活动及相关合作明星艺人、合作伙伴跨界、微博时尚博主和知名摄影师,以及微博广告位为产品寻找曝光,通过与这些大流量IP化的活动以及知名人物合作,可以达到覆盖不同圈层受众的目的。

问题:有效的微博推广应该注意哪些方面?

3.1.3 相关知识

1. 微博营销概述

(1) 微博的含义

微博,即微博客(MicroBlog)的简称,是一个基于用户关系的信息分享、传播以及获取的平台,用户可以通过WEB、WAP以及各种客户端组建个人社区,以140个字以内的文字更新信息,并实现即时分享。最早也最著名的微博是美国的Twitter,根据相关公开数据,截至2019年1季度,该产品目标用户数达1.34亿。2009年8月,中国最大的门户网站新浪网推出"新浪微博"内测版,成为门户网站中第一家提供微博服务的网站,微博正式进入中文上网主流人群的视野。

(2) 微博的特点

微博草根性更强,且广泛分布在桌面、浏览器、移动终端等多个平台上,有多种商业模式并存或形成多个垂直细分领域的可能。但无论哪种商业模式,都离不开用户体验的特性和基本功能。

① 便捷性。在微博上,140个字的限制将平民和莎士比亚拉到了同一水平线上,这点导致各种微博网站大量原创内容爆发性地被生产出来。李松博士认为,微博的出现具有划时代的意义,真正标志着个人互联网时代的到来。博客的出现,已经将互联网上的社会化媒体推进了一大步,公众人物纷纷开始建立自己的网上形象。然而,博客上的形象仍然是

化妆后的表演,博客文章的创作需要考虑完整性和逻辑性,这样大的工作量对于博客作者来说是很重的负担。"沉默的大多数"在微博上找到了展示自己的舞台。

② 背对脸。与博客上面对面的表演不同,微博上是背对脸的交流,就好比你在计算机前打游戏,路过的人从你背后看着你怎么玩,而你并不需要主动和背后的人交流。微博可以一点对多点,也可以点对点。当你关注一个感兴趣的人时,两三天就会上瘾。移动终端提供的便利性和多媒体化,使得微博用户体验的黏性越来越强。

③ 原创性。微博网站现在的即时通信功能非常强大,可以通过 QQ 和 MSN 直接书写,在没有网络的地方,只要有手机也可即时更新自己的内容。例如,一些大的突发事件或引起全球关注的大事,如果有微博用户在场,并利用各种手段在微博上发表出来,其实时性、现场感以及快捷性甚至超过所有其他媒体。

④ 新闻发生地。新闻发布会是发布信息的地方,而新闻发生地则是指微博本身的变动就是值得报道的新闻。这充分证明了麦克卢汉的观点——"媒介即信息"。2009 年 11 月 21 日,针对昆明市螺蛳湾批发市场的群体性事件,在云南省宣传部副部长伍皓的指导下,云南省政府新闻办在新浪微博开设了国内第一家微博——"微博云南",并在第一时间对"螺蛳湾"事件做出了简要说明。"微博云南"开设后,引起社会高度关注。11 月 23 日《人民日报》载文,将"微博云南"称为国内第一家政府微博,并评论说,"现场直播"不一定只在电视上才有,突发事件现场的每个人都可以是"记者",应对突发事件要"边做边说",才有主动。

(3) 微博营销

微博营销是刚刚推出的一种网络营销方式,它是随着微博的受欢迎度越来越高而产生的。微博营销以微博作为营销平台,每个听众(粉丝)都是潜在的营销对象,每个企业都可以在新浪、网易等平台上注册微博,然后利用更新自己的微博向网友传播企业、产品的信息,树立良好的企业形象和产品形象。每天更新内容或者发起大家感兴趣的话题,就可以跟大家交流,从而达到营销的目的。

微博营销与博客营销的本质区别,可以从下列三个方面进行简单的比较。

① 信息源的表现形式差异。博客营销以博客文章(信息源)的价值为基础,并且以个人观点表述为主要模式,每篇博客文章表现为一个独立的网页,因此对内容的数量和质量有一定要求,这也是博客营销的瓶颈之一。微博内容则短小精练,重点在于表达现在发生了什么有趣或有价值的事情,而不是系统的、严谨的企业新闻或产品介绍。

② 信息传播模式的差异。微博注重时效性,三天前发布的信息可能很少会有人再去问津。同时,微博的传播渠道除了相互关注的好友(粉丝)直接浏览之外,还可以通过好友的转发向更多的人群传播,因此是一种快速传播简短信息的方式。博客营销除了用户直接进入网站或者 RSS 订阅浏览之外,往往还可以通过搜索引擎搜索获得持续的浏览,博客对时效性要求不高的特点决定了博客可以获得多个渠道用户的长期关注,因此建立多渠道的传播对博客营销是非常有价值的,而对未知群体进行没有目的的"微博营销"通常是没有任何意义的。

③ 用户获取信息及行为的差异。用户可以利用计算机、手机等多种终端方便地获取微博信息,发挥了"碎片时间资源集合"的价值,也正是因为信息碎片化以及时间碎片化,用户通常不会立即做出某种购买决策或者其他转化行为,因此作为硬性推广手段只能适得其反。

综上所述,博客营销以信息源的价值为核心,主要体现信息本身的价值;微博营销以信息源的发布者为核心,体现了人的核心地位,而某个具体的人在社会网络中的地位,又取决于他的朋友圈子对他言论的关注程度以及朋友圈子的影响力(即群体网络资源)。因此可以简单地认为,微博营销与博客营销的区别在于:博客营销可以依靠个人的力量,而微博营销则要依赖个人的社会网络资源。

(4) 微博营销法则——PRAC 法则

"每一个微博用户后面,都是一位活生生的消费者。"微博平台已经成为企业猎取品牌形象与产品销售的重要通道。为了更好地应用微博营销,引领行业标准,经过不断的摸索和实践,业界提出了企业微博整合营销理论——PRAC 法则。

PRAC 法则涵盖微博运营体系中的四个核心板块,分别是 Platform(平台管理)、Relationship(关系管理)、Action(行为管理)、Crisis(风险管理)。在平台管理层面,PRAC 法则倡导"2＋N 微博矩阵模式",即以品牌微博、客户微博为主平台,补充添加运营领导和员工微博、粉丝团微博、产品微博及活动微博;针对企业做微博时一直困惑的用户关系处理问题,PRAC 则梳理出以粉丝关注者、媒体圈、意见领袖为主的"3G 关系管理"群体;而对于行为管理,PARC 系统介绍了引起注意、品牌推介等七类典型营销行为。

"微博是地球的脉搏"——美国《时代》周刊如此评价微博强大的信息传播功能。而在企业层面,微博公关与营销作为网络营销的新配工具之一,愈加受到重视。

2. 微博营销技巧

要利用好微博为企业营销所用,应注意以下问题和技巧:

① 账号认证。企业微博账号、企业领导与高管的账号、行业内有影响力人物的账号,要先获得微博网站认证;获得认证的好处是形成较权威的良好形象,微博信息可被外部搜索引擎收录,更易于传播,不过信息的审核也可能会更严格。

② 内容发布。微博的内容信息尽量多样化,最好每篇文字都带有图片、视频等多媒体信息,这样具有较好的浏览体验;微博内容尽量包含合适的话题或标签,以利于微博搜索。发布的内容要有价值,例如提供特价或打折信息、限时内的商品打折活动,可以带来不错的传播效果。推荐使用一些微博工具。

③ 内容更新。微博信息每日都要进行更新,并且要有规律地进行更新,每天 5—10 条信息,一小时内不要连发几条信息,要抓住高峰发帖时间更新信息。

④ 积极互动。多参与转发和评论,主动搜索行业相关话题,主动与用户互动。定期举办有奖活动,提供免费奖品,能够使粉丝数量快速增加,并提高其忠诚度。

⑤ 标签设置。合理设置标签,因为微博会推荐有共同标签或共同兴趣的人加关注。

⑥ 获取高质量的粉丝。在微博上不在于你认识什么人,而在于什么人认识你,不在于

什么人影响了你,而在于你影响了什么人。关注行业名人或知名机构,善用找朋友功能,提高粉丝的转发率和评论率。发布的内容主题要专一,内容要附带关键字,以利于高质量用户搜索到。

⑦ 微博优化要选取热门关键词。做微博关键词优化的时候,微博内容要尽可能地以关键字或者关键词组来开头,并且加上"#话题#"。尽量地利用热门的关键词和容易被搜索引擎搜索到的词条,增加搜索引擎的抓取率,但这些内容也要和推广的内容相关,要考虑到受众,如果一味地为了优化而优化,那就得不偿失了。

⑧ 微博的关键词选取要适当。对 SEO 来说,微博的信息是非常重要的,搜索引擎会把微博的信息纳入搜索结果中来,它们的索引算法也会根据微博的内容,选取信息作为标题,所以这些内容的关键词选择很重要,要知道要做的是哪些关键词,只有找到了关键词,才能更好更快地做好微博的 SEO。

⑨ 微博的名称选取要简单易记。选微博名和选择网站名一样,要简单、容易记,要让微博网名为自己代言,让其他人看到微博名的时候,就能很快地记住。另外,所选择的微博名要代表要推广的站点。例如,要推广营销,名称也要是这个,不可以选择其他的和推广内容无关的名词。

⑩ 微博的 URL 地址要简洁明了。有了微博名之后,微博的 URL 地址就变得尤为重要了,为什么呢? 毕竟要通过 URL 地址才能访问到你的微博,而这个 URL 地址会影响到搜索引擎的搜索结果。

⑪ 微博的个人资料要填关键词。微博中都有个人资料的介绍及选项的说明,这些个人资料也会被搜索引擎索引。在简短的个人资料中,说明自己的同时,也要选择适当的时机填入要优化的关键词,以提升搜索引擎抓取的概率。个人资料的内容与微博保持好的相关性,不仅能提升搜索引擎抓取概率,而且也不会让受众感到厌烦。

⑫ 个人标签填写关键词。微博中个人资料里的个人标签可以填入要优化的关键词,提升搜索引擎抓取概率,同时也能增加和你有共同标签或共同兴趣的粉丝的关注量。

3.1.4 实训项目

新浪微博营销

【实训目的】
熟悉微博平台的基本功能及感兴趣行业企业的应用现状。

【实训任务】
1. 登录新浪微博注册页面,申请开通新浪微博,并关注朋友的微博。然后,发出自己的第一条微博。
2. 发一条微博,大家可去这条微博下评论,然后大家互粉。
3. 分享最近参与的一次转发抽奖活动,说说愿意参加活动的原因是什么,不喜欢的微博抽奖活动规则设置是什么。

4. 写一条校园话题微博,请班级同学接龙转发微博(需要互相关注才方便手机刷微博互相转发),看看谁写出"神评论",能够让大家乐意转发起来。

【实训步骤】

步骤一:微博的申请

微博账号申请步骤参看微博平台。(图3-1-6)

图3-1-6 微博注册

注意事项:

1. 企业用户注册需要哪些材料?

(1)持有营业执照及企业公章(财务章、合同章等无效);

(2)通过全国组织机构代码管理中心认证;

(3)企业官方微博名与营业执照上企业名不一致时需提供相关补充证明材料。

2. 注册时昵称显示"已被注册"怎么办?

注册微博的时候经常会提示此昵称已被注册,但是在微博内搜索的时候却没有相关信息。造成这种现象的原因是此昵称已经有用户占用,但是该用户可能由于账号异常暂时被系统冻结,所以在搜索时不显示,此时只要重新选一个独一无二的昵称即可。对于长时间未登录微博的账号,官方将定期清理并释放昵称,具体依情况而定,所以,注册了微博以后不能任由它放在那里,而是要经常更新一下,否则就可能被收回昵称。

步骤二:微博的推广

1. 如何增加微博的粉丝量?

(1)如何快速获得第一批粉丝?

对一个新注册的微博账号来说,除了前期账号的定位和内容规划运营以外,第一步是快速获得第一批粉丝。因为有了粉丝,发布的微博内容才会被人看到,才会产生互动传播,给微博账号带来更多的粉丝。

① 亲朋好友互粉。开通一个新微博账号后,通过与身边的亲戚、朋友、同学进行微博互粉,相互加关注,增加微博互动,是微博运营前期一种不错的增粉方式。

② 好友推荐。除了向身边的亲朋好友互粉以外，还可以通过好友推荐的形式来增粉。好友推荐的好处有两点：一是有推荐人的信任背书，二是通过推荐语可以看出被推荐人的特点，换句话说，推荐语是给其他人关注被推荐人的理由。当然，快速获取粉丝的前提是微博账号持续输出一些有价值的内容，这些内容往往决定着第一批粉丝是否会长期关注你。

（2）如何通过关注同类人群增粉？

在微博上，喜欢同一领域、有着共同喜好的人群往往会相互关注。如一个微博用户喜欢足球，关注了很多足球类的微博账号并喜欢与之互动，同时也会通过微博发布足球类的内容，此时，被关注的人很可能会反过来关注。

普通人更多关注同城好友，或者关注对同样一个话题感兴趣的人，或是关注有着同样偶像的人。因此，微博的一个功能是对关注的人设置分组，分组后可以只查看某组人群的微博。对于特别重要的人，用户也可以加"特别关注"。

（3）如何通过已有平台导流粉丝？

微博上有着很多"大V"，刚建立不久，就聚集了大量粉丝，这些基本上都是通过之前运营过的其他社交平台进行推广引流带来的粉丝，如微信、豆瓣、博客、贴吧、人人网等。以微信为例，可通过微信推文中植入微博的账户信息、自定义菜单、自动回复等方式进行引流。

（4）如何通过外部导流增粉？

增粉方式不止一种，通过外部平台进行大曝光的导流增粉是一种快速增粉的方式。那么，有哪些外部渠道增粉的方式呢？

① 视频直播。2015年以来，各大直播平台火了起来。视频直播最大的特点是可以与用户现场实时互动。不少平台的网络主播通过直播给自己的微博增粉，主播可在自己简介中输入自己的微博账号引导粉丝关注，还可在直播中通过活动的形式引导粉丝关注自己的微博账号。

② 问答平台。2016年5月15日，一款问答服务的产品付费语音问答"分答"火了。同时，不少人借助问答自然而然地植入微博账号为微博带粉。在此之前，知乎、百度知道等问答平台，回答者往往会在简介或答案中植入微博账号，实现引流增粉。

③ 媒体网站。随着互联网各行各业细分媒体网站的崛起，越来越多的自媒体人通过撰稿发布的形式在各种媒体上发布文章，同时利用文章内容及账户简介为微博增粉。以科技类媒体为例，自媒体人可通过在果壳网、虎嗅网等媒体网站上发布文章为自己增粉。

④ 视频平台。伴随着社交平台一起火起来的还有视频类平台，越来越多的团队开始制作精品视频，通过社交媒体传播，带动粉丝的增长。

⑤ 博客、出版读物、口碑、搜索等其他增粉方式。除了以上几种外部导流增粉的方式以外，还有很多种形式，如个人博客文章、出版读物、粉丝口碑等方式。这就给我们一个启发，与其单一渠道地在微博上加粉，不如整合多个渠道为微博增粉。例如，搜索引擎就是给微博增粉的好平台。当第一次听说某个人的时候可能会去搜索，如果搜索结果里面有此人微博账号链接，就会带来潜在关注的可能性。

（5）如何通过活动增粉？

通过微博活动增粉的方式屡见不鲜,但要有效提高活动的参与度并给微博账号带来更多的粉丝就不容易了。用户往往愿意参与低门槛、有趣、有奖品的微博活动。微博活动的类型有很多,有转发抽奖类的活动、发起话题讨论的活动、发起动手制作的活动等。

(6) 如何通过合作增粉?

微博活动固然可以带来很多粉丝,但微博活动并不是在任何一个微博上发起,都可以产生非常大的效益。如果一个微博的粉丝数量少之又少,则即使发起活动也没多少人参与,也带不来多少粉丝。这时,很多用户选择和微博"大V"进行合作,借助"大V"的粉丝数发起活动并为自己增粉。这种方式能给合作双方都带来好处。

步骤三:如何提升微博的活跃度

微博具有强大的传播力,如何提高微博的活跃度,使微博的互动量最大化呢?微博的活跃度与粉丝的黏性、微博的内容有非常紧密的联系。

1. 如何通过高效互动增加粉丝黏性?

如果有机会给企业微博或者微博"大V"做日常运营,就会接到提高微博互动性的运营任务。微博日程互动运营好比说相声,有逗哏有捧哏,一个人演不了一台戏,很多微博死气沉沉,就是因为只顾着自己说话,缺少粉丝互动。增加粉丝黏性的方法,一是写有吸引力的内容,二是多和粉丝互动。

互动的方式有四种:评论+转发+私信+@提醒。

(1) 评论:指在微博下面进行回复,博主会收到提醒。

(2) 转发:指把别人的微博通过转发,在自己的微博上出现。如果博主设置了接收全部提醒,也会看到你的转发。可以连同评论一起转发。

(3) 私信:指某人发送给的私密信息,其他人看不到此类信息。

(4) @提醒:指在微博中主动@他人的昵称,如"@微博小秘书",他就会收到你@他的提醒。

2. 如何通过话题提升微博的转发量?

这里谈到的"话题"有两种含义。

第一种是热点信息,既然是热点就有话题性、传播性,而能够引发讨论和转发的微博都是话题。

第二种是微博里的话题功能,可以把话题关键词用"#"标注,引发更多人注意。

(1) 如何通过热点话题提升转发量?

举个例子,2013年父亲节,微博用户@秦阳发布了一个父亲节主题的PPT,当时选择了#我爱爸爸#、#父亲节#两个话题。见图3-1-7。

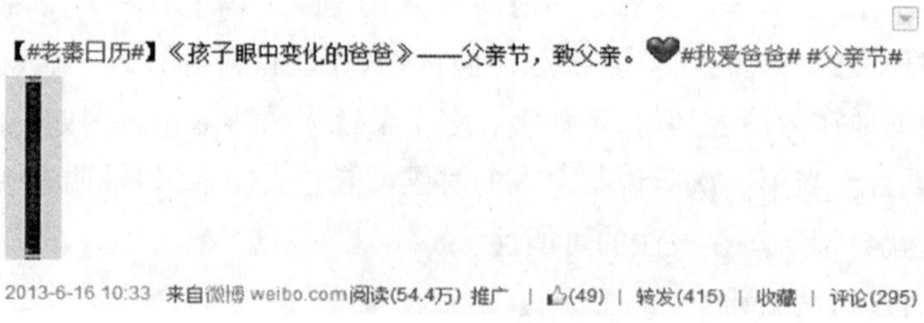

图 3-1-7　如何通过热点话题提升转发量

这条微博在上午十点半发布,最初传播很慢,三个小时过后也就勉强过了80次。由于微博"大V"都去争#父亲节#的话题了,而#我爱爸爸#这个话题发帖量虽然也不小,但是"大V"与名人参与很少,80次转发量在其中已经是佼佼者了,冲到了该话题的第三名。在随后的三个小时里这条微博被转发的次数一举突破了400次。因为很多用户并不是@秦阳的粉丝,但是他们关注#我爱爸爸#的话题,在话题页面中看到秦阳的微博,就进行了转发,带来了新增转发量。

(2)如何通过微博话题提升转发量?

#小米酷玩帮#这一微博话题,不但话题阅读量过亿,话题中还隐藏品牌名称,不会与其他话题撞车,能够保证此话题下都是与自己品牌活动相关的帖子。而像中国电信的话题#天翼飞young好声音#,则微博的话题名又长又难记,还中英文混合,不方便记忆,而且具有广告色彩的话题不易被传播。

图3-1-8 如何通过微博话题提升转发量

经过上面两个正反面案例的对比,可以总结出做微博话题营销要注意的事项:

① 词语要有话题感,或者是聚类感;
② 尽量短且便于别人输入,避免出现过长、冷僻词、中英文混写;
③ 避免歧义或者撞车。

3. 如何防止微博掉粉?

微博的粉丝数有增加,也会有减少,那如何防止微博掉粉呢?有人的微博努力发了很多帖,粉丝好不容易增加几个,可是过几天又掉回去了。微博粉丝下滑往往是因为以下几种原因:

(1)刷屏。

当你频发微博,并且微博的内容没什么价值时,粉丝往往会选择取消关注。早期新浪微博的"微访谈"功能只要有提问就会自动同步到微博,那么关注你的人可能在一个小时内连续看到关于你的十几条微博,即使你是名人,回答也很诚恳,他们也只认定你在刷屏,照样会选择取消关注。

(2)没有稳定的内容。

很多微博主缺乏足够的原创能力,或者微博逐渐靠转发维持,时间长了,粉丝觉得关注这个人没有什么价值,便会取消关注。

(3) 让人反感的广告帖。

粉丝多了,影响力大了,就有了广告商业价值,但是如果微博长期发布广告,则很多粉丝不但取消关注,还会吐槽。

(4) 和粉丝立场抵触。

一个粉丝喜欢你,往往是认为你能够代表他的立场,一旦发现你的立场和他的预设不符,就会觉得你和他的心理预期不相符合,于是可能反对你的观点甚至展开攻击,网络上把这种情况称为"粉转黑"。

3.1.5 思考习题

1. 微博有哪些特点?微博营销的概念和优势是什么?
2. 微博营销的策略有哪些?
3. 微博营销面临的挑战和应对措施分别是什么?
4. 微博营销的发展趋势有哪些?

3.2 微信营销

3.2.1 学习目标

【能力目标】

※ 了解微信营销现有的几种方式;
※ 把握微信营销未来的发展方向;
※ 了解微信营销的方法和技巧。

【知识目标】

※ 微信营销的概念及特征;
※ 微信营销目前面临的困境。

3.2.2 学习案例

案例1　农业银行:开启自助服务,方便客户快速办理业务

以往人们办理金融业务,需要亲自去网点柜台办理,哪怕是些较小且基本的业务。如此一来,对用户来说就非常麻烦。面对这种情况,很多金融企业纷纷开通微信公众平台,为用户开辟一条快捷办理业务的通道。而也正因为这样,金融企业才获得了竞争优势。随着移动互联网的发展,金融行业的竞争日趋激烈。如果金融企业没有开通微信办理业务的通道,势必会丢失移动用户市场的份额,所以,金融企业需要加快在微信平台的营销进度。

中国农业银行在金融企业中的发展,虽然不是最好的,也不是最具潜力的,却可以算得上是最前卫的。因为农业银行较早就开通了微博、微信。尤其是在微信营销中,农业银行更是玩转微信,为用户办理各方面的业务打开了一条便捷通道。作为一个金融企业,农业银行似乎更注重服务和功能,因此选择了每月可以有四次群发消息的服务号。由此可见,农业银行在微信营销中,将重点放在了导航服务上。

在底端导航中,农业银行公众号为用户设置了三个自助版块:智慧e站、金融e站、生活e站。

在智慧e站和金融e站中,农业银行主要为用户推出了企业理财项目。在智慧e站中,农行还为用户推送了众多理财技巧和专享优惠产品。该版块不但帮助用户提高了理财技巧,还让用户及时了解优惠产品,便于盈利。在金融e站中,农业银行为用户推出各种投资理财以及账户交易的信息。用户只要绑定农业银行的银行卡,即可参与各种账户交易和理财。

在生活e站中,我们可以看到农业银行为用户送上的各种最新活动,用户可以参与赢大奖。这一版块还有两个基础服务功能:购物通道和自助服务。在"购物通道"中,用户可以参与购买手机充值、Q币充值以及各种游戏充值。这极大地方便了用户生活。在"自助服务"中,用户可以查看营业网点分布以及汇款单等信息。比如在"网点查询"中,用户可以根据条件搜索附近的农业银行,并且查看地图,准确定位银行地址信息,在预填单信息中,用户还能查看汇兑等银行填单的信息。开启自助服务是农业银行的一大特色,不但为用户提供各种业务的办理,还提供各营业网点的查询、预填单信息的查询等。这些设置和版块,充分显示了农业银行在微信运营中注重人性化服务的特点。有些金融企业在微信中只是简单介绍企业内容、功能,并未真正为用户提供详细信息和服务,因此这些金融企业很难成为手机用户的常驻嘉宾。中国农业银行在微信中的做法体现了用户至上、服务至上的道理。金融企业无论是在什么性质的营销中,都应该以用户和服务为主,只有让用户更快捷地办理业务,才能真正赢得用户的心。

问题:农业银行的微信公众号还有哪些方面可以改进?

案例 2　MINI 汽车携手"黎贝卡的异想世界"

2017 年 7 月 13 日,著名汽车品牌 MINI 与拥有 450 万粉丝的时尚博主公众号"黎贝卡的异想世界"(以下简称"黎贝卡")合作卖车,100 台 MINI 加勒比蓝色限量版 5 分钟售空,50 分钟内全部付款完成。

2017 年 7 月 9 日,黎贝卡发出一张预热海报,透露 7 月 13 日 MINI 将联合黎贝卡为 100 位车主带来蓝色 MINI 的信息。见图 3-2-1。

图 3-2-1　黎贝卡和 MINI 的合作

2017 年 7 月 13 日,黎贝卡发出 MINI 加勒比蓝色限量版的预约通道,规定每个手机号只能预约一次。同日,MINI 官方微信订阅号首次发布与黎贝卡的合作。

[案例解析]

黎贝卡作为拥有 450 万粉丝的时尚博主,曾与故宫合作"故宫·猫的异想"系列首饰,四件单品分别限量 100 套礼盒,上线仅 20 分钟后售罄;与故宫合作推出的手账本,1 万本上线当天被抢售一空;与 Rebecca Minkoff 合作推出的定制包,一个周末 900 多个定制包被抢购。时尚博主黎贝卡与企业合作推出定制款产品营销模式已经成熟。

黎贝卡在粉丝中的影响力以及粉丝的购买力使其成为时尚圈的意见领袖,MINI 与高关注度、高号召力的 IP 博主合作,能够使 MINI 得以充分曝光,其粉丝的购买力有助于提高产品的销售量。

黎贝卡时尚圈的影响力以及其内容风格、推荐产品的调性等与 MINI 通过加勒比蓝色传达出的品牌的不盲目、有想法、坚持真我的态度相契合。同时,时尚博主黎贝卡拥有大量女性粉丝,MINI 小巧可爱的外形广受女性用户的喜爱,双方受众方面的共性也是促成本次合作的一部分原因。

问题:寻找你感兴趣的公众号,分析它的一次商业合作。

3.2.3 相关知识

1. 微信的概念

微信,英文名 WeChat,是 2011 年 1 月 21 日由腾讯公司广州研发中心推出的一款手机即时通信应用软件,用户可以通过手机、平板电脑和网页登录微信客户端来发送语音文字、图片和视频,以及实现多用户之间的聊天。同时,微信提供漂流瓶、朋友圈、公众平台和消息推送等功能,用户可以通过"搜索号码""摇一摇""附近的人""扫描二维码"等方式添加好友和关注公众平台。微信通过设置"扫一扫""摇一摇""游戏中心""微信支付""公众账号""我的收藏""绑定邮箱""腾讯新闻""发送地址"等功能,把微信打造成一个自媒体生态链条,使用户可以在微信上完成资讯、社交、娱乐、购物等生活需要。和同样占据移动终端的微博相比,微信的社交功能显得更为突出,交流更加私密也更加亲近;与 QQ 相较,微信以移动终端为依托,充实着用户的碎片化时间。

2. 微信营销的概念和特点

微信营销,是一种基于用户群落与微信平台的全新的网络营销方式。它通过微信软件与微信用户搭建一个类似"朋友"的关系链,在该社交关系中借助移动互联网特有的功能而创造全新的营销方式,比如以"漂流瓶"营销、公众平台营销等,来达到传播产品信息、传达品牌理念,从而促进销售、强化品牌的营销目的。微信营销具有以下特点:

(1)信息到达率高

在微信上,每一条群发信息都能完整无误地发送到用户移动终端上。同时,微信收到未读信息时以铃声、角标等方式提醒用户阅读,加之手机终端的移动便携特征使用户可以随时随地读取信息,所以微信信息的到达率很高。

(2)精准营销

微信的公众账号往往是用户主动加以关注的,说明用户对该话题、该产品有兴趣,公众账号的粉丝便是企业想要找到的老客户、新客户或潜在消费者,因此微信营销在更大程度上是精准营销。同时,微信 LBS(基于位置的服务)功能的位置功能也能使商家定位出周边的潜在消费者,为商家提供了精准营销的平台。

(3)"一对一"的互动营销

微信上的互动是"一对一"的互动,在完成信息的推送之后,商家可以根据客户的反馈进行一对一的对接,根据客户的要求量身定做解决方案,这种营销给客户的感觉往往是"专一的""私密的"。因此,微信营销更接近于朋友化、人性化的营销,运用亲切动人的语言图片,拉近和用户之间的距离,从而提高用户黏性。

(4)初期成本较低,维系成本较高

相对于投放传统的电视、报纸、户外广告,微信营销信息成本要低廉得多。目前,申请公众账号是免费的,企业商家只需一点流量费就可以向粉丝推送广告信息。但是,当公众账号粉丝数量扩大时,企业商家就要投入大量的人力物力财力和受众做好沟通互动,成本较高。同时,为了留住粉丝,商家也必须不断制作高质量的文案、图片等内容,做好微信公众账号的运营比申请一个账号群发硬性广告信息要复杂得多。

3. 微信营销的方式

如今,微信的各项功能为商家所利用,以功能为划分标准,目前微信营销有以下几种方式:

(1) 通过LBS功能进行营销

LBS指基于位置的服务,通过电信移动运营商的无线电通信网络或外部定位方式获取移动终端的位置信息。微信的LBS功能最初是为了方便用户寻找添加好友,而在用其做营销时,用该功能找寻目标消费者成为营销的一大课题。LBS功能精准地给出了以位置为准的目标消费者。通过查找"附近的人",店家附近有哪些潜在消费者一目了然,投放广告促销信息后,由于位置上的便利,更能直接地促进消费者入店消费。这种方式为许多无法支付大规模广告宣传的小店家提供了有效的营销渠道。有家名叫"饿的神"的快餐便利店用微信的LBS功能,在午餐时间向附近的人打招呼,以宣传自己的快餐生意,用户只要在微信上购餐,便可送货上门,十分方便。K5便利店在新店开张时,也是利用微信"附近的人"和"打招呼"这两项功能,将开业酬宾信息推送给附近的潜在顾客。

2011年10月,微信3.0版本新增了"摇一摇"功能,该功能一方面类似于"查看附近的人",即通过"摇一摇"这个手势可以搜索到1 000米以内的其他用户,同样是基于LBS功能插件的服务;另一方面,它丰富了用户依靠点击、滑动等行为来操作手机的传统方式,创新了用户对信息互动的体验。奔驰汽车、肯德基等商家就曾通过该功能与用户进行良好互动,用户只要摇一摇,页面中的奔驰汽车就会呈现新颜色;摇一摇肯德基的广告,页面中便出现不同的午间套餐。通过"摇一摇周边",用户就可以在线下的商铺、餐厅、橱窗甚至货架前,享受到由商家提供的红包、优惠券、小游戏或者导航服务,将用户与所处的空间更加紧密地连接起来。"摇一摇"入口拥有日均千万以上的访问用户,与微信公众平台、微信支付、卡券、微信连WiFi等产品无缝打通,是"一种全新的线上线下连接方式"。

(2) 通过扫描二维码功能进行营销

二维码是一种以图形为识别对象的识别技术,它是用某种特定的几何图形按一定规律在平面上(二维方向上)分布的黑白相间的图形记录数据符号信息的条码。它具有信息容量大、编码范围广、保密性能强、防伪性能好、译码可靠性高、纠错能力强、制作容易、成本低廉等众多优点。二维码在微信营销当中的应用主要也是用来连接线上与线下,通过扫一扫商家的二维码,用户可以成为商家的微信会员,获取产品、促销信息或直接获得打折优惠。二维码以一种更精准的方式,打通了商家线上和线下的关键入口,在微信营销中得到了广泛运用,而且在整个新媒体整合营销中也应用得非常广泛,经常被用来作为整合线上与线下营销方法的手段。现在许多大小商家店铺的营销活动中,都可以看到二维码的身影。

(3) 通过"朋友圈"进行营销

微信"朋友圈"营销方式是指商家把自己的广告信息让用户分享到"朋友圈",利用用户和其朋友之间的强关系售卖产品。

"朋友圈"营销最主要的形式是消费者在自己的"朋友圈"分享店家商品信息,便可获取折扣优惠。商家期望以一个消费者为基点,利用该消费者与其朋友之间的强关系将商品信息向该消费者的亲朋好友渗透,以取得滚雪球式的营销效果。在自己的"朋友圈"做推销时,首先要知道自己的"朋友圈"有哪一类人,他们会对什么样的产品感兴趣。这可以通过日常的接触大概了解,必要时可以设置可见范围,是产品目标受众的朋友才能看到产品信息,以免引起其他朋友的反感。同时,每天推送的消息不宜过多,并且也不能只在"朋友圈"推送广告信息。用户希望通过"朋友圈"了解朋友的日常近况,拉近距离,倘若一个人只在"朋友圈"发送自己的产品广告信息,反而会疏远与朋友间的距离。

在商品得到消费者的真心称赞时,分享"朋友圈"的确可以提高商品的知名度和美誉度。然而,没有好的商品做保障,仅以优惠条件让消费者被动地分享信息,有时却适得其反。消费者可能在取得优惠后,再在"朋友圈"表明商品的实际效果并不理想,对商品的美誉度造成损害。

(4) 通过微信公众平台进行营销

随着微信公众平台的推出,各类公众账号层出不穷。公众账号向关注该账号的用户推送信息,并与用户进行"一对一"的交流,成为商家营销的主要阵地。以微信账号是不是企业品牌的官方公众账号,公众平台营销可以分为两种方式。

① 企业微信公众账号。在企业微信公众账号的营销中,主要有两种方式。

推送式营销　推送式营销通过主动推送活动、游戏、文章等方式与用户建立亲密且深入的互动关系,维护及提升品牌形象。杨澜在自己的公众账号中,时常将《杨澜访谈录》的内容编写成文章推送,既保证了推送内容的质量,又为《杨澜访谈录》的电视节目做了推广和预告,一举两得。

星巴克在微信公众账号的营销中探索较早。2012 年,当星巴克夏季冰摇沁爽系列创新饮品即将上市时,为了让消费者感受到全身被激发和唤醒的感觉,星巴克选择了用音乐来与消费者沟通。而在选择沟通媒介上,微信平台能提供与消费者"一对一"的互动,较为私密个性。以消费者个体为单位,向他们推送量身定制的能激发个体共鸣的音乐非常适合该媒介平台。同时,星巴克的目标市场是在特大级城市、沿海地区经济发达城市和相对发达的二级城市中受过高等教育、收入较高的中上阶层或者咖啡爱好者以及咖啡随机消费者,这部分人属于追求品位和时尚的社会中上等阶层。而根据腾讯官方 2012 年 11 月发布的数据,微信用户中,男性占了 63%,而 20—30 岁的青年占了 74%,0—30 岁的用户占了 90%。同时,在微信用户职业分布中,大学生用户最多,占了 64.51%,其次是 IT 从业人员和白领,分别占了 16.12% 和 11.49%,而大学生、IT 从业人员和白领总共占了微信用户总数的 90% 以上。总的来说,目前微信用户具有年轻化、男性居多的特征,从职业分布来看,拥有大量碎片时间的学生是主体。从中可看出,微信用户和星巴克目标市场有较大的重合度,通过微信,星巴克可以接触到其目标受众。

星巴克通过微信平台推出"自然醒"活动,星巴克粉丝只要发一个表情给星巴克,无论是兴奋、沮丧还是忧伤,都能立刻获得星巴克按其心情调制的音乐曲目。之后,星巴克继续推出"星巴克早安闹钟"活动,以配合新上市的早餐系列新品。每天 7 点到 9 点,只要粉丝在闹钟响起的一小时之内到达星巴克门店,就有机会在购买咖啡的同时,享受半价购买早餐新品的优惠。据了解,通过这次活动,星巴克在中国每天平均收到 22 万条信息,基本以表情互动为主。

客服式营销 客服式营销是指将微信与自身的客户服务系统相结合,满足用户在售前、售后的各类服务需求,将微信打造成又一客服平台。例如,中国南方航空以自动回复的形式推送客服信息,用简单的数字编号代表不同的业务类型,向消费者提供预订机票、查询订单、办登机牌以及行李查询、天气查询等服务。许多公众账号两种营销形式兼顾,但也有侧重点。同时,商家也期望在公众平台上推送的消息能被用户分享至"朋友圈",两者间的联动使信息进一步扩散。就目前而言,因为此类微信营销方式更能向消费者提供价值,也更受消费者青睐,许多企业都在尝试通过微信向消费者提供更加便捷的客户服务。除了中国南方航空,维也纳酒店亦将开通微信订房系统,通过其微信平台,消费者可以直接预订酒店房间,还可以进行积分、订单、酒店优惠信息的查询。而美的生活电器更是将售前、售中、售后三个阶段都搬上了微信公众平台,提供一站式服务。微信粉丝可以了解美的产品和最新上市情况,如需购买,可进入手机商城购买,并可以通过微信查询售后服务。

② 非企业微信公众账号。微信公众账号种类繁多,有一些草根账号,通过各种方式将粉丝积累到一定程度,然后发广告盈利。或是自媒体账号,将微信当作自媒体运营,发送相关的内容,赢取粉丝后,亦可发送广告盈利,自媒体微信账号一般垃圾广告较少,质量较高。此类营销方式多见于提供本地服务信息的微信公众号,针对地域细分受众,向其提供本地及附近地区吃喝玩乐、衣食住行的建议,并在其中嵌入广告商家的信息。

(5) 众筹式营销

众筹式营销指的是微信用户利用与微信好友之间的强关系,按照商家的要求向好友募集需要的援助,或向好友提供商家的产品或服务。这种方式能够让参与活动的消费者主动传播商业信息,具有良好的传播效果。

"红包"式众筹营销是最常见的众筹式微信营销。在这种方式中,微信用户可以向好友派发"红包",也就是向好友们提供商家的产品或服务。国内最早的"红包"式营销当属"滴滴打车"的"打车红包活动"了。2014 年 5 月下旬,"滴滴打车"以两周年庆为名,推出打车红包分享活动:滴滴打车用户通过微信支付成功后,分享到"朋友圈"里,可以与朋友一起抽取几毛钱到十几元不等的红包,在下一次打车使用微信支付时可以直接抵消车费。经过进一步发展,"红包"的定义不断扩大,变成了各式各样的礼品或者奖励。有的"红包"活动还可以随着领取"红包"好友数量的增加,使派发"红包"的好友获取更大或更多的奖励。2014 年中秋节前,哈根达斯官方微信发起了"集月饼,送心意"的刮奖活动,每次刮奖都有机会获得哈根达斯冰淇淋月饼一枚,集齐 5 款不同口味的冰淇淋,即可兑换一份哈根达斯"心心相印"月饼礼盒。如果想获取更多的刮奖机会,用户就需要将自己的活动界面分享给更多的好友,点击分享链接并参加的好友越多,该用户获得刮奖的机会就越多,获得礼品的概率也越大。

3.2.4 实训项目

微 信 营 销

【实训目的】

熟悉微信平台的基本功能及感兴趣行业企业的应用现状。

【实训任务】

1. 按照书中示例,申请一个自己的微信公众号。
2. 观察图中的头像,在不看账号内容的情况下,这三个图像给你的第一感觉是什么?

麦当劳　　　　　　　行动派　　　　　　　气质范

3. 按照书中示例,设置自己的微信公众号。
4. 参考你感兴趣的成熟的公众号,尝试制作自己公众号的自定义菜单。
5. 参考你最喜欢的公众号,尝试在自己的公众号使用以上功能。

【实训步骤】

1. 微信公众号的申请。

(1) 微信订阅号、服务号的申请流程参看微信官方平台。

(2) 企业微信申请流程参看微信官方平台。

(3) 小程序申请流程参看微信官方平台。

2. 微信公众号的设置。

成功申请微信公众号后,用户就可以进一步对微信公众号进行设置。这里以订阅号为例说明。

(1) 账号详情设置。

进入账号详情的方法有两种。

方法一:找到微信公众平台左栏的"设置"模块,选择"公众号设置";

方法二:将鼠标移动到右上角的头像上,选择"账单详情"。

"公众号设置"页面"账号详情"选项卡所含内容如图 3-2-2 所示。

① 头像。

头像的作用。一般来说,公众号的头像有三个作用:品牌识别,减少认知成本,体现个性化风格或整体形象的延伸。

头像的五大类型:

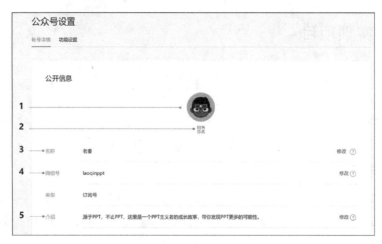

图 3-2-2　公众号设置

Logo 型。顾名思义,Logo 型是把品牌的 Logo 作为头像,也有的头像是 Logo 加上其他元素,如网址、标语等。

个人照片型。个人照片作为头像一般适用于自媒体或者明星认证微信公众号。

文字型。有的公众号头像使用的是文字,大致分为纯中文文字、Logo 和文字组合、中文和英文组合等,文字的显示效果一般都经过精心设计,符合公众号的风格,如文艺清新等。见图 3-2-3。

鲤伴　　　人民日报评论　　　行动派DreamList

图 3-2-3　公众号头像类型——文字型

卡通图像型。头像利用的卡通形象一般由文化创意公司或者漫画作者设计,也有自媒体人为公众号量身打造的漫画形象。除此之外,一些官方组织和大学也会使用漫画形象作为公众号头像,这样显得更加亲切。见图 3-2-4。

冷兔　　英国那些事儿　　顾爷　　武汉大学　　华中科技大学　　重庆大学

图 3-2-4　公众号头像类型——卡通图像型

角色形象型。角色形象一般引用的是比较知名的历史人物或者影视人物、动画形象等,借助名人效应增加公众号的识别度,更好地表达公众号的定位。见图 3-2-5。

哲学园　　　　　　阿SIR　　　　　　萧秋水

图3-2-5　公众号头像类型——角色形象型

② 二维码。

在生成二维码时会出现"更多尺寸",微信不仅提供不同尺寸二维码的下载,还提供线下物料素材,将公众号码与搜索框结合物料,引导用户通过扫码和微信搜一搜双重方式找到公众号,方便使用者根据推广需要进行印刷或互联网传播。

③ 名称。

公众号的名称是重要的识别标识,是搜索流量的重要来源,也是品牌的第一标签、第一印象。相同名称在平台内只有一个账号可以使用,在设置过程中,若系统检测到已有账号使用该名称,页面会出现提示:名称已被占用。若名称被占用,可以通过侵权投诉的方式对使用该名称的账号进行投诉,在侵权投诉页面提供名称使用权后,腾讯公司会有专人进行审核,侵权投诉成功后,该名称会被释放,即可申请使用。所以建议在想好名字后,发动身边的人去尝试拼音打字,看是不是会遇到拼写问题。命名这件事必须谨慎,因为头像和简介每个月都可以修改5次,而名称的修改机会有限,个人类型的公众号一个自然年内可主动修改2次名称。企业、媒体、政府等组织类型的账号可通过微信认证确认主体身份后,实现改名。虽然可改名,但频繁修改名称也不利于品牌的长期积淀。

对于新计开通的微信公众号,可从以下五个角度入手起名。

第一,从目标用户着手。

想吸引什么样的客户群体,就起与这个群体相关的名字,如"我们都是健身女""汪星人""行动派 DreamList""餐饮老板内参""不正常人类研究中心"等。在研究名称的过程中还可以借助数据工具。如"销售心理学"微信运营者从事销售培训行业,将微信定位于培训行业,起名时通过百度指数搜索"销售"需求图谱的研究,发现"销售心理学"在百度指数热搜词中排名不错,这说明有大量用户对这个话题感兴趣,于是就起了这个名字。

第二,从生活场景入手。

从生活场景入手,让用户根据自己的生活场景搜索关注。如"今晚看啥""周末做啥""周末去哪玩"这类直白的表达方式直接告诉用户这个账号可以具体解决什么问题。再如"读首诗再睡觉""十点读书"绑定了用户生活习惯中的场景,可增加账号的黏性。

第三,从地域文化入手。

服务于本地的账号,以地域为特征可以让本地用户更有亲切感,也容易吸引到本地用户。例如,"英国那些事儿""武汉吃喝玩乐""上海小资美食"等,也有加入方言标志的,如"你瞅啥""弄啥嘞",都是为了让某一个群体能快速识别公众号。

第四,从内容比喻入手。

要直接把内容在命名中展现并不容易,所以可以用一个常见的、具体的事物来辅助理解,最常用的就是"百科""大全""馆炀店"等,如"苏珊米勒星座馆""职场充电宝""心智工具箱""电影工厂""糗事百科"等。

第五,从细分领域入手。

目前,话题范围过大的账号由于受众面过大、重复性高,反而越来越不好做,而垂直分领域的账号反而可以独辟蹊径。例如,"服装搭配"可以细分为"男士服装格配""女生服装搭配""欧美风服装搭配"等;还有类似"服装搭配师 miuo"这种人名加上高频搜索关键词的组合,不仅可以增加公众号的辨识度,融入高频搜索的关键词"服装搭配",也提高了被搜索关注的概率。

④ 微信号。

微信号的设置规则为:不支持设置为中文账号,必须以字母开头(可以使用 6—20 个字母、数字、下划线和减号)。设置后一个自然年内只能申请修改 1 次。

为了使微信号好记好搜,微信号应尽可能简短,最好和品牌有统一性。一般来说,微信号尽可能不要有下划线之类的特殊符号,因为不好输入,而且容易输错。

⑤ 功能介绍。

功能介绍用于描述账号的功能,用户在搜索的时候可以看到。功能介绍长度为 4—120 个字,功能介绍一个月内只能申请修改 5 次。

原则上,功能介绍应尽可能简单好记、容易理解,能够清晰地传达公众号给用户提供的是什么服务、能带来什么价值,让目标用户快速了解你。如果有认证,认证信息里已经很全,就不必写公司简介或主营业务了。见图 3-2-6。

描述方向	公众号名称	案例 功能介绍
Slogan	天猫	上天猫,就够了
官方声明	武汉大学	武汉大学官方公众平台
内容说明	微信路况	每日为您提供最新的新车资讯、驾车小技巧、保养维修、用车视频演示!路况、查违章、路况定制服务,无需下载,只要关注即可使用
阐述利益	精读	这里,有关于读书的一切。书单、书摘、导读、速读、微课、共读……聚焦思想技能和学科通识,帮你降低阅读成本,帮你找到共读伙伴,提高你的学习力、工作力和生活力
平台引流	罗辑思维	罗胖每天早上60秒语音,用文字回复语音中的关键词可阅读文章。看视频搜索在优酷搜索"罗辑思维",每周五更新。更多精彩请关注新浪微博@罗辑思维朋友圈,联系我们请发邮件至service@luojilab.com
品牌介绍	Linkedin	Linkedin(领英)创建于2003年,致力于向全球职场人士提供沟通平台,协助他们事半功倍,发展所长。作为全球最大的职业社交网站,Linkedin会员人数在世界范围内超过4亿,每个《财富》世界500强公司均有高管参加
人生格言	黄晓明	我不是最好的,但我要做最努力的。
趣味金句	HUGO	如果有一天你想取消关注,请记得我们曾经相爱过
个性定位	王左中右	一个脱离了高级趣味的直男

图 3-2-6 功能介绍

(2)功能设置。

"公众号设置"页面"功能设置"选项卡所含内容如图 3-2-7 所示。

① 隐私设置。

单击"隐私设置"选项右侧的"设置"超链接,进入"隐私设置"对话框。

选择"否"单选按钮设置禁止用户通过名称搜到该账号后,用户可通过微信号 ID 和二维码搜到该账号。

图 3-2-7　功能设置

设置成功后,半小时后即可生效。

② 图片水印。

为了让微信公众号得到更好的推广,获得更多的粉丝关注,目前在微信公众平台上传图片时,图片上会默认显示水印。该水印内容会显示公众号的微信号或公众号名称,水印支持设置显示微信号或名称,也支持取消水印。另外,在平台上传图片时,须将图片上传至服务器方可显示图片水印(须单击"图片"按钮进行上传)。若直接将复制的图片粘贴至正文内容,则图片不会显示水印。

③ JS 接口安全域名。

设置 JS 接口安全域名可以让手机端网页在微信里调用相关的技术接口,实现网页高级互动功能。

3. 微信公众号的基础功能。

在微信公众平台的"功能"模块下,一个刚注册成功的订阅号有六大基础功能:自动回复、自定义菜单、投票管理、页面模板、赞赏功能和原创声明功能。

(1) 自动回复。

自动回复功能是指公众号运营者可以通过简单的编辑,设置常用的文字或语音或图片视频作为回复消息,并制定自动回复的规则。当订阅用户的行为符合自动回复规定的时候,订阅用户就会收到自动回复的消息,有被添加自动回复、消息自动回复、关键词回复三种自动回复类型。见图3-2-8。

自动回复类型	使用说明
被添加自动回复	粉丝在关注该公众号时会自动发送所设置的文字/语言/图片/视频给粉丝,设置后可根据需要"修改"或"删除"内容
消息自动回复	在微信公众平台设置用户消息回复后,会在粉丝给您发送微信消息时,会自动回复您设置的文字/语音/图片/视频给粉丝,只能设置一条信息回复,在1个小时内设置1~2条内容,暂不支持设置图文、网页地址消息。这种回复形式比较单一,容易给人机器人自动回复的感觉,使用的情况较少
关键词回复	通过添加规则,订阅用户发送的消息内如果有所设置的关键词(不超过30字数,)),即可把您设置在此规则名中回复的内容自动发送给订阅用户 1. 字数限制:微信公众平台认证与非认证用户的关键字自动回复设置规则上限为200条规则,每条规则内最多设置10条关键字、5条回复 2. 规则设置:可设置多个关键字,如订阅用户发送的信息中含有所设置的关键字,则系统会自己回复,同一规则中可设置5条回复内容 3. 匹配设置:若选择了全匹配,在编辑页面则会显示"已全匹配",对方发送的内容与设置的关键字须完全一样,才会触发关键字回复,比如设置"123",仅回复"123"才会触发关键字回复;若没有选择全匹配的情况下,编辑页面则会显示"未全匹配",只要对方发送内容包含设置的完整关键词,就会触发关键字回复给对方。比如设置"123"回复"1234"会触发,但回复不完整的关键字"12"则不会触发关键字回复

图3-2-8　自动回复类型

(2) 自定义菜单

可以在公众号会话界面底部设置自定义菜单,菜单项可按需设置,并可为其设置响应动作,如收取消息、跳转网页、跳转小程序等。见图3-2-9。

图 3-2-9 自定义菜单

(3) 投票管理。

投票功能可收集使用公众平台的用户关于比赛、活动、选举等的意见。新建投票模板后,要将其推送给粉丝参与,须在公众号图文消息中选择插入投票。

(4) 页面模板。

页面模板是给公众号创建行业网页的功能插件。之前只有获得原创资质的公众号才可使用该功能,现在已经对所有公众号开放。页面模板的使用可以让读者更清晰地查询和阅读往期精彩文章。见图3-2-10。

公众号可选择行业模板,导入控件和素材生成网页,对外发布。目前行业模板只提供媒体行业模板,包括列表模板和封面模板。

图 3-2-10 页面模板

列表模板只有一列内容,可以添加30篇文章。封面模板的封面内容只能添加3个,最多可以分为5列,每列中最多可添加30篇文章。一个公众号最多可创建15个页面,新建或修改页面后,单击"保存"按钮时,立即对外发布;页面可通过自定义菜单、图文消息、阅读原文等方式发布。

(5) 赞赏功能。

2018年6月6日,微信升级了赞赏功能,由原先对公众号的赞赏变成对作者个人的赞赏。这一功能对所有类型的公众号开放,并且iOS版和Android版微信均可使用。读者可通过点击文章底部的"喜欢作者"进入作者页面,里面有作者的历史文章,可以选择赞赏作者的金额,从1元到200元不等,还可以选择"其他金额"。见图3-2-11。

图 3-2-11　赞赏功能

(6) 原创声明功能。

原创声明功能是原创保护的基础功能,并且与赞赏功能深度挂钩。在创建图文消息时,在运营者所写文章不少于300字的情况下,可声明某篇文章为原创文章,声明成功后系统会对文章添加"原创"标识。原创声明功能鼓励更多的公众号加入原创行列,杜绝复制粘贴、抄袭,维护原创作者的权益。

之前,原创声明功能并非对所有公众号开放。2017年12月6日,微信团队宣布将原创声明功能作为基础功能向所有公众号开放。这意味着所有的公众号在发布文章前都可以声明原创。刚注册成功的公众号也拥有发表原创文章的功能。

3.2.5 思考习题

1. 什么是微信？什么是微信营销？
2. 微信营销的特征是什么？
3. 微信营销有哪些方式？

4. 微信营销有哪些方法技巧？
5. 如何理解微信电商发展面临的难题？
6. 你认为微信营销将来会如何发展？

3.3 抖音营销——短视频营销

3.3.1 学习目标

【能力目标】

※ 能够掌握基本的短视频工具使用方法，具备现有工具应用和新工具挖掘的能力，能有效地开展短视频策划、制作与运营等工作；

※ 能够有意识地关注短视频工具版本更新与操作优化。

【知识目标】

※ 掌握短视频的定义及特点、短视频营销；

※ 了解不同的短视频平台；

※ 掌握短视频的策划、制作、运营；

※ 了解短视频的案例及短视频变现的方式。

3.3.2 学习案例

案例 1　MAC 魅可"动态唇妆日记"抖音营销

抖音的特效滤镜和美颜效果吸引了大量女性用户，这一精准的定位也使得美妆广告的"变现"效果惊人。MAC 魅可的这则"动态唇妆日记"开屏广告，实现了 12.03% 的高点击率。相比起静态的广告效果，动态视频广告可以让品牌和产品的形象生动化、人格化，而且减少了开屏就被跳过的问题。见图 3-3-1。

图 3-3-1　MAC 魅可"动态唇妆日记"抖音营销

案例2　华为P20系列抖音营销

华为在推出P20系列时,在抖音投放了静态开屏广告。除了直观聚焦产品的特性,广告中还包含推广落地页和购买页面的链接,让感兴趣的用户无须跳出搜索,就能马上了解更多详情,甚至转化为购买行为。

营销方式:开屏广告

作为移动端的黄金广告位,开屏广告价格不菲,不过如果品牌研究好自身的客户群体,拿下开屏广告位的效果不言而喻。而这当中又分为静态开屏广告和动态开屏广告。静态开屏广告适合突出核心的促销信息,而动态视频广告能打造更立体、更具观赏性的视觉体验。

以美妆品牌为例,数据显示抖音上的女性用户占比60%,且多为一二线城市有一定消费能力的青年女性。抖音本身的用户画像与美妆主力消费群体高度重合,开屏广告效益能够使她们更容易转化为有效购买力。

图3-3-2　华为P20抖音营销

案例3　苏菲"PS篇"和"自拍篇"抖音营销

2017年,女性品牌苏菲在抖音上线的"PS篇"和"自拍篇"2个视频广告,为其研发的新款卫生巾展开营销。因为与抖音平台的用户高度重合——女性、年轻、时尚、对生活质量有要求等,所以品牌最终选择了抖音平台投放信息流广告。

苏菲抓住目标群体特征,在制作广告视频时,就考虑将抖音用户平时所经历的场景、事件、人物、动作等与产品相融入,并通过趣味画面表达出来。广告上线后,许多用户留言:看完短视频也没发现是"被广告"了。

上线仅两天时间,评论数和转发数都超过了5.7万,"了解更多"按钮点击量也近5.6万,还为"苏菲卫生巾"抖音账号"吸粉"超过3万。借助抖音平台,苏菲的这款新品不仅成功深入目标群体,收获一票年轻粉丝,而且也在年轻人中开创出一种"花式伸缩"的潮流玩法。

营销方式:信息流广告

信息流的热度居高不下,客户转化效果不错,已经逐渐让其成为广告主们的主流推广方式之一。尤其是在抖音App,可以通过一个视频来实现品牌产品在年轻人中的"走红"。信息流广告主要是依托于海量的用户数据和信息流生态体系,可精准捕捉用户意图,结合不同平台,将广告展现给目标客户。信息流广告主要有两大特点——主动性、原生性。信息流的主动性体现为用户主动接收信息,可根据不同平台的定向投放将广告展现到用户眼前。信息流主要用于获取潜在用户,所以在物料制作上有很强的原生性,用户稍不留意,根本不会发现这是一条广告。

案例4　MICHAEL KORS抖音营销

2017年,知名轻奢品牌MICHAEL KORS与抖音合作了#城市T台,不服来抖#的主题挑战赛,开启在中国市场的短视频社交营销尝试。抖音方面特别为品牌方定制了线上的贴纸道具,以及独特的专场效果,并且请来抖音平台上的三位达人示范如何拍摄。而这三位达人用贴纸效果拍摄的示范短视频曝光量累计超过500万。

案例5　必胜客抖音营销

作为比较早跟抖音牵手的商家,必胜客2017年就开始在抖音平台上部署营销计划,曾一起策划#DOU出黑,才够WOW#的主题活动,抖音为品牌创意定制了含有必胜客元素的一些贴纸。用户在参与挑战视频制作时,可随意运用这些贴纸,丰富视频内容。而且在进行二次传播时,品牌的广告效应也会得到进一步凸显。

营销方式:创意贴纸定制

如今抖音App上可以实现为商家进行创意贴纸定制,用户在拍摄视频时,可在贴纸栏下载使用各个为品牌定制的抖音贴纸,其中包括2D脸部挂件贴纸、2D前景贴纸等。

贴纸广告的优势:

减少用户对于广告的抵触情绪,激发用户购买行为。

因为贴纸使用多为用户主动行为,所以广告接受度高,互动时间长。

用户使用后会主动上传至社交媒体,进行有效的二次传播。

用户的主动分享与主动利用,能够增加用户对于品牌的好感度。

问题: 比较以上五个抖音推广案例,分析抖音推广成功的要点有哪些。

3.3.3　相关知识

1. 短视频概述

随着移动终端的普及和网络的提速,短平快的大流量传播内容逐渐获得各大平台、粉丝和资本的青睐。人们的生活节奏加快,娱乐和学习的时间越来越碎片化,人们形成了"看文字不如看图片,看图片不如看动图,看动图不如看视频"的心态。

(1) 短视频的定义

短视频即短片视频,最新定义认为在互联网新媒体上传播的时长在4分钟以内的视频可称为短视频。自2017年以来,"短视频"成为新媒体营销最火爆的三个字。权威媒体发布的《2017—2018年中国短视频产业趋势与用户行为研究报告》显示,截至2017年年底,中国短视频用户规模已增至2.42亿人。

（2）短视频的特点

① 性价比更高。短视频具有推广价格低廉和受众群体精准等优势。传统媒体推广价格高，短视频准入门槛低，制作价格便宜，原本只能靠专业摄像机才能录制视频，伴随着科技的进步、智能手机的普及与发展，人们可以轻松地制作属于自己的画质清晰的小视频。短视频的传播方式也简单到直接发送到网上就可以和其他人分享；新媒体利用大数据并根据用户的浏览记录和兴趣推荐短视频，受众人群更加精准，这是电视广告、户外广告、电梯广告都无法比拟的优势。

② 更具真实性。与文字和图片相比，短视频的真实性更高，再加上都是连续的片段，不会造成视觉上的太大偏差。对于消费者来说，短视频交代的信息量更大、更连贯，真实性也更强。

③ 社交媒体属性更强。一方面，用户通过参与短视频话题，突破了时间、空间、人群的限制，参与线上活动变得简单有趣，也更有参与感；另一方面，社交媒体为用户的创造及分享欲提供了一条便捷的传播渠道。

④ 更能形成品牌特色。在这个信息爆炸的时代，"千店一面"的形象已经不再适合消费者。不论一个企业销售什么产品，最重要的就是在消费者心中形成自己产品的与众不同的标签。短视频可以为产品加上个性标签，进而形成自己的品牌营销力。

（3）短视频的发展

① 发展现状。我国短视频的发展大致可以分为三个阶段：2013—2015 年，短视频平台逐渐进入公众视野，短视频这一传播形态开始被用户接受；2015—2017 年，短视频应用获得资本的青睐，各大互联网巨头围绕短视频领域展开争夺，电视、报纸等传统媒体也加入这场大潮；2017 年至今，短视频垂直细分模式全面开启。2017 年，短视频总播放量以平均每月 10% 的速度呈爆炸式的增长。权威数据显示，2017 年 9 月，短视频用户使用总时长渗透率为 4.1%，同比增长率达到了 313%，领跑其他所有细分行业。伴随着行业的快速发展，更多的平台和创作者入局，短视频的覆盖范围急速扩张，影响力也越来越大。

目前，我国短视频的发展已经构成生产和传播一条龙的完整链条，既有专门做内容的机构，也有专门做平台的机构，还有既做内容又做平台的机构。内容类机构以中央电视台、人民日报、新华社三家主流媒体为代表，商业机构有一条等，这类机构专注于短视频的内容生产，没有专门的短视频平台，通过"两微一端"（微信、微博、客户端）及其他平台多渠道分发；平台类机构的典型代表是今日头条、腾讯、快手等，这类机构不生产原创内容，而是对短视频进行聚合，它们对优质短视频内容的需求很大，纷纷投入巨资扶持和聚合原创内容；既做内容又做平台的机构以梨视频为代表，旨在探索一条既做内容又做相对垂直、中等规模平台的成功之路。

② 未来发展趋势。短视频依托 4G 移动网络技术，用户规模增长迅速。随着 5G 移动网络技术的发展，移动端的网速大幅提升，费用却不断下降，这些变化极大地推动了短视频的发展。未来还可通过智能技术和虚拟现实技术的应用，提升短视频的内容丰富度和用户交互度。

短视频未来进入"+"时代　在短视频用户规模持续扩大,涉及的市场范围与行业越来越广的同时,短视频内容的种类也越来越多元化,并不断地融入各行业的各个领域,进入"短视频+"的时代。目前,越来越多的功能性应用与垂直领域的服务 App 联合,"短视频+"已成为推动内容传播、构建垂直社群的利器。"短视频+电商",电商领域的短视频有助于打通内容与消费行为之间的壁垒,消费者可以更加生动、直观地感受商品的品质,以激发其购买欲望。当前,淘宝、天猫、京东等多家电商平台都已推出了短视频。淘宝官方数据显示,头图视频自从上线以来,大部分店铺的转化率都提高了 20% 以上。"短视频+美食"成为餐饮业除传统宣传以外的补充,还有"短视频+音乐""短视频+旅游""短视频+农业"等众多庞大的热门行业细分。"短视频+"能够在为各行业搭建精准营销平台的同时,也为消费者提供更为直观、系统、便捷的全新体验。把短视频放置在需求场景下,用户可以借助短视频表达和满足社交需求。长远来看,短视频将在互联网行业扮演主流角色。

短视频未来进入"智能"时代　未来,短视频以大数据和智能算法为基础向用户精准分发将被广泛使用。在依托大数据和智能算法实现智能化分发的同时,制播也正在迈向智能化。例如,某公司开发的新技术可帮助传统电视台从传统的制播模式直接跨越到面向移动端的移动互联网模式。新的技术面向移动互联网实现智能化采集、直播、编辑、审播,实现多个直播流导播调度。如在编辑环节,可以实现快速剪辑、云端操作、无缝对接"两微一端",一键分享到"两微一端",实现智能化上传和防盗等。所有环节均可在云端完成,与云播控平台、消息平台、运营平台等无缝集成,帮助电视台打通电视和移动互联网、社交网络的壁垒。与此同时,新技术可以将短视频与长视频结合起来,实现小屏带动大屏收视的联动效应。例如,一键将电视长视频抓取为精彩短视频,实时分享精彩直播短视频到社交平台,用户也可将朋友圈的精彩短视频投屏到电视机上追看长视频。直播内容实现大小屏穿越,通过短视频带动长视频的收视。在短视频的剪辑领域,梨视频引进了智能化的视频剪刀手,在媒智库里输入关键词,只需要 15 分钟,视频即可制作完成,剪辑环节实现自动化、智能化。

短视频未来进入"合法"时代　目前,短视频行业虽然发展势头迅猛,但平台内容较为混乱,短视频平台需要设立完善的内容审核机制,加大对短视频内容的审核和监管力度,减少短视频内容乱象问题出现的概率。

2. 短视频主流平台介绍

(1) 抖音

抖音是由今日头条旗下研发的一款短视频应用软件,其开发者是北京微播视界科技有限公司。抖音于 2016 年 9 月上线,2017 年年初获得今日头条的数百万元天使投资,同年 11 月,今日头条收购 Musical.ly,与抖音合并。抖音实质上是一个专注年轻人的 15 秒音乐短视频社区,抖音用户可以分享生活,也可以认识更多朋友,了解各种奇闻趣事。2018 年春节期间,抖音用户呈爆炸式增长,连续霸占 App Store 单日下载量榜首 16 天。

(2) 梨视频

梨视频是原澎湃新闻 CEO 邱兵创建的一个资讯类视频平台,2016 年 11 月 3 日,梨视频上线。梨视频的大部分视频时长在 30 秒到 3 分钟之间,其宗旨是做专业的高品质短视频,以短视频故事触动人们心灵柔软的地方,给年轻人优质的心灵鸡汤。梨视频的资讯以不同的版块呈现。例如"微辣 Video"以趣味性为长,"冷面"是新闻人物回访类视频,"风声视频"瞄准社会问题,"老板联播"则关注大企业家动向。还有关注海外的,如"时差视频""digger",以及文娱类的,如"文娱小队长""眼镜儿视频"。梨视频的内容运作走专业高品质路线,每天发布 500 条短视频,其中 50% 来自拍客上传后由专业编辑制作的内容,自制节目只占 5%,聚合国外视频加工剪辑的内容占 45% 左右。梨视频目前 240 余人的团队中,技术人员大约有 50 名;梨视频已网罗总计 3 100 名拍客,遍及国内每个区域及国外 520 个城市。梨视频未来的战略规划是除了自己的平台快速成长外,也与全平台和全网合作,成为一个较大的内容供应商。

(3) 微视

2013 年腾讯公司推出微视,将其定位为 8 秒短视频分享社区,那时候短视频还没有大火,不过微视仍凭着下载量一度稳居 App Store 免费榜前五。但好景不长,经历了两年不温不火的微视于 2017 年宣布关闭应用。腾讯关闭微视后,随着人们获取信息的方式逐渐趋向于碎片化,短视频这块"蛋糕"越做越大。短视频行业越发兴盛,社交流量开始向短视频市场转移,社交市场的存量之争使腾讯不得不再次进军短视频行业。在此情况下,腾讯开始启用旧将,加大补贴,重新上线的微视全新改版。微视除了延长视频时长和在原有的滤镜、字幕中加入新元素外,还增加了原创大片、音乐秀 MV、对口型等多种功能。

微视用户可通过 QQ、微信账号登录,可以将拍摄的短视频同步分享到微信好友、朋友圈、QQ 空间。腾讯基于 QQ 和微信庞大的用户群,计划将微视发展成国内短视频领域的第一平台。腾讯用户每天上传的短视频数达到 10 万条,分发于腾讯新闻、天天快报、腾讯视频、QQ 空间和 QQ 浏览器等平台,这几大平台之间可以互相转发、评论和分享,这是微视作为短视频平台的核心优势。

3.3.4 实训项目

抖音营销

【实训目的】

熟悉抖音平台的基本功能及感兴趣行业企业的应用现状。

【实训任务】

1. 在抖音平台注册个人账号。
2. 调查分析平台功能及盈利模式。
3. 以感兴趣的行业为例,调查其抖音号的现状、特征和发展策略。

【实训步骤】

1. 抖音号的申请。

抖音号的申请流程参看抖音官方平台。

2. 抖音平台功能分析。

（1）同城功能。抖音把"推荐"功能旁边的"附近"功能变成了"同城"功能，粉丝除了可以刷首页推荐流，还可以看自己所处的城市发生了哪些好玩有趣的事。

（2）支持图文发布，可设置隐私权限。隐私权限有"所有人可见、仅好友可见、仅自己可见"三种观看权限。如果抖音主播只想让自己的信息被好友看见，让好友感到自己是被"特别对待"的，就可以设置成"仅好友可见"，如此可加深好友的黏性。

（3）关注界面改版。抖音最初的版本，底部"首页"标签的右边其实是"发现"功能，后面则被"关注"标签所替代。在这个页面中，粉丝可以查看自己所关注的好友。同时，经过几次迭代优化后，抖音的界面形式已经接近朋友圈，进一步强调了互动的重要性。

（4）私信功能。2018年年初，抖音上线了私信功能，并逐步开始支持表情和图片的发送。这一个功能就类似于微博的私信功能，粉丝可以通过这个功能与抖音主播更进一步地互动，抖音主播也可以在私信中回复粉丝，增强粉丝与抖音主播之间的互动体验感。

（5）热门直播功能上线。粉丝对抖音主播关注后，久而久之就会产生粉丝心理，希望与对方有更深一步的接触。而抖音直播功能则满足了粉丝、抖音主播双方的需求，既加强了双方的互动，又能把更多的粉丝留在抖音上。

（6）站内好友。目前，抖音在对外分享上主要有微信朋友圈、微信好友、QQ空间、QQ好友等路径，但是对内的分享只有站内好友这一种。原先这个功能让粉丝觉得非常鸡肋，但是腾讯平台对其分享的内容进行了限制后，这个功能就变得重要起来。因此，抖音主播一定要注意"站内好友"这个功能的运营。

3. 抖音团队的具体工作流程。

抖音团队的工作内容主要包括：选题、剧本撰写、拍摄、剪辑、发布、维护。其中选题和剧本是最重要的环节，是决定视频质量和后续流程是否能够顺利展开的关键因素。其工作流程具体如下：

第一步，在选题会上各成员提出自己的选题，简单讲述故事线和内容，从中选择两到三个合适的主题；然后讨论具体的故事版本，大致拍摄几个镜头，每个镜头都讲述了哪些内容，高潮点在哪儿；最后通过分镜图简单示意画面的细节、镜头运动、走位等。

第二步，编剧根据讨论内容将脚本整理出来，与其他成员讨论，并根据问题再次调整，最后在拍摄前敲定。

第三步，拍摄视频。拍摄时，最为关键的就是演员的表现，导演或摄影师要与演员充分沟通每个镜头的内容，使其表演所呈现效果达到预期目标。

第四步，剪辑师剪辑视频。视频内容好不好，剪辑很重要。如果剪辑很出色，即使视频很平淡，也能让其起死回生。

第五步，发布视频。发布时要找准时间点，判断什么时间点是粉丝上线的高峰期。此外,也要把视频同步到其他平台,比如火山小视频、今日头条、微信、微博,以达到最大的传播效果。

第六步,维护。发布之后要注意视频的热度,看看点赞量是否达到预期目标、转发量又如何,评论少就要多引导粉丝进行互动评论。

4. 抖音号数据分析。

(1) 寻找一个你感兴趣的行业;

(2) 搜索抖音关键词,找到该行业的热门抖音号;

(3) 研究该抖音账号的粉丝量、新增粉丝数、粉丝增长速度;

(4) 研究该抖音账号的获赞数量及获赞数量最高的视频;

(5) 研究该抖音账号的粉丝画像;

(6) 尝试模仿该抖音号中获赞数最高的视频,拍摄一条自己的短视频。

3.3.5 思考习题

1. 简述短视频营销的含义及传播特点。
2. 试分析以抖音为代表的移动短视频营销与传统视频营销的异同。
2. 试比较以快手、抖音为代表的两种移动短视频平台运营模式的异同。
4. 类似于抖音的短视频 UGC 平台如何控制内容质量?

3.4 头条营销

3.4.1 学习目标

【能力目标】

※ 能够自行探索今日头条的账号申请、设置与主要功能;
※ 能够按照头条号的发文规范发文;
※ 能够通过对大号的拆解,分析今日头条的运营规律。

【知识目标】

※ 了解申请今日头条的流程及设置内容;
※ 了解今日头条的主要功能;
※ 了解今日头条的发文规范和运营规律。

3.4.2 学习案例

唯品会头条营销

2017年4月19日,是唯品会全球特卖狂欢节,唯品会和唯品会首席惊喜官周杰伦牵手今日头条开展精准电商营销活动。

"419"期间,"周杰伦送快递"事件以新闻资讯的方式自然呈现,用户点击资讯后就能看见周杰伦身穿唯品会标志性快递服,奔走在送快递途中的各种图片、影像和文字报道。通过投放,唯品会"419"周年庆活动实现了近2亿曝光,近千万人的实时关注,让其成为热议话题。

除此之外,视频开屏、"唯品会419"品牌搜索专区给唯品会"419"活动的导流效果更直接。而在内容上,绑定当时热点《人民的名义》和头条号KOL(Key Opinion Leader,关键意见领袖)多角度、全方位的解读及集中推广,也进一步提升了事件影响力。以今日头条大数据算法为基础,唯品会拥有千万种商品,今日头条在"419"特卖期间,根据用户的不同兴趣,将不同的商品信息推荐给不同的用户。

基于对目标人群的洞察,唯品会将目标用户标签定位为关注"娱乐+时尚"的人群。在为期两周的推广中,唯品会买断娱乐类、时尚类头部头条号的文章详情页广告,对目标用户进行集中式全覆盖,拦截用户阅读路径,实现导购促销曝光超过5亿。

[案例解析]

今日头条的任意浏览界面,无论是首页还是图集、图文,丰富的信息流广告可以为商品提供充足的曝光。

今日头条平台的技术智能推荐可以使内容得到精准传播,同时配合平台自身广告资源的强曝光,在今日头条平台自身条件下即可完成信息的充分曝光,唯品会"419"营销活动借助广告智能推荐,有针对性地对"娱乐+时尚"人群进行推送,可有效提升广告的接受程度。

问题:大数据算法的精确推荐还能用于哪些互联网产品之中,以做到更好的营销?

3.4.3 相关知识

1. 自媒体的概念

自媒体(We Media)又称"公民媒体"或"个人媒体",是私人化、平民化、普泛化、自主化的传播者,指以现代化、电子化的手段,向不特定的大多数或特定的个人传递信息的新媒体的总称。自媒体平台的本质是信息共享的及时交互平台,是利用网络新技术进行自主信息发布的个体传播主体。

自媒体的"自"包含两个方面:一是人人都可以发声,即自媒体平台由于其平民性特征的加强,使每个人都可以通过网络平台发表自己的言论和看法,发布一些信息;二是人们获取信息的自由度更强,人们所获取的信息不再只来自主流媒体机构,也有可能来自某一民间团体或某一个人,人们获取信息的方式更自由,每个人都是信息的生产者和消费者。常见的自媒体平台有今日头条、百家号、大鱼号、微信公众号等。

2. 今日头条

(1) 今日头条的分类

今日头条拥有广泛的用户基础、精确的推荐措施及丰富的激励措施,受到了越来越多自媒体的青睐。

据今日头条官方统计,截至2017年12月,今日头条累计激活用户8亿,日活跃用户超过8 000万。在当今信息爆炸的时代,信息过载导致用户选择困难,而今日头条以其强大的推荐引擎,为用户推荐其喜爱的内容,在国内移动互联网领域逐渐被用户所信赖。

今日头条推出针对媒体、国家机构、企业及自媒体开放的内容创作与分发平台"头条号",头条号平台的账号数量已超过10万个,各类媒体、机构等总计超过50 000家,签约合作的传统媒体过千家。很多部门、知名人士、明星等纷纷入驻头条号,今日头条以其迅猛的发展速度成功跻身国内自媒体领先位置。

头条号作为今日头条的自媒体平台,可以发文章、发视频、发图集、趣味测试。下面以头条号发表文章作为重点进行讲解。申请入驻今日头条时,有五个类别可供选择,分别是个人、媒体、国家机构、企业及其他组织。按照今日头条官方介绍,它们之间的区别如下:

① 个人。主要以个人身份入驻,适合垂直领域的专家、意见领袖、评论家及自媒体人士申请入驻。

② 媒体。报纸、杂志、电视、电台、通讯社或其他以内容生产为主要产出的机构能够申请入驻。

③ 国家机构。中央及全国各地行政机关、行政机关直属机构、党群机构、参考公务员法管理的事业单位。

④ 企业。适合企业、公司、分支机构及企业相关品牌、产品与服务等。

⑤ 其他组织。适合各类公共场馆、公益机构、学校、社团、民间组织等机构团体,但不支持民营医院注册。

想打造影响力、建立个人品牌的自媒体人士,一般选择个人入驻今日头条。这五个不同类型的头条号,其具体功能和申请资料会稍有差别。下面以个人自媒体为例进行介绍。

(2) 今日头条的主要功能

① 发表头条号文章。

在头条号的个人主页单击"发表"按钮,可以发表头条号文章。在发表文章的时候,刚注册的头条号有两个基础功能:封面和设置。封面有三个选项可供选择:自动、单图模式、三图模式。在设置中,头条号作者可以设置是否投放广告,广告分为头条广告和自营广告。今日头条采用系统推荐制,当文章推荐给用户后,用户的打开率越高,文章越有可能得到更多的推荐,因此文章推送的时间非常重要。今日头条有"定时发表"功能,定时范围在2—24小时,以5分钟为一个时间节点,设置好定时发表的时间后,只要文章通过审核,系统就会按照设置的时间自动推荐给读者。

② 管理头条号。

刚注册的头条号有两个基础的管理功能:一个是内容管理,另一个是评论管理。在内容管理中,头条号作者可以查看"全部""已发布""未通过""草稿"和"已撤回"的文章,也可以修改文章(修改文章不占发文篇数,审核未通过或删除的文章占当天发文篇数),还可以将文章"置顶",置顶的文章会出现在个人主页的最顶端,便于文章的曝光和宣传。在评论管理中,头条号作者可以看到粉丝所有的评论内容,此时需要找出时间回复粉丝的评论,多与粉丝互动,这样可以提升头条号的互动度,从而提高文章的推荐量。

③ 数据统计。

数据统计版块有三个基础功能:内容分析、头条号指数、粉丝分析。

内容分析主要包括概况、文章分析和视频分析。在"概况"中,头条号作者可以查看当天、7天、14天及30天的文章统计情况,其中包括文章量、推荐量、阅读量、粉丝阅读量和评论量。头条号作者可以根据统计情况找到用户属性,从而形成自己稳定的写作风格。在"文章分析"中,头条号作者可以按文章标题发表时间对文章进行详细的分析总结,从而便于下一步的运营措施。"文章详情"中主要有三个指标:平均阅读进度、跳出率、平均阅读速度。这三个指标对运营者至关重要,可以显示出文章受读者的欢迎程度及阅读完成情况。运营者可以通过不断分析相关数据,找到读者的关注点,从而不断调整方向,积攒力量。在"视频分析"中,可以看到每条视频的播放、转发、评论等数据。如果还想查看更详细的数据,单击视频后面的"详情分析",就可以看到播放进度、跳出率、平均播放时长等数据。

头条号指数可以理解为"你的内容有多值得被推荐"。头条号指数越高,文章的推荐量就越高,所以头条号作者可以通过提高头条号指数来提高文章的推荐量。头条号指数的满分是950分,它包括五个维度,即传播度、原创度、健康度、关注度和垂直度。通过头条号指数页面,头条号作者可以查看到每个维度对应的分数。头条号的五个维度可以从两个方面来理解:一个是与作者相关的,另一个是与读者的阅读行为相关的。

粉丝分析版块包括概况、粉丝属性、兴趣探索三个部分。粉丝分析是对关注头条号的用户群的分析。在这个版块中,可以了解用户群的画像。在"概况"中,可以查看到粉丝量的关键数据以及数据详情。在"粉丝属性"中,可以查看粉丝的性别比例、年龄分布、地域分布及终端分布。在"兴趣探索"中,可以查看到"受众都喜欢哪些分类的文章?""用户喜欢文章里哪些关键词?""关心你的人还喜欢哪些头条号?",以了解粉丝的来源和喜好,帮助作者更好地进行文章创作。

④ 自营广告和头条广告。

头条号的一大优势是头条号作者可以开通自营广告和头条广告,从而快速实现文章变现,但并不是每一个新手头条号都拥有此项功能,它需要申请开通。自营广告申请的标准为:新手入驻>30天;已经推荐文章数>15篇;无违禁惩罚记录。头条广告申请的标准为:入驻时间>30天;累计发文>20篇;无违禁惩罚记录。值得注意的是,头条广告必须是转正以后的账号才能申请,但是自营广告即便在新手期,只要是符合条件的账号都可以申请。

⑤ 商品功能。

为了提高头条号作者的变现能力,实现精准营销,今日头条推出了商品功能。今日头条官方通过CPS(CPS指的是一旦有用户产生实际购买行为,作者即可根据订单总金额和既定的佣金比例获得商品的佣金作为报酬)分佣模式帮助头条号作者赚取佣金。当头条号满足粉丝2 000以上、头条号指数在600以上这一要求时,即可开通商品功能。

头条号作者发布文章时,可以单击"商品"按钮,插入商品链接,目前该功能支持京东、天猫、淘宝、亚马逊、微店、有赞等电商平台,可以通过插入商品链接和在商品库中选择商品来实现。

3.4.4 实训项目

头 条 营 销

【实训目的】

熟悉头条平台的基本功能及感兴趣行业企业的应用现状。

【实训任务】

1. 按照书中示例的步骤,申请一个自己的头条号。

2. 根据本节讲授的内容,完善你的头条号设置,包括头条号名称、头条号介绍、头条号头像、联系邮箱、图片水印等。

3. 按照上文示例的步骤,发表一篇今日头条文章,并设定发表的时间为7:00。

4. 在"热门问题"中,选择三个感兴趣的热门问题进行回答,提升头条号的曝光率。

【实训步骤】

1. 申请今日头条。

今日头条号的申请流程参看今日头条官方平台。

2. 探索今日头条主要功能。

今日头条的主要功能包括发表、管理、数据统计。

3.4.5 思考习题

1. 头条大号都是如何进行设置的?请找出至少3个头条大号。

2. 如何避免头条号申请注册不成功?

3. 头条号的内容分发机制给运营带来什么启示?

4. 如何快速增加头条粉丝?

3.5 知乎营销

3.5.1 学习目标

【能力目标】

※ 积极主动探索知乎的设置及主要功能；
※ 通过拆解大号总结知乎的运营规律；
※ 能够在知乎上回答问题。

【知识目标】

※ 了解知乎设置和知乎主要功能；
※ 了解知乎大号运营方法；
※ 了解知乎运营实战规律。

3.5.3 学习案例

案例1　奥迪——"用汽车发动机煎牛排这事靠谱吗？"

奥迪在题为"用汽车发动机煎牛排这事靠谱吗？"的知乎问答中，选用奥迪 R8 V10 Performance 作为厨具，分别烹制了台塑牛排、芝士烤龙虾；还用奥迪 RS6 Avant 做了烤鸡翅、低温牛小排、伊比利亚 BBQ 猪肋排、油封羊排；最后用奥迪 A3 保持 3 500 转的火候，加热两小时左右，做了一个酸辣牛尾汤。这次营销不但赚到了用户的关注，更在知乎发起了热议，评论者纷纷慨叹奥迪别出心裁的创意，更为奥迪性能车作为"史上最贵厨具"噱头纷纷点赞。见图 3-5-1。

图 3-5-1　奥迪的知乎回答

奥迪此次在知乎问答上品牌营销的精妙之处,就在于诚意十足地去实践知友关于"发动机烤牛排"的疑问,在满足知友们好奇心的同时,巧妙地以"介绍厨具的方式"来凸显产品价值卖点,如"采用5.2FSI V10自然吸气发动机,最大功率610马力",以及"一定要收敛你那想放纵想弹射的右脚,不然这台3.2秒破百的凶猛厨具会把蛋液甩得到处都是",等等。

从奔驰在知乎发布品牌提问"人类登月话题",以"知友"身份参与平台互动,到奥迪烤牛排——从传统营销的高冷设定华丽转身成为无所不谈的身边好友,汽车品牌通过知识营销让更多受众走近品牌,进而喜欢品牌。在知乎上,没有硬邦邦的品牌推广,而是赋予品牌与知友像挚友般聊天交流的机会,让品牌以知识为驱动力做营销的"用心"之举,真切地收获了用户对品牌的高度认可。

案例2 天猫知识做导购,新择学助力"双11"买买买

提问:称霸历届"双11",天猫如何玩出新花样?

作为历届"双11"的老大哥,在网购消费、节日大促已司空见惯的当下,天猫与知乎如何为消费者带来新期待?

回答:用知识营销做导购,影响受众消费决策,抢占"双11"市场。

天猫和知乎洞察到,对于已形成"双11"认知的消费者来说,每年这个时候,都是揣好了口袋中的钱等待着消费。然而面对各式眼花缭乱的品牌大促,上千万个品牌信息狂轰滥炸,哪个是真,哪个是假,哪个才是千年难得一遇的史上最低折扣,忙时代的年轻人早已晕了头。

"双11",比起剁手,年轻人更需要的是一份剁手教程。基于此洞察点,天猫便联合知乎呈上了这份"新择学报告",将平台内的促销优惠整理为攻略,以知识分发的形式来影响消费决策,从而实现用户收割。在具体的实操上,天猫首先利用品牌提问的方式,围绕祝你"双11"快乐的核心传播抛出问题:你曾经买过的哪件物品带给你的快乐最多?以此来引发关注达到预热目的;同时邀请知乎优秀回答者家居达人王振博坐阵Live特别现场:如何趁"双11""装"出理想的家?用知乎的推荐来影响消费决策。见图3-5-2。

图3-5-2 天猫的知识导购

在引爆期,除了有模有样的消费报告与新择学H5之外,天猫还发布了批量的原生文章:“哪些零食在你的购物车里出现频次最高?”“单反比微单更高端?新手应该如何选好相机?”“从沙漠皮到大油田,保湿产品究竟怎么选?”“把健身房搬回家,在家也能好好运动”……批量的深度文章,用专业的知识导购,唤起消费者的心智共鸣,影响受众的消费决策,结合深度投放的站内广告位曝光,帮助天猫抢占“双11”流量。

案例3　快手App的品牌营销

2017年7月10日,针对在知乎中一则“为什么快手惹人嫌?”的问题,快手机构账号通过“不同圈层的人、不同思想的人,甚至同一个人在不同的人生阶段对于审美和世界观等的认识和追求是不同的”这一观点巧妙地进行了解答和软性反击,获得过万点赞,数千评论对此表示认同。见图3-5-3。

为什么快手惹人嫌?

快手

记录世界,记录你。

12592 人赞同了该回答

说到杀马特,我们看得比较多,多到我们会思考一些事。

你考察一个乡村的16岁杀马特青年,劣质的服装,夸张的举止,惊奇的发型,对知识分子的你来说,当然很难接受。

不过,有时候我们也想,如果我也是在一个六线乡村长大,我现在的品味会如何呢?就算我是在一二线城市的城区里长大,16岁时候的我,现在回头看看,品味好像也并不很好。

而你看看这个16岁的乡村杀马特,他从他的村里走到镇上,来到镇上最热闹的街,在街上最洋气的发廊里,选择了这个最炫的造型。

显而易见,他选择的造型,完全不符合阁下的审美,low得很,他很失败。

但事实仍然是,你看到一个少年人,来到他觉得最好的地方,选择了他觉得最好的形象,这是一个年轻人,在追求自己生命里最美好的东西——虽然这个东西你完全看不上。

我不会忽视一个追求他生命中最美好事物的年轻人,他们有未来,他们有希望。

编辑于 2017-07-10

▲ 12K ▼ 3066 条评论 分享 收藏 感谢 ··· 收起

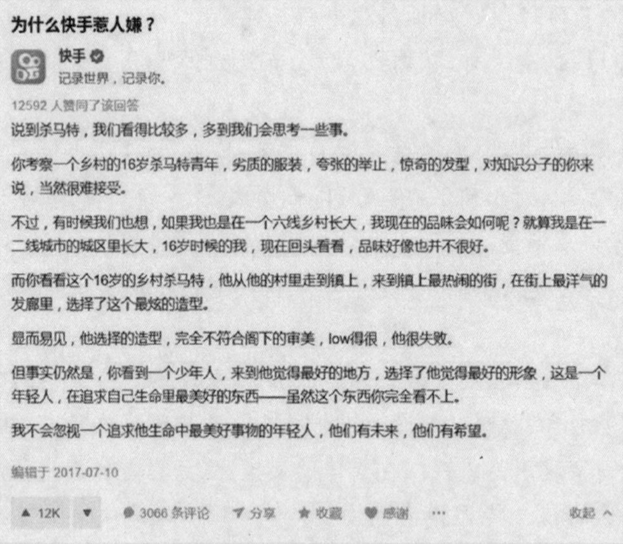

图3-5-3　快手的知乎回答

[案例解析]

不同平台有着不同的营销方式,知乎以问答为主的营销方式适合通过对问题的解答来推广自身产品。当问题与自身产品有关时,企业自身的回答有利于产品的曝光,有利于外部用户了解企业自身对于问题的看法,可以有效避免外界无根据的恶意评价;当问题与自身产品无关时,企业账号巧妙而精悍的回答可有效地提高企业曝光并获取其他用户的好感。

知乎用户时常就当下热门新闻提出相关问题,其中的问题包括社会热点、互联网公司发展以及企业负面信息等。根据知乎平台用户所属行业标签及其讨论的话题范围进行分析,知乎作为舆论集散地,尤其需要互联网企业引起重视。当网络中出现企业负面信息而没有官方解答时,容易引起其他用户的猜测以及竞争对手的恶意攻击,企业方通过官方渠道进行恰当的表态,可以避免负面舆论的传播。快手App对“为什么快手惹人嫌"问题的解答,一方面解释了快手App的内容并非来自快手的许可,另一方面,站在快手App用户的角度解释这一现象是由不同群体的不同人生阶段造成的,并表达了对快手App用户的理解和尊重。

问题:结合三个案例谈谈如何运用知乎实现营销。

3.5.2 相关知识

1. 认识知乎

知乎是一个真实的网络问答社区,属于当前最大的中文互联网知识社交平台。知乎以"知识连接一切"为使命,聚集了一批全国互联网上科技、商业、文化等领域里颇具创造力的人群,将高质量的内容通过人的节点来成规模地生产和分享,构建高价值的人际关系网络。用户通过问答等交流方式建立信任和连接,在彼此分享专业知识、经验和见解的同时,实现个人品牌价值的全面提升。

2. 知乎与其他问答平台的对比

(1) 内容深度

知乎走的是专业化路线,深而精,百度走的是大众化路线,广而大。知乎连接的是行业精英,分享专业知识和见解,因而知乎比百度更专业,参考价值更大。但知乎内容产生速度相对较慢,内容多偏向纵向发展,是一个良性信息聚合的平台;而百度对于回答者来说门槛较低,对于生活常识类和非专业类内容非常合适。另外,百度面向的是所有用户,每天都有不计其数的提问者与回答者为在该平台进行内容提供,但由于专业程度不够,难免会造成信息膨胀,产生一定量的互联网垃圾信息。

(2) 信息流动角度

百度主要以用户主动需求为导向,而知乎由于具有关注以及信息分析提供的针对性推送功能,在平台中推送的信息已经由用户主动获取变为根据用户的兴趣习惯操作,向用户主动推送。

(3) 用户关系搭建

用户关系也就是提问者与回答者的关系。从运营关系网的角度看,百度属于浅层次的关系,提问者很少真正与回答形成关系,所以百度的回答多用于参考;而知乎则可以让用户之间通过见识、思想的碰撞,逐步产生"朋友"关系,知乎表面上看似是运作问答,却又不仅是问答,实质上是运营关系。

3. 知乎的运营技巧

(1) 做好"形象工程"

平台运营,"形象工程"建设不能忽视。这里的"形象工程"建设主要指的是平台的资料完整程度,如背景图、头像、教育经历、个人简介、一句话介绍等,其中头像以及一句话介绍往往容易被轻视。头像设置上，做企业号运营，那毫无疑问就应该是产品 Logo 或者公司 Logo，一定要正式，以方便建立信任感；一句话介绍是跟在昵称后面的最显眼地表现自己特点的内容，进行完善时一定要充满营销的味道，很多企业一般都会放上自己的网站链接或者引导微信公众号，以凸显行业特性或实现其他平台的引流。

（2）做好内容定位

无论是出于产品推广还是出于个人账号维护的目的，都需要先给自己的内容定个格调，以凸显本账号的认识标签。进行了合理的内容定位后，在回答问题时一定要注意，不要与你的专业偏离得太远，以防对有关话题的回答太过业余；另外，所涉足的话题可以逐步扩大，但一定要建立在拥有一批可靠的粉丝且知识储备足够的情况下才可以去接触新的话题，在扩大回答知识领域的同时收获更多用户的关注。

（3）掌握必要的回答技巧

一是回答的时间。选取问题进行回答时，如果所涉及的行业发生了一些比较重要的新闻，那就要好好借势抢在大咖陆续关注这个话题前进行抢答，以获取更多的关注。二是回答的频率。回答的问题并非越多越好，建议一天不要超过两个。知乎推荐算法机制，短时间回答较多的问题，就会默认为有频繁刷题的作弊行为，所以回答的频率要适当控制一下，秉承"要质不要量"的原则去回答。三是回答的字数。回答时可以一句话直击重点，也可以从资源枚举、理论、故事这几方面进行回答，字数不宜太多，不要超过 4 000 字。

（4）适当加强互动

知乎的运营，并非一味回答问题就可以，还需要与其他用户，特别是跟大咖进行互动。在回答完问题后，如果有用户在评论区里求助或问问题，千万不要吝啬自己的答案和方法，该用户完全可以通过口碑传播把你传播出去；另外，在浏览一些行业相关有用资讯的时候，也可以适当地跟行业大咖进行互动，争取多露脸，下次当你在某个问题下有比较好的答案，刚好这位大咖又跟你互动过，说不定他就会给你点个赞，以帮助你获得较高的经验值。

4. 知乎的运营实践

（1）回答问题

知乎官方出台的《知乎官方指南》对回答问题进行了规范要求，主要包括：① 不要灌水。不要把"评论"当作"答案"来发布。如果答案对其他用户毫无帮助，其他用户单击"没有帮助"而将答案折叠起来，起不到实际效果。② 提供支撑答案的原因。如果提出了一个观点，请说明提出观点的原因，以利于读者理解。③ 提供有用的信息。在写答案时，要提供与问题相关的有价值的信息，应避免发表没有意义的文字、字符、图案或表情等，避免与问题本身无关或没有意义的回答。④ 介绍链接指向的内容。如果提供了一个其他网页的链接，需要介绍一下这个链接指向的内容是什么，这样便于读者判断是否阅读此链接。

（2）赞同与反对

知乎平台对于每一次的提问和回答都给予评价的机会。每个答案的左侧都有蓝色的上下箭头，向上箭头表示赞同该答案，向下箭头表示反对该答案。每个答案下方都有"感谢"和"没有帮助"的文字连接按钮。用户可以根据实际情况对阅读的答案进行投票。平台会根据积分规则对答案进行评分,积分多少决定答案的排序。只有赞同与反会对排序产生影响,"感谢"和"没有帮助"无影响,但当"没有帮助"积累到一定数量时,该答案会被折叠。

(3) 禁言处罚

知乎官方规定:用户首次提交违规内容,内容将被删除,发布者将收到私信警告;再次提交违规内容,内容将被删除,账号将被禁言;多次提交违规内容,内容将被删除,账号将被停用;如遇尤其恶劣的情况,知乎保留直接永久停用账号的权利。在知乎,不友善言论、恶意行为、违反国家相关法律法规的行为和内容,涉及这三方面问题的用户将被禁言。在知乎被禁言的用户无法提问、回答、评论、编辑和发送私信,只能投票与浏览,禁言期结束后将恢复正常。

(4) 打造个人品牌

知乎是垂直领域意见领袖打造个人品牌的优质平台,个人品牌的塑造则必须要通过提升阅读量和粉丝数来实现。

3.5.4 实训项目

知 乎 营 销

【实训目的】

熟悉知乎平台的基本功能及感兴趣行业企业的应用现状。

【实训任务】

1. 申请一个知乎账号,并关注至少一个感兴趣的话题。
2. 完善知乎个人资料的设置。
3. 在知乎上回答一个感兴趣的问题。
4. 在知乎上申请一个专栏。

【实训步骤】

1. 知乎的申请。

知乎账号的申请流程参看知乎官方平台。

2. 知乎的主要功能。

下面主要讲解与知乎写作相关的内容。

(1) 写文章。

在知乎首页单击"写文章",可以发表知乎文章。

文章排版完毕后,可以单击"邀请预览",选择所在专栏的编辑或相互关注的好友进行预览,以便获得修改意见,进一步完善文章。在文章正式发布前,作者随时可以邀请好友来预览。受邀预览的好友可以看到文章草稿,写下想法和建议。文章发布后,预览期间的评论不会公开,但文章底部会显示出参与过预览讨论的用户,让读者知道有哪些人帮助作者出谋划策。修改完毕的文章,单击"发布",并选择相应的话题,便于分类检索及让读者发现。

(2) 回答。

在知乎首页单击"回答",可以回答知乎问题,从而提升个人影响力。进入回答页面后,可以选择"为你推荐",并添加擅长的话题,回答相关问题。也可以选择"全站热门",在热门中查找自己擅长的问题进行回答,从而提高个人影响力。找到想要回答的问题后,将页面拉至底部答题区进行回答,回答区编辑器功能与知乎文章类似。

(3) 知乎专栏。

知乎专栏旨在为特定主题下有持续创作及合作写作需求的用户提供写作工具。知乎专栏需要申请,申请通过后即可使用。

① 申请方法。

在知乎首页单击"专栏·发现"。进入"专栏·发现"并拉至页面底部,单击"申请专栏",申请知乎专栏时,需要填写专栏名字、专栏话题和专业背景。

a. 专栏名字确定后 180 天内仅可修改一次。

b. 专栏话题最多可选三个,专栏话题即代表专栏的写作方向,通过申请后将不可进行修改,不同的写作方向可以分别申请并创建多个专栏。

c. 专栏背景即与专栏话题相关的背景,可以是相关教育经历(就读院校、专业)、从业经历(就职单位、岗位)、取得的成就及荣誉,或者在其他平台发表的相关文章等,详细的背景资料说明将有助于通过专栏申请的审核。

值得注意的是,用户可以拥有多个专栏,但同一时间内只可申请一个专栏,审核通过或失败后方可再次申请。专栏申请提交后,工作人员将在三个工作日内对专栏申请进行反馈。专栏申请通过后,将收到知乎官方的私信。

② 申请条件。

知乎官方规定了专栏的申请条件,主要有以下几点:

a. 专栏须由本人申请,不可代为申请。

b. 申请账号的用户信息需符合《知乎用户信息管理规范》。

c. 90 天内在知乎站内无《知乎社区管理规定》中规定的违规行为。

d. 专栏需要有明确的写作方向,部分方向暂时不接受申请。

e. 专栏绑定的话题不要过于宽泛。

f. 接受申请的方向:包括但不限于经济学、金融、互联网、科技、科学、心理学、饮食、旅游、家居、汽车等专业方向的内容。

g. 不接受申请的方向:包括但不限于涉及情感、两性、娱乐八卦、随笔、个人成长记录或成长心得、泛时政类(包括"军事""政治"等话题),与主流科学观点相悖(如养生、风水、星座等内容)、可能影响他人利益(如寻医问药建议、心理咨询建议、P2P 金融等)或绑定过于宽泛的话题(如"生活""趣味"等)。

③ 使用方法。

a. 在个人主页的"专栏"模块,可以找到"我的专栏"。
b. 进入专栏后单击右上角"写文章",便可在专栏中进行创作。
c. 文章发布完后,作者可以在文末开启赞赏,从而实现知识变现。
d. 作者可以将之前发表的同类文章投稿至自己的专栏。
e. 作者可以将文章投稿至其他人的专栏中,但需要经过专栏主编的审核。需提醒的是,一篇文章最多只能投稿至两个专栏。
f. 专栏文章的投稿和收录可以使作者和专栏管理者获得双赢:作者得到更多阅读和交流,专栏推送更多优秀的内容给关注者。

3.5.5 思考习题

1. 知乎专栏和豆瓣的区别与联系是什么?
2. 当回答知乎问题的能力不足以支撑回答时,怎么办?
3. 如何将知乎文章、专栏和问答进行整合?
4. 在知乎上如何聚焦于某一领域进行问题回答?

3.6 简书营销

3.6.1 学习目标

【能力目标】

※ 掌握简书申请流程、设置方法;
※ 掌握简书的主要功能,并能够创建简书专题并写作;
※ 能通过分析大号,掌握基本的简书运营规律,能够按照发文规范编辑文章。

【知识目标】

※ 了解简书自媒体写作平台,掌握简书的发文规范;
※ 掌握提高阅读量的方法,了解简书运营策略;
※ 掌握简书主要功能(简书专题、简书写作);
※ 了解简书的隐私设置、简书专题、删除文章、文章发布、简书社群和侵权举报。

3.6.2　学习案例

案例1　魅族简书神转折大赛

2016年5月6日,魅族联合简书在简书平台发起"简书神转折大赛",在发起活动中给出了参考文章以及对文章的要求,即"请在文末或文中'毫无违和'地植入魅族三款产品信息(任意一款即可)"。见图3-6-1。

图3-6-1　魅族简书神转折大赛

活动最终以简书官方筛选和投票两种形式选出获奖作者,获奖文章可查看活动页面公示。

[案例解析]

1. 活动形式与平台属性契合

不同的平台有不同的特点,营销方式需要根据平台的特点进行定制化策划。简书以文字阅读创作为主,魅族结合简书特点展开文字神转折合作,能够极大地调动受众的参与积极性。

2. 活动趣味性和挑战性十足

神转折是大众在网络文章以及生活中喜闻乐见的文章形式,文章风格多以落差感强和不可思议的转折结尾,并在文末带出传播信息。魅族神转折大赛,要求在写出神转折文章的同时在文章中植入魅族产品,半命题式的文章要求难度适宜,具有挑战性。

案例2　《秦时明月》简书微小说续写大赛

2017年3月3日是《秦时明月》播出十周年纪念日。《秦时明月》以秦始皇兼并六国,建立中国首个帝国开始,到咸阳被楚军攻陷结束为背景,讲述男主角荆天明成长为盖世英雄的故事。《秦时明月》联合简书发起微小说续写大赛,要求以"站住!你听我说"为开头,续写一篇微小说。

图 3-6-2 《秦时明月》简书微小说续写大赛

[案例解析]

1. 活动形式与平台属性契合

微小说续写大赛的文字形式与简书平台的运营属性相契合,能够充分调动简书用户的参与积极性。

2. 半命题创作趣味性十足

以"站住!你听我说"为开头展开微小说续写,容易让用户产生联想,降低了参与门槛,增加了活动的趣味性。

问题:简书营销还有哪些形式?请用案例举例说明。

3.6.3 相关知识

1. 简书平台的特点

(1) 以文会友

简书是一款写作和阅读的社交平台,平台上汇聚了大量的文字爱好者。简书鼓励原创内容,文字爱好者通过简书可以找到兴趣相投的群体。

(2) 文章质量高

不同平台之间的定位不同,相较于微信公众号以及头条号等内容资讯类平台,简书在运营机制上鼓励内容制作精美的原创内容,并给予相应的推荐曝光,由此逐渐营造平台写作氛围。

2. 简书运营知识

(1) 发文规范

简书采用的是编辑推荐制,即文章如果不符合基本的发文规范,将不会被编辑推荐,文章阅读量很低。简书作者,进入简书后需查看"首页投稿"的相关要求。一些简书作者口中所说"文章被首页收录了",此"首页"即指简书官方专题"首页投稿"。简书官方的"首页投稿"对发文有详尽的要求,主要有以下七点:

① 文章必须是原创。简书是一个原创作者交流故事、沟通想法的平台，跟今日头条不同的是，任何非原创文章在简书平台都不会被首页推荐。如果发现所投文章非原创且被网友举报属实后，将视情节严重程度被惩罚或被简书列入黑名单，文章永久不被录用。简书中抄袭行为一经核实，账号一律被封号。

② 不要加广告性质的链接。简书中可以放置参考性质的链接，比如某段文字来源于某篇文章，但不可添加推广或广告性质的链接。推广或广告性质的链接可以放在个人简介中，从而被需要的人关注并获取。

③ 不要在文章中添加二维码或微信账号信息。简书官方为保证用户的阅读体验，建议将所有的二维码及微信账号等信息放在个人简介中，这样关注的用户自然会看到。比如在文末加上"欢迎关注个人微信公号×××"，在简书中是不被允许的。

④ 段落之间空一行。在简书写文章时，段落空一行代替了传统的段首空两格，这样更利于互联网时代的阅读体验，让人读起来更轻松。

⑤ 尽量为文章配张图。简书文章列表页面会显示文章的缩略图，为保证美观，应尽量为每篇文章配一张与内容相关的图片。简书文章缩略图默认为文章中的第一张图片。

⑥ 插图不要带平台网址或水印。一些多平台写作运营的作者，直接将微信公众号里的文章粘贴进简书。殊不知微信公众号里的图片大多带有个人标识的水印，但水印图片是简书禁止的，故多平台运营的作者在图片处理时要注意不同平台间的差异性。

⑦ 不要密集投稿。一般来说，一天一篇是可以的，切莫一天数十篇文章均投简书首页，这样不利于文章收录及被推荐至首页。

（2）玩转简书

① 新上榜与热门榜。简书用户进入网站后，看到的文章其实是"热门榜"。很多新人误以为"热门榜"就是"首页"文章，其实是不对的，首页投稿中"首页"指的是"新上榜"文章，是由简书编辑选出来的；而"热门榜"首先来源于"新上榜"，是由广大读者们选出来的。所有"新上榜"的文章，都有一个背后的算法计算其热度分数，只有分数高的"新上榜"文章才会出现在"热门榜"中，进而被更多读者看到。也就是说，"新上榜"＝"首页投稿"＝简书编辑筛选，"热门榜"＝"新上榜"＋"热度分数"＝简书编辑＋广大读者联合筛选。

② "首页投稿"与"今日看点"。简书中有两个专题可以上首页，一个是"首页投稿"，另一个是"今日看点"。被"首页投稿"专题收录的文章，一般会进入排队序列，排队时间按照当日收录进首页投稿的文章数量而定，并依次出现在"新上榜"文章中，而被"今日看点"专题收录的文章，会绕过排队序列，优先出现在"新上榜"文章中。"首页投稿"接受简书作者的投稿，而"今日看点"不接受投稿，只能被简书官方主编收录进首页。简书用户必须熟知这两个专题，因为这两个专题是确保自己的文章进入首页的唯一途径。简而言之，收录"首页投稿"＋一段时间的排队等待（四天左右）＝"新上榜"，收录"今日看点"＝"新上榜"。

③ 隐私设置。简书用户可以用简书 App 发布私密文章，当作个人日记本使用。下载简书 App，写完文章后单击界面右下角的"保存为私密文章"即可。简书用户也可对已发布

的文章进行隐私保护,用简书 App 打开已发布的文章,单击右上角的按钮并选择"设为私密"即可。所有的私密文章,均可通过简书 App 查看。在简书 App 中单击"我的"→"私密文章",即可浏览并修改相应的私密文章。

④ 简书专题。在简书中创立的专题,不可以删除,只能对专题进行编辑,修改相应的专题名字和介绍。故简书作者在创建专题的时候,需要谨慎,切莫创建太多专题而无法删除。

⑤ 删除文章。若要对已发布的文章进行删除,也可用简书 App 打开文章,单击右上角的按钮并选择"删除"来进行删除。

⑥ 文章发布。简书上作者每天最多可发 10 篇文章,如发文规范所述,简书编辑不希望作者密集投稿,故简书作者一天投稿的文章最好不要超过 3 篇。简书作者发表的每篇文章,最多可投稿至 5 个专题,故简书作者可充分利用投稿机会增加文章的阅读量。简书作者的文章若被推荐至首页,会有相应的提醒,将会显示在个人主页中的"消息"→"其他消息"中,如"你的文章×××被加入'今日看点'"。

⑦ 简书社群。简书官方专题公告栏,会有相应的投稿须知及主编的个人主页,也有些专题把主编的个人微信号放置在公告栏,便于简书用户微信联系主编,加入相应的简书社群。若专题公告栏没有主编的个人微信,简书用户还可以用简信跟主编私聊,以获取进入简书社群的方式。

⑧ 侵权举报。如今网络发达,抄袭现象日益严重,为此简书官方出台《简书用户协议》,对简书作者的知识产权与侵权保护进行了详尽的描述。如果简书作者发现文章被侵权,可以进行举报。与简书取得联系(邮箱 contact@jianshu.com)。为保证问题能够及时有效地处理,务必提交真实有效、完整清晰的材料,否则不予受理。

3. 如何提升阅读量

简书是编辑推荐制,如果没有编辑推荐至首页及相应的推广措施,阅读量很难有所突破。据统计,简书的自然打开率为 8%。自然打开率是指没有经过站外推广,也没有经过主编推荐,完全通过关注自己的粉丝打开得来的数据。例如,粉丝数是 200,如果没有经过任何推荐和推广,文章的阅读量大约为 16,阅读量较低。文章类型不同、发布时间不同、粉丝数目的差异等,都会导致自然打开率的变化。但有一点是不变的,即简书用户若不主动运营,阅读量很难有较大的突破。若想提升简书文章的阅读量,可以从两方面考虑。一是保证文章的量,争取文章被首页收录;二是学会站外推广,保证文章的广泛传播。

(1) 推荐至首页

如上面所述,文章被首页推荐的途径有两个:一是投稿至"首页投稿",被专题收录;二是投稿给简书官方专题,被专题主编推荐至"今日看点"专题。

① 首页投稿。"首页投稿"曾指出:"被首页拒稿的原因一般如下:非原创(转载、搬运文等),排版差(滥用加粗,引用,斜体及链接过多,段落过长,空白过多,标点乱用等),打广告(文章中含有推广性质的外部链接、图片推广水印、个人邮箱、博客、公众号推广等),内容少"。可见,如果想被首页收录,最起码的排版、发文规范、内容质量等应满足要求。

②编辑推荐。简书官方主编具有推荐至首页的权利,被官方主编推荐的文章直接收录在"今日看点",立刻进入"新上榜",进而被更多用户看到。简书作者写完一篇文章后可以向五个专题投稿,即使文章没被"首页投稿"收录也没关系,作者可以根据文章的内容投稿至简书官方专题。如果文章质量高,也会被专题主编直接推荐至首页。

(2)站外推广

除了被编辑推荐至首页,在简书内部获得高阅读量外,另一种方法是通过站外推广,获取更多站外流量的导入。

①社交媒体。简书用户可用简书网页版或App将文章分享至其他媒体账号,从而为简书文章导入流量。简书用户可以将文章分享给微信好友、朋友圈、新浪微博、QQ空间等,从而使文章获取更多的站外阅读量。

②简书社群。简书官方成立了微信社群,每个官方专题都有相应的社群可加入,简书用户可联系官方专题主编进入相应的专题社群。进入社群后,可将简书文章链接分享至社群,跟其他简书作者们交流想法,也可保证文章被更多人看到。简书用户可以选择自己感兴趣的领域加入,让文章被更多有共同爱好的人看到,并跟其他作者交流写作心得。

4. 运营策略

(1)平台调性

随着简书写作时间的累积,简书用户可以统计简书中受欢迎的文章类型,从而结合自己所擅长的领域与简书用户的需求不断调整专攻领域的具体方向,达到作者与读者的良性循环。如简书作者阿随向前冲,通过不断摸索,找到自己擅长的领域PhotoShop与简书用户喜欢的契合度,从而使文章更好地服务读者,也增强了个人势能与影响力。

(2)时间管理

简书用户阅读文章的时间比较分散,简书作者可以利用上下班等碎片化时间进行站外推广,从而保证工作时间与运营推广的平衡。可以将简书网页版和App结合起来使用,网页版更适合写文章,App更利于站外推广,从而保证时间利用的高效性。

(3)知识管理

用户还可以把简书当作知识管理的工具,把平时学习收获及所得写在简书里。简书签约某位作者时不仅看其粉丝数及喜欢数,还会看其垂直领域的专业度。作者可利用简书在垂直领域不断深耕,进行高效知识管理。简书作者用简书进行知识管理时,不仅提升了自我能力,也为读者提供了价值,可谓是双赢的良性循环。

3.6.4 实训项目

简书营销

【实训目的】

熟悉简书平台的基本功能及感兴趣行业企业的应用现状。

【实训任务】

1. 申请一个自己的简书账号。

2. 用微信登录简书,绑定邮箱和手机号并重置密码。尝试用刚才绑定的邮箱或手机号登录简书,以完成用社交账号注册简书。

3. 在之前申请的简书账号的基础上,做如下尝试:按照前面所讲,将简书官方专题找出并关注至少三个感兴趣的官方专题。

4. 在之前申请的简书账号的基础上,做如下尝试:按照前面讲授的步骤,为自己感兴趣的领域或社群创建一个专题。

5. 在之前申请的简书账号的基础上,做如下尝试:用富文本或 Markdown 编辑器,写一篇字数不少于 500 字的简书文章。

6. 在简书中查找文章《第一批简叔钦点专题主编出炉了!下一个是不是你》,整理可以推荐签约作者的专题及主编,并总结该专题收录文章的相关要求,为以后成为简书签约作者做准备。如专题"上班这点事儿",可以看到本专题仅收录求职、简历、换工作、职业规划、招聘、职场干货、上班感悟、管理提升、工作效率等与上班相关的文章。

【实训步骤】

1. 申请一个简书账号。

简书账号的申请流程参看简书官方平台。

2. 简书功能探索。

简书的主要功能包括简书专题、简书写作、简友圈、收藏与喜欢文章消息、简书推荐作者与签约作者。

(1) 简书专题。

① 简书官方专题。

简书官方创立了几十个专题,这些专题集合了简书作者们的相关优质内容,便于感兴趣者学习与交流。若想获得简书官方全部专题,从而找到感兴趣的领域,可在简书中搜索"简书官方专题汇总:玩转简书,就是做一道多选题"。比如对"手绘"感兴趣,可以找到简书官方专题列表中的"漫画·手绘",单击关注此专题,便可获得此专题下所有关于漫画与手绘的相关文章。

简书官方专题粉丝量较大,且会定期组织一些征文及其他活动。用户关注简书官方专题,不仅可以学习相关内容,也可对专题投稿或者参加征文等活动,以便提高文章阅读量及加大曝光度。

② 创建个人专题。

简书作者也可以按照需求自己创建专题,并参与专题的管理。个人主页右下角有"新建专题"选项,利用该选项,简书作者可以为自己的社群、感兴趣的领域等创建一个专题。

在简书创建专题是社群管理极为重要的辅助措施,简书专题可以收录社群小伙伴的输出成果,并以专题的形式辑录在一起,便于社群成员互相交流及学习。

(2)简书写作。

在简书个人主页,单击"写文章"便可打开简书页面书写文章。书写文章前可以先为文章创建文集,以便分类有序地存放。文集与专题的不同点在于,文集是自己的文章存放的地方,而专题可以接受其他作者投稿或收录相关文章。打开"写文章"后,简书默认有两个文集供作者存放文章,可以重命名这两个文集以供自己使用。文集若不够,还可新建文集,以满足需求。

简书提供两种常用编辑器,下面介绍两种编辑器的主要功能如下。

① 富文本编辑器。

利用富文本编辑器写文章前,可以单击"切换到写作模式"按钮。切换至写作模式后,可以看到富文本编辑器的所有写作功能。

② Markdown 编辑器。

Markdown 编辑器界面比富文本简洁,大部分文字处理功能均可通过 Markdown 语法实现。Markdown 编辑器仅比富文本多一个"切换到预览模式"命令,单击此按钮可实现 Markdown 语法与效果的双显示。

(3)简友圈。

"简友圈"类似于微信中的"朋友圈",简书用户可以通过关注一些简书作者的账号,来看到喜爱作者的最新动态及所发表的文章。在个人主页中,单击"关注"选项即可看到"简友圈"。

(4)喜欢与收藏文章。

在有收获的文章底部,单击"喜欢"或"收藏文章",日后再次查阅或学习时,直接在个人主页头像下面单击"收藏的文章"或"喜欢的文章",便可看到之前所有收藏或喜欢的文章,方便快捷。

(5)消息。

个人主页"消息"选项中,共有七个功能,分别是评论、简信、投稿请求、喜欢和赞、关注、赞赏消息及其他消息。

评论,顾名思义即文章被评论。若有人评论作者的文章,作者可在"评论"看到所有人的评论,并可在空闲时集中回复。评论多,能增强作者跟读者的互动,提高文章热度。简书作者要抽出一定的空闲时间回复粉丝的评论,从而产生更强的黏性。

简信,类似于微信公众号的后台留言,简书粉丝及各微信大号平台编辑们一般会通过简信与作者联系及索要文章的转载授权。

投稿请求,是其他简书作者向你管理的专题投稿的渠道。当你创立了专题或是某个专题管理员时,如果有其他作者向你投稿,在这里可以看到投稿的文章,并决定是否收录。

喜欢和赞,是简书中非常重要的指标,它决定了文章受欢迎的程度。作者可以单击"喜欢和赞"查看被喜欢的具体文章,从而不断摸索适合自己的写作方向。

关注,也是简书中非常重要的指标,它决定了作者的粉丝量。单击"关注"可以查看关注自己的简书作者。

赞赏,是作者提供给他人价值的外在表现。单击"赞赏"可以查看给自己赞赏的用户、赞赏金额及相对应的具体文章。

其他消息,主要指文章投稿后的收录情况及建立专题的订阅情况。比如,当文章被简书首页收录或者有简书用户订阅你的专题时,消息将在"其他消息"中显示。

3.6.5 思考习题

1. 在简书排版时最容易犯的错误是什么?
2. 不考虑内容的情况下,如何通过标题和排版提升阅读量?
3. 你还设置过哪些平台的个人主页?和简书的设置有什么区别?
4. 简书营销还能向哪些方向扩展?

第 4 章 网络营销方法

4.1 联盟营销

4.1.1 学习目标

【能力目标】

※ 能够分析联盟营销的优势；
※ 能够掌握联盟营销的技巧。

【知识目标】

※ 熟悉联盟营销的含义；
※ 理解联盟营销的优势。

4.1.2 学习案例

亚马逊联盟营销，你所不知道的另类玩法

本案例所讲的是一个很酷的亚马逊联盟推广网站 ThisIsWhyIAmBroke.com（TIWIB）。这个网站是联盟推广网站中一个非常独特的成功案例。之所以成功，不仅仅是因为它的内容很丰富，还在于它使用了一种非常不寻常的方式。

通常的联盟营销是根据客户的喜好去选择产品，挑选客户喜欢的产品，然后真正解决客户的问题，这样客户才愿意去购买推荐的产品。但这个网站专门展示一些奇怪的产品，90%的客户都不会买的产品。然而，它仍然每月可以从亚马逊那边作为一个单独的推广会员获得20 000美元以上的佣金，你想知道是为什么吗？

该网站由 Adam Freedman 在 2011 年创建，主要是向人们推荐新奇的小工具，可穿戴设备,食品和饮料,家庭和办公室玩具等。

当然,网络上并不只有它这么一家是这么做的,却是第一家真正专注提升用户体验并与之互动的网站。网站创办的初衷也是因为创办者关注到类似的网站并认为可以通过更好的网站设计和更高质量的产品展示来改善用户体验。例如,它是第一个使用无限滚动类型的站点。它在产品描述中增加了一些风趣幽默的言语。它花时间提高了产品图片的质量而不是使用亚马逊默认的标准图片,以便通过社交传播而获取流量!它花费大量精力用于挑选产品,而不仅仅只是添加一些不寻常的产品。它在网站产品订单的呈现上使用了不同的想法。这无不体现了其用心之处。

网站所推广的是什么?一些不寻常的产品。通常也会有一些完全没有什么用处的产品,比如从太空侵略者座椅到相机镜头款式的咖啡杯再到喷射包装等。你会在网站上发现小工具、小发明和一些稀奇古怪的装备等。它包括来自亚马逊和Ebay等大型网络零售商的产品。当然,为了更好的用户体验,并非所有产品都是推荐购买的,往往网站上所推荐的都具有人们认为惊艳的元素或者尚未生产的一些概念产品。这背后的原因就是创造价值。这一点非常重要!

如果他们所推荐展示的每一件产品都只是通向亚马逊联盟链接,那么这又成了一个仅仅通过联盟链接点击而赚钱的网站,而不是寻找和分享不寻常和酷炫的产品的网站。但是他们所做的却是通过在网络上注册过的100多个不同博客和零售商的RSS源来搜索产品,这些博客和零售商通常提供或销售不寻常的产品,他们以此来获取灵感并每天更新。

网站如何盈利?该网站通过使用亚马逊联盟推广计划、Ebay合作伙伴推广和其他各种联盟推广计划,如Think Geek、Firebox、Wicked Lasers、Hammacher等来获取收益。但是也如同上面所说的,并非所有产品都是联盟推广的产品,甚至有些都不是出于销售目的的。只有让人眼前一亮的那些产品才会被推荐展示给用户。但对于亚马逊、Ebay或者其他零售商而言,如果有人点击TIWIB上的链接并登录零售商网站,那么这个联盟关系就已经建立起来了。这是什么意思呢?我们知道亚马逊是根据Cookie来判断联盟推广推荐者的,产生购买时是谁的Cookie,谁就会得到佣金。而任何浏览器遇到同名Cookie,都是后面的覆盖前面的,所以是后面的得到佣金。如果放入购物车,这时已经将推荐者的信息加入购物车里了,亚马逊会根据购物车里的信息来判断推荐者,给这个推荐人佣金。通常亚马逊的Cookie有效期只有24小时,但是假如放入购物车之后有效期就变成了90天,实际上这个90天是因为购物车的有效期是90天。这时就算点击了其他人的推荐链接,Cookie变成了其他人,但是无法改变购物车里的推荐人信息,所以依然还是购物车里的推荐人得到佣金。只要加入了购物车,购物车里就有了推荐人信息,这时再买其他产品,推荐人的信息依然存在,依然计算佣金。而其他一些联盟推广网站的Cookie的持续时间可能会更长!

据统计,该网站在亚马逊所产出的盈利每月超过2万美元。但亚马逊只是所有联盟推广计划中的一个网站,占比只是总收入的66%左右。因此粗略推断,每个月5万美元也不是不可能的。这还不包括从其他联盟推广计划和谷歌 AdSense 带来的收入。这个就是他们赚钱的方式,不仅仅是通过推荐产品赚钱,更是通过其他附属产品赚钱,留下客户的信息 Cookie,把他们引入亚马逊浏览,一般人看到有用的东西就会顺便买点。

TIWIB 成功的六大关键要素:

(1) 独特好记且易于转播的品牌。

(2) 清晰的定位和炫酷的概念。

TIWIB 的定位非常清晰,以至于人们很容易知道这个网站是什么类型的。但它并不是该类首创的,也不是唯一提供这样的内容的网站。由于他们在网站设计、风格以及用户体验上付出了努力,整体的布局非常具有新意,所以人们愿意花时间去浏览。

(3) 极高的用户参与度。

优质的网站一定缺少不了与用户的互动,而用户参与度的高低也决定了网站的活力。TIWIB 在这点上做得非常不错,他们以幽默和有趣的内容吸引用户,无限的滚动式的网站页面让你可以在一页中就浏览无数的产品。他们也让用户在社交媒体和评论中与之互动,以用户为中心去搭建更为有趣的用户体验,而不是总以赚钱为目的。让用户作为最好的广告传播体是最为明智的。

(4) 病毒式传播获取流量。

就像之前那一点所提到的,他们让用户作为最好的广告去传播网站,口碑式营销不仅建立了信任度,也增加了互动性。流量的入口也随之而来。

(5) 巧妙的产品展示布局。

大多数人都不会意识到这一点,但是花费时间去思考如何巧妙布局和排列产品展示的位置,可以让网站令人感觉眼前一亮,同时也时刻保持着网站的新鲜度。所以,思考一下网站的设计和所需要呈现给用户内容的布局,将有效地提升整体的访问量。

(6) 将转让率融入网站设计中。

该网站在最初的设计中就想方设法把 Cookie 插入用户的点击中,即使用户不买这个产品,也可能买其他一系列的产品。而这样做也是有佣金的。他们在网站上不使用"购买"按钮,而是聪明地使用了更能促使人们好奇心的"一探究竟"按钮,让人们点击以查看更多内容并登录联盟推广的网站中。这样用户也不会觉得那么被销售化,但他们在不知不觉的情况下已经开始在为 TIWIB 买单了。

问题: 思考亚马逊联盟营销取得成功的原因。

4.1.3 相关知识

随着互联网的越来越普及,网上购物成为人们必不可少的消费模式之一。只要一部智能手机,便可以随时随地购物。这些年,京东、苏宁、淘宝等电商网站的相互崛起,"618""双11"等节日的接踵而来,让我们足不出户即可买到自己喜欢的商品,省去了逛商场的时间,同时也让我们享受到了拆包裹的满足感。

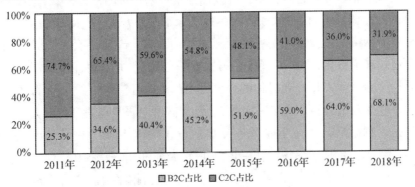

图 4-1-1　2011—2018 年中国网络购物市场交易规模结构

从图 4-1-1 不难看出来,2011—2018 年商家对个人呈急速上升趋势,反而个人对个人呈现下降趋势。这说明网民越来越相信品牌,同时也促进了天猫国际、亚马逊等海外电商的快速发展。

据统计,2018 年天猫"双11"最终成交总额 2 135 亿元,"双11"的影响力是我们想不到的,提起它你只记得购物节,却忘记了这一天还是光棍节。历届以来,天猫"双11"主打的是部分店面五折,其他店铺优惠几十到几百元之间,以价格优势吸引网民。

如今看来,"双11"仅仅是个开始而非结束,在竞争激烈的电商公司,在迅速发展的互联网时代,想要活得更久,单单凭靠正品、低价、货到付款等是无法取胜的。

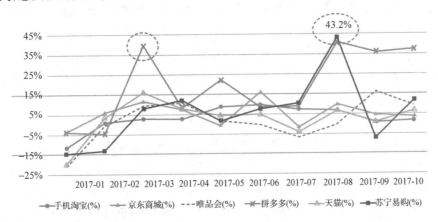

图 4-1-2　2017 年 1—10 月中国电商平台移动端用户环比增长率

就如同图 4-1-2 所示,没人会想到 2017 年拼多多会有如此大的爆发式增长,越来越多的电商网站也促使商家举行各式各样的促销活动,其中联盟营销是当今最受欢迎的一种营销方式。其主要模式是以社交电商＋大量的广告投放,促使用户增长。

1. 联盟营销概述

（1）联盟营销简介

联盟营销，也叫联属网络营销，是一种按照营销效果付费的营销模式，是商家利用第三方平台提供网站联盟服务，由个人或公司推广商家商品，以达到扩大销售空间以及增加销售额的一种新型网络营销模式。商家在第三方平台，如苏宁、唯品会、蘑菇街等投放产品，第三方平台通过渠道宣传，用户可直接在第三方平台购买，并获得佣金，或分享到朋友圈、QQ空间、社交平台等。有用户通过你的分享成功购买即可获得佣金，佣金即可提现。

商家通过联盟营销渠道产生了一定收益后，才需要向联盟营销机构及其联盟会员支付佣金。由于是无收益无支出、有收益才有支出的量化营销，因此联盟营销已被公认为最有效的低成本、零风险的网络营销模式，在北美、欧洲及亚洲、非洲等地区深受欢迎。

联盟营销包括三个要素：广告主、联盟会员和联盟营销平台。广告主按照联盟营销的实际效果（如销售额、引导数、点击数等）向联盟会员支付合理的广告费用，节约营销开支，提高营销质量。联盟会员则通过网络联盟营销管理平台选择合适的广告主并通过播放广告主广告提高收益，同时节约大量的联盟营销销售费用，轻松地把网站访问量变成收益。

（2）联盟营销形式

根据商家网站给联盟会员的回报支付方式，联盟网络营销可以分为三种形式：

① 按点击数付费（Cost-Per-Click，CPC）。联盟网络营销管理系统记录每个客人在联盟会员网站上点击到商家网站的文字的或者图片的链接（或者E-mail链接）次数，商家按每个点击多少钱的方式支付广告费。

② 按引导数付费（Cost-Per-Lead，CPL；有的叫CPA，Cost-Per-Acquisition）。访问者通过联盟会员的链接进入商家网站后，如果填写并提交了某个表单，管理系统就会产生一个对应给这个联盟会员的引导（Lead）记录，商家按引导记录数给会员付费。

③ 按销售额付费（Cost-Per-Sale，CPS）。商家只在联盟会员的链接介绍的客人在商家网站上产生了实际的购买行为后（大多数是在线支付）才给联盟会员付费，一般是设定一个佣金比例（销售额的10%到50%不等）。

上面三种方式都属于Pay For Performance（按效果付费）的营销方式，无论对于商家还是对于联盟会员都是比较容易接受的。由于网站的自动化流程越来越完善，在线支付系统也越来越成熟，越来越多的联盟网络营销系统采用按销售额付费的方法。由于这种方法对商家来说是一种零风险的广告分销方式，商家也愿意设定比较高的佣金比例，这样就使得这种方式的营销系统被越来越多地采用。实际上，目前国内正在操作的联盟营销一般以CPS为主，主要的区分在于支付上，从一定程度上来说CPA与CPS有异曲同工之处，很多人会将这两个概念画上等号。

（3）联盟营销优势

建设一个成熟的联盟网络营销系统不是一件容易的事，需要很多技术、资金和人力的投入，但是它给商家带来的效益也是显而易见的。

① 双赢局面。对于商家，这种"按效果付费"的营销方式意味着他们只需要在对方真

正带来了"生意"时才付钱,何乐而不为?而对于联盟会员,只要有访问量,他们自己不需要有自己的产品就能挣钱——不需要生产,不需要进货,不需要处理订单,不需要提供售后服务。

② 较低的客户成本和广告成本。对比麦肯锡公司对电视广告成本和杂志广告成本的统计,联盟网络营销所带来的平均客户成本是电视广告的1/3,是杂志广告的1/2。

③ 更广的网络覆盖面以及品牌强化。假设一下,对于某个特定市场(或者特定关键词),如果你排在谷歌搜索结果的第21名,而你的联盟会员网站却可能占据了前20位的一半,甚至包括前三位。你在他们网站上的链接和旗帜广告可以吸引你目标市场的大部分眼球,这对于提高访问量和强化品牌是非常有效的。

④ 集中精力进行产品开发和销售服务。由于通过这种方式可以基本上解决网站访问量的问题,商家可以集中精力于产品开发、客户服务以及销售渠道,可以大大提高工作效率。

⑤ 可计算的结果。联盟网络营销"按效果付费"的广告和分销方式相比传统方式的一个显著特点是,客户的每一个点击行为和在线进程都可以被管理软件记录下来,从而可以让商家知道每一分钱的用途,而且还可以通过对这些记录的分析来为产品开发和营销策略提供科学的决策依据。

2. 联盟营销技巧

许多卖家认为联盟项目的管理并非易事。这不取决于联盟会员是否转发分享产品链接,也不取决于产品是否流行,是否受网红博主喜欢,能否增加转化,这一切都是关于商家如何正确处理与联盟会员之间关系的问题。这意味着,商家无须等待大量的联盟商来投资并加入销售。事实上,随着印刷媒体和展示型广告数量的减少,许多垂直经营的公司早已通过调整线上销售策略,进行联盟营销来获取丰厚的利润。

以下是13个联盟营销的管理技巧:

① 使用门户注册页面。门户注册页面允许商家通过联盟会员收集其他信息,例如联盟会员的网站或其他有用的资料。在联盟会员注册后,他们就可以自动登录到门户网站以便共享信息。门户注册页面是整个联盟项目成员的"家庭基础"。

② 自动注册联盟会员。与联盟会员建立紧密联系,邀请他们进入已有项目中,共同参与销售的推进。

③ 主动启动项目。很少的联盟会员会主动参与推进项目。商家可以通过邮件来宣布项目的快速启动。

④ 建立项目登录页面。在登录页面上为联盟会员提供全面的项目概述。为了提高页面内容的可见性,链接可以在网站页脚或页眉。

⑤ 启用共享代码。允许联盟会员创建多个链接,让他们可以定制并重定向到特定的产品。通过门户网站访问的共享代码为联盟会员们提供一种简单的共享方式,同时方便商家熟知各类媒体资源的转化率。

⑥ 引入社交媒体。持续的社交媒体推广能够帮助商家吸引新的联盟会员,并提醒现

有会员进行不断推广。而无论商家想要推行何种计划,社交媒体都是一个有影响力的联盟伙伴。

⑦ 提供促销资源。在门户网站中,商家可以向联盟提供相关资源,例如横幅广告、促销优惠和产品内容等,它们可以在联盟会员的博客或网站上嵌入。一旦嵌入,就可以追踪这些资源的点击率。

⑧ 创建教学指南或视频。商家可以在欢迎邮件中发送一个工具包和一份项目信息概述,以及一个联盟会员项目登录页的链接。页面内容包括需要推广的信息及方式、如何利用门户网站以及一些运营建议等。这也是介绍自己是项目负责人的一种很好的方式,并开始建立与联盟会员的关系。

⑨ 发送专门的电子邮件。通过在专门电子邮件中提供有用的项目信息来鼓励联盟会员参与推广。商家可以在这些电子邮件内附上一些关于项目推广的建议,甚至附上所需推广的内容和案例。

⑩ 编写博客。博客作为长文本的媒体渠道,可以更好地提供详细的项目相关信息。在编写博客后,商家可以通过社交媒体或邮件发送相关链接给联盟会员,再继续进一步的推广。

⑪ 销售额分红佣金。大多数联盟项目提供销售额分红作为佣金。PayPal 就是一个成功的典型例子。

⑫ 提供双重奖励机制。同时为联盟会员和新用户提供奖励有利于项目的推进。例如,商家可以在自己网站的注册欢迎页面提供优惠券代码的领取,以此提高转化率。

⑬ 建立多事件奖励机制。商家可以通过多事件的奖励方式来保持联盟会员在项目长期推进中的积极性。例如,为不同的任务金额分配不同数额的佣金。

联盟项目涵盖了用户购买的整个过程,其中,发现目标群体和维持目标用户是过程的关键。成功的联盟项目管理离不开长期稳定的联盟会员关系。一旦商家与联盟会员间建立起真正的伙伴关系,有了清晰一致的目标,联盟项目才能真正对品牌推进和产品营销起到作用。

4.1.4 实训项目

【实训目的】

能够分析各个联盟平台的优势,并根据企业实际情况选择合适的联盟平台。

【实训任务】

请选择两家本地知名传统旅游企业,收集信息、设计创意,并为其选择合适的联盟平台。

【实训步骤】

1. 确定两家本地知名传统旅游企业,并从互联网上搜集相关信息。
2. 根据搜集到的信息为两家企业分别设计创意。

3. 将上述内容填入表格里。

调查内容	企业 1	企业 2	备注
主推旅游线路 线路特色 广告语 预订方式 联系电话			
创意设计思路			
实训总结			

4.1.5 思考习题

1. 联盟营销的定义是什么？
2. 联盟营销包括哪三个要素？
3. 联盟营销的优势有哪些？试举例说明。
4. 联盟营销有哪些技巧？

4.2 病毒营销

4.2.1 学习目标

【能力目标】

※ 能够分析病毒营销的形式；
※ 能够灵活运用病毒营销方法。

【知识目标】

※ 熟悉病毒营销的概念；
※ 理解病毒营销的特点。

4.2.2 学习案例

支付宝锦鲤

1. 推荐词

支付宝想让你红,你就能红!

2. 营销表现

2018年9月29日,支付宝公布活动玩法不到6个小时,就已经有100万人参与转发,第二天直接破200万,成为微博史上转发量最快破百万的企业微博;400万转评赞,2亿曝光量,在公布结果后,迅速占据微博热搜第一和第五位,微信指数日环比大涨288倍;中奖用户"信小呆"的微博,一夜间暴涨到80万粉丝。

3. 病毒分析

锦鲤流行背后的狂欢精神,福利刺激下的传播裂变,这两点是锦鲤病毒营销的关键。

狂欢精神。巴赫金认为,在狂欢中所有的人都是积极的参加者。在锦鲤的抽奖仪式中,人们按照狂欢式的规律行动。微博抽奖具有公平参与的无等级性和低门槛的大众参与性。微博抽奖的全民参与性和交互主体性给予用户进行自我呈现及建构虚拟人格的狂欢广场,满足了心绪转换效用自我确认层面上的需求。

福利刺激。微博抽奖这一新的信息传播工具与媒介样态极其引人注意。它联动线上推广和线下营销,创造了用诱惑力极强的奖品短时间内实现转发量、评论量、热度暴增的传播新方式。微博抽奖有着推广成本低、用户参与度高、目标实现程度高、挂钩IP自我营销、传播增速快的特点。

4. 营销启示

互联网时代,以网络为介质对整个社会进行全维度重构,以社交网络为基础的新媒体传播成为时代的潮流。在裂变机制设计上,无非福利裂变、情感裂变两种驱动力。支付宝中国锦鲤当然是福利裂变,但如果福利+情感裂变,更能事半功倍,为何不为呢?

问题: 支付宝锦鲤活动能在短时间内迅速传播的原因是什么?

4.2.3 相关知识

1. 病毒营销概述

病毒营销(Viral Marketing,又称病毒式营销、病毒性营销、基因营销或核爆式营销),是利用公众的积极性和人际网络,让营销信息像病毒一样传播和扩散,营销信息被快速复制传向数以万计、数以百万计的观众,它能够像病毒一样深入人脑,快速复制,迅速传播,将信息短时间内传向更多的受众。病毒营销是一种常见的网络营销方法,常用于进行网站推广、品牌推广等。也就是说,病毒营销是通过提供有价值的产品或服务,"让大家告诉大家",通过别人为你宣传,实现"营销杠杆"的作用。

病毒式营销也可以说是口碑营销的一种,它利用群体之间的传播,让人们建立起对产品或服务的了解,达到宣传的目的。由于这种传播是用户之间自发进行的,因此是几乎不需要费用的网络营销手段。病毒式营销已经成为网络营销最为独特的手段,被越来越多的商家和网站成功利用。

2. 病毒营销的特点

病毒营销具有一些区别于其他营销方式的特点。

（1）有吸引力的病原体

之所以说病毒式营销是无成本的,主要指它利用了目标消费者的参与热情,但渠道使用的推广成本是依然存在的,只不过目标消费者受商家的信息刺激自愿参与到后续的传播过程中,原本应由商家承担的广告成本转嫁到了目标消费者身上,因此对于商家而言,病毒式营销是无成本的。

（2）几何倍数的传播速度

大众媒体发布广告的营销方式是"一点对多点"的辐射状传播,实际上无法确定广告信息是否真正到达了目标受众。病毒式营销是自发的、扩张性的信息推广,它并非均衡地、同时地、无分别地传给社会上每一个人,而是通过类似于人际传播和群体传播的渠道,产品和品牌信息被消费者传递给那些与他们有着某种联系的个体。例如,目标受众读到一则有趣的 flash,他的第一反应或许就是将这则 flash 转发给好友、同事,这样一传十,十传百,无数个参与的"转发大军"就构成了成几何倍数传播的主力。

（3）高效率的接收

大众媒体投放广告有一些难以克服的缺陷,如信息干扰强烈、接收环境复杂、受众戒备抵触心理严重。以电视广告为例,同一时段的电视有各种各样的广告同时投放,其中不乏同类产品"撞车"现象,大大减少了受众的接受效率。而那些可爱的"病毒",是受众从熟悉的人那里获得或是主动搜索而来的,在接受过程中自然会有积极的心态;接收渠道也比较私人化,如手机短信、电子邮件、封闭论坛等(存在几个人同时阅读的情况,这样反而扩大了传播效果)。以上方面的优势,使得病毒式营销尽可能地克服了信息传播中的噪音影响,增强了传播的效果。

（4）更新速度快

网络产品有自己独特的生命周期,一般都是来得快去得也快,病毒式营销的传播过程通常是呈 S 形曲线的,即在开始时很慢,当其扩大至受众的一半时速度加快,而接近最大饱和点时又慢下来。针对病毒式营销传播力的这种衰减特点,一定要在受众对信息产生免疫力之前,将传播力转化为购买力,方可达到最佳的销售效果。

3. 病毒营销的形式

目前病毒式营销主要有以下几种形式。

(1) 免费服务

一些大型的网站或公司会提供免费的二级域名、免费空间、免费程序接口、免费计数器等资源,这些资源可以直接或间接地加入公司的链接或者其产品的介绍,也可以是广告。这些服务都是免费的,对用户有着很大的吸引力。另外,当用户自己在使用并对外宣传的时候,就也为提供该服务的公司做了免费宣传。

(2) 便民服务

便民服务不像免费服务一样需要一定的财力、物力,比较适合小公司或个人网站。在网站上提供日常生活中常会用到的一些查询,如公交查询、电话查询、手机归属地查询、天气查询等,把这些实用的查询集中到一起,能给用户提供极大的便利,会得到用户很好的口碑,有可能很快地在网民中推广开来。

(3) 节日祝福

每当到节日时,可以通过 QQ、微信、微博、E-mail 等工具向朋友发送一些祝福,后面跟上网页地址或精美图片。由于节日里大家收到来自朋友的祝福和发祝福给朋友都很高兴,于是一个病毒链就这样形成了。

(4) 精美网页

娱乐是人们生活中最本质的追求之一,不管定下什么目标,最终都是为了生活、娱乐。做一个精美的网页或将一个精彩的笑话发给朋友,朋友可能会很高兴,并很快发送给他的好朋友。

(5) 口头传递

网络上使用最普遍的"口头传递"方式是"告诉一个朋友"或"推荐给你的朋友"等。这种病毒式营销启动成本低并能快速执行,其效果还可以通过引入竞赛和幸运抽签等形式得以增强。

(6) 人际关系网络

互联网的网民同样也在发展虚拟社会中的人际关系网络,他们收集电子邮件地址,建立邮件列表与众人沟通,通过聊天室结交新的朋友。网络营销人员需要充分认识实体社会和虚拟社会中这些人际关系网络的重要作用,通过病毒式营销把自己的信息置于人们的各种关系网络之中,从而迅速地把促销信息扩散出去。

4.2.4 实训项目

【实训目的】

能够完成病毒营销的创意设计。

【实训任务】

假定你是某公司的网络营销专员,公司电子商务经理需要你为公司做一份病毒营销创意的设计。

【实训步骤】

1. 选择一个你熟悉的企业品牌。
2. 借助网络以调研、访谈等形式来完成创意的设计。
3. 将调研结果填入下表。

××网络调查与病毒性营销创意设计

调查时间：　　　　　　　　　　调查人：

产品是什么？	产品的特点与网络的联系	
易感人群有哪些？		
易感人群有哪些兴趣点？		
兴趣的集中地有哪些？		
可以制造哪些热点？		
可以选择哪些平台？		
病毒营销的创意设计有哪些？		

4.2.5　思考习题

1. 什么是病毒营销？
2. 病毒营销有哪些特点？
3. 病毒营销的形式有哪些？
4. 试举一个病毒营销的例子，并分析其成功的原因。

4.3　口碑营销

4.3.1　学习目标

【能力目标】

※ 能够分析口碑营销的形式；
※ 掌握口碑营销的策略。

【知识目标】

※ 熟悉口碑营销的概念；
※ 理解口碑营销的特点。

4.3.2　学习案例

小米的口碑营销

良好的口碑能引发用户的口口相传，进而形成自动传播的流量，增加品牌的传播和信任价值。成功上市的小米，就是口碑营销成功的典型案例。

为了实现口碑营销，小米创始人雷军下了很深的功夫，并在产品设计和营销设计上展现出很多的与众不同之处。雷军经过多年的思考，总结了互联网七字诀：专注、极致、口碑、快。下面分析小米从哪些方面构建口碑营销的优势。

1. 专注

专注，英文为"focus"，就是聚焦于某个点、某个领域。小米的发展，从最开始的MIUI，到手机，走的都是移动手机路线。专注可以帮助产品建立核心优势，在一个领域让对手难以企及；专注可以将企业的人力、物力、财力集中投放在一个领域，形成聚焦优势。能够做到专注是不容易的，因为大部分的初次创业者都本能地喜欢多，醉心于自己的无所不能，喜欢让自己的产品功能万种。而对用户而言，他们更容易接受专注的企业和产品，对无所不能的企业则是比较反感的。专注不但适合初创企业，对已经成功的企业也是有参考价值的。

2. 极致

极致，就是产品打造的程度。在产品上，对手做到3分好，极致要求做到10分好，不但要功能极致，价格极致，还要能大大超过用户的预期，这样就能瞬间征服用户。小米手机推出市场时，就采用并主张产品组件的极致配置与极致的价格。组件的极致配置就是通过同类配件的比较，让用户知道货真；极致的价格就是低产品定价，让用户觉得价实。在小米，价格的极致来源于两个方面：一是通过优化产品通货渠道，砍掉中间环节，让利用户；二是坚持5%左右的利润，保持克制，让用户买得起。

3. 快

在小米投入市场之处，将"快"的策略应用到淋漓尽致，主要有两个方面：一是小米操作系统保持一周一次更新，这在手机行业是前所未有的，因为更新是需要成本代价的，而小米用工程师和客服持续跟进，保持更新，与用户深度交流，获得用户的认同；二是手机跑分，小米用手机跑分测试软件来让手机跑分，更直观地诠释小米手机的快。

无论产品做得多好，最终的目的都是为了营销，到达消费者的手中。在消费者心里，产品的各种价值最后转化为产品的品牌极致。能够让产品实现口碑传播,则是品牌营销的最高境界。口碑不是可以简单炼成的,需要精心设计和不断坚持。小米的专注、极致、快,都为小米的口碑营销立下了汗马功劳,值得广大的创业者借鉴和学习。

问题:小米口碑营销的优势是什么?

4.3.3 相关知识

1. 口碑营销概述

(1) 口碑营销的定义

口碑营销是企业在调查市场需求的情况下,为消费者提供他们所需要的产品或服务,同时制订口碑推广计划,让消费者自动传播公司的产品或服务的良好评价,让人们通过口碑了解产品,企业通过口碑树立品牌,最终达到企业销售产品或提供服务的目的。口碑是目标,营销是手段,产品是基石。但事实上,口碑营销一词的走俏来源于网络,其产生背景是博客、论坛这类互动型网络应用的普及,并逐渐成为各大网站流量最大的频道,甚至超过了新闻频道的流量。

口碑营销的核心内容就是能"感染"目标受众的病毒体——事件,病毒体威力的强弱则直接影响营销传播的效果。在今天这个信息爆炸、媒体泛滥的时代里,消费者对广告,甚至新闻,都具有极强的免疫能力,只有制造新颖的口碑传播内容才能吸引大众的关注与议论。张瑞敏砸冰箱事件在当时是一个引起大众热议的话题,海尔由此获得了广泛的传播与极高的赞誉,可之后又传出其他企业类似的行为,就几乎没人再关注,因为大家只对新奇、偶发、第一次发生的事情感兴趣。所以,口碑营销的内容要新颖奇特。

(2) 口碑营销的动机

① 生理需要。人们在购物后,特别是购买一些平常不太熟悉的产品后,会有一些紧张感,这时候人们就需要通过不同的方式来消除这种感觉,而向朋友、亲友诉说就是一种很好的方式。

② 安全需要。与上述情况相仿的是,人们在购买产品后会有一些不安全的感觉,比如认为自己受骗了或买贵了或跟不上潮流、太老土了等,这时候他希望通过对朋友、亲友的诉说一方面肯定自己的购买行为,另一方面希望朋友因自己的推荐而发生同样的购买行为,找到更多的安全感。

③ 社交需要。很多时候,口碑传播行为都发生在不经意间,比如朋友聚会时闲聊、共进晚餐时聊天等,这时候传递相关信息主要是因为社交的需要。

④ 尊重需要。在这个动机下,消费者传递信息是为了满足其某些情感的需要,如表明自己是先知者或者紧跟潮流,比较"时尚",特别是当他人因自己的劝说而购买了相同产品时,会更加肯定自己并认为自己得到了他人的尊重。

⑤ 自我实现需要。通过传递信息,与他人分享快乐并使朋友得到方便与利益(介绍了好的产品或服务),实现了自我满足。

(3) 口碑营销的形式

口碑营销无疑颇为复杂,并拥有多种可能的根源和动机,营销者主要应该了解以下三种形式的口碑:经验性口碑、继发性口碑、有意识口碑。

① 经验性口碑。经验性口碑是最常见、最有力的形式,通常在任何给定的产品类别中都占到口碑活动的 50%—80%。它来源于消费者对某种产品或服务的直接经验,在很大程度上是在经验偏离消费者的预期时所产生的。当产品或服务符合消费者的预期时,他们很少会投诉或表扬某一企业。经验性口碑分正面和反面两种,反面的会对品牌感受产生不利影响,并最终影响品牌价值,从而降低受众对传统营销活动的接受程度,并有损出自其他来源的正面口碑的效果;反过来,正面的口碑则会让产品或服务顺风满帆。

② 继发性口碑。营销活动也会引发口碑传播。最常见的就是继发性口碑:当消费者直接感受传统的营销活动传递的信息或所宣传的品牌时形成的口碑。这些消息对消费者的影响通常比广告的直接影响更强,因为引发正面口碑传播的营销活动的覆盖范围以及影响力相对来说都会更大。营销者在决定何种信息及媒体组合能够产生最大的投资回报时,需要考虑口碑的直接效应以及传递效应。

③ 有意识口碑。不像前两种口碑形式那么常见,还有一种口碑是有意识口碑,如营销者可以利用名人代言来为产品发布上市营造正面的气氛。对制造有意识口碑进行投资的企业是少数,部分原因在于,其效果难以衡量,许多营销商不能确信他们能否成功地开展有意识口碑的推广活动。

对于这三种形式的口碑,营销商都需要以适当的方式从正反两个方面了解和衡量其影响和财务结果。计算价值始于对某一产品的推荐及劝阻次数进行计数。这种方法有一定的吸引力并且比较简单,但是也存在一大挑战:营销商难以解释说明不同种类的口碑信息影响的差异。显然,对于消费者来说,由于家人的推荐而购买某产品的可能性显著高于陌生人的推荐。这两种推荐可能传达同样的信息,而它们对接收者的影响却不可同日而语。事实上,高影响力推荐,如来自所信任的朋友传达的相关信息导致购买行为的可能性,是低影响力推荐的很多倍,这亦从另一侧面说明企业更好地利用口碑营销方式的重要性。

2. 口碑营销的策略

口碑营销每一个必经步骤都是营销人员可以发挥才能的地方。产品、服务的任何一点瑕疵都可能在市场上引起一场口碑风暴。好的用户体验才会激发用户评论,这是口碑营销的基石。那些要进行口碑营销的广告主,首先要做的功课就是为消费者提供非常好的产品或服务。经研究表明,如果消费者对产品、服务不满,只有 4% 的人会向厂商抱怨,而高达 80% 的人则选择向亲戚朋友倾诉。

以下五点策略,是口碑营销成功的必要条件:

(1) 寻找意见领袖

倘若你是销售电脑的,那么邀请电脑专业媒体的记者来试用一番,通过他们的生花妙笔来传播产品信息，便可以较高的可信度征服消费者；如果产品的消费人群主要是青年学生，找到班上学习成绩最好的学生或者班长、班主任来体验你的产品，提供传播渠道帮助他们发布自己的使用心得、体会就是个不错的方法；要是你的企业主要生产农作物种子，那么找农业科技人员、村长来讲述你的品牌故事和产品质量，就是个很好的主意。在 Web2.0 时代，每个人都可能是一个小圈子里的意见领袖，关键是营销人员是否能慧眼识珠，找到这些意见领袖。

意见领袖是一个小圈子内的权威，他的观点能为拥趸广为接受，他的消费行为能为粉丝狂热模仿。全球第一营销博客、雅虎前营销副总裁认为，口碑传播者分成强力型和随意型两种，强力型主导传播的核心价值，随意型扩大传播的范围。口碑营销要取得成功，强力型口碑传播者和随意型口碑传播者都不可或缺。

（2）制造"稀缺"，生产"病毒"

病毒营销中的"病毒"，不一定是关于品牌本身的信息，但基于产品本身的口碑可以是"病毒"，这就要求你的产品要有特点，要有话题附着力，这样才容易引爆流行，掀起一场口碑营销风暴。

还有哪个企业比苹果公司更擅长"病毒"制造和口碑传播吗？一提到 iPhone 这个名字，就能让无数苹果粉抓狂，让营销业内人士羡妒不已。这样一款产品虽然价格昂贵，但它提供众多个性化的设计，并且带有鲜明的符号，不让它的消费者讨论似乎都很难。在这里，消费者的口碑既关于产品本身，又是传播速度极快的"病毒"。重要的是，它总是限量供应，要购从速。拥有它的人就是时尚达人，仿佛一夜之间便与众不同，身价倍增，他们当然更愿意在亲朋好友间显摆、高谈阔论一番。

（3）整合营销传播

毫无疑问，传播技术的进步让消费者从获取消费信息到最后形成购买决策的整个过程发生了变化。传统的广告理论认为，消费者购买某个产品，要经历关注、引起兴趣、渴望获得产品进一步的信息、记住某个产品到最后购买 5 个阶段，整个传播过程是一个由易到难、由多到少的倒金字塔模型。互联网为消费者的口碑传播提供了便利和无限时空，如果消费者关注某个产品，对它有兴趣，一般就会到网上搜索有关这个产品的各类信息，经过自己一番去伪存真、比较分析后，随即进入购买决策和产品体验分享过程。在这一过程中，可信度高的口碑在消费者购买决策中起到关键作用，这在一定程度上弥补了传统营销传播方式在促进消费者形成购买决策方面能力不足的短板。然而，要让众多消费者关注某个产品，传统广告的威力依然巨大。因此，口碑营销必须辅之以广告、辅助材料、直复营销、公关等多种整合营销方式，相互取长补短，发挥协同效应，才能使传播效果最大化。

（4）实施各类奖励计划

天下没有免费的午餐，这样的道理或许每个人都明白，但人性的弱点让很多人在面对免费物品时总是无法拒绝。给消费者优惠券、代金券、折扣等各种各样的消费奖励，让他们帮你完成一次口碑传播过程，你的口碑营销进程会大大提速。销售成衣的电子商务企业对这一套可谓轻车熟路，只要消费者购买了产品，大概都能获得一张优惠券，如果把网站推荐给朋友,和朋友分享网站购衣体验,还有更多意想不到的收获。让大家告诉大家,消费者就这样不由自主地成了商家的宣传员和口碑传播者。

(5) 放低身段,注意倾听

好事不出门,坏事传千里。因为没有对消费者的一篇关于电脑质量存在缺陷的博文及时做出反应,Dell 电脑 2005 年业绩因此受到冲击,这并非杜撰,而是 Dell 电脑承认的事实。口碑营销的主要工作之一与其说是将好的口碑传播出去,不如说是管理坏口碑。遗憾的是,世界上还没有管理口碑的万能工具,但这不妨碍营销人员朝这个目标努力。

营销人员当然可以雇佣专业公司来做搜索引擎优化服务,屏蔽掉有关公司的任何负面信息。但堵不如疏,好办法是开通企业博客、品牌虚拟社区,及时发布品牌信息,收集消费者的口碑信息,找到产品或服务的不足之处,处理消费者的投诉,减少消费者的抱怨,回答消费者的问题,引导消费者口碑向好的方向传播。

值得注意的是,消费者厌倦了精心组织策划的新闻公关稿、广告宣传语,讨厌"你说我听""我的地盘我做主"的霸道,他们希望与品牌有个平等、真诚、拉家常式的互动沟通机会。在营销传播领域,广告失去了一位盟友,但品牌多了一个与消费者建立紧密关系的伙伴。

被誉为比尔·盖茨一号广播小喇叭、微软前博客负责人斯考伯说:"再不经营博客,企业将沦为二流角色。"再不放低身段,倾听来自消费者的声音,历史性的口碑营销机遇也会与你擦肩而过。

4.3.4 实训项目

【实训目的】

1. 了解口碑营销的定义。
2. 能够掌握口碑营销的成功基础并从相关的案例分析中得到启发。

【实训任务】

结合自身经历分析口碑营销。

【实训步骤】

1. 选一个自己在微信(微博、QQ、抖音)里分享过的产品。
2. 看一下有哪些朋友通过你的分享购买了该产品。
3. 分析朋友购买的原因。
4. 将其分析结果写在实训报告里。

4.3.5 思考习题

1. 口碑营销的定义是什么?
2. 口碑营销的形式有哪些?

3. 口碑营销产生的动机有哪些?
4. 如何有效开展口碑营销?

4.4 众筹营销

4.4.1 学习目标

【能力目标】

※ 能够分析众筹营销的模式;
※ 能够灵活运用众筹营销方法。

【知识目标】

※ 熟悉众筹营销的概念;
※ 理解众筹营销的意义。

4.4.2 学习案例

罗振宇用众筹模式改变了媒体形态

2013年最瞩目的自媒体事件,也似乎在证明众筹模式在内容生产和社群运营方面的潜力:《罗辑思维》发布了两次"史上最无理"的付费会员制:普通会员,会费200元;铁杆会员,会费1 200元。买会员不保证任何权益,却筹集到了近千万元会费。爱就供养,不爱就观望,大家愿意众筹养活一个自己喜欢的自媒体节目。

而《罗辑思维》的选题,是专业的内容运营团队和热心罗粉共同确定的,用的是"知识众筹",主讲人罗振宇说过,自己读书再多积累毕竟有限,需要找来自不同领域的牛人一起玩。众筹参与者名曰"知识助理",为《罗辑思维》每周五的视频节目策划选题。人民大学一位同学因为对历史研究极透,罗振宇在视频中多次提及,也小火了一把。要知道,目前《罗辑思维》微信粉丝有150余万,每期视频点击量均过百万。

问题:思考众筹模式的合理性。

4.4.3 相关知识

1. 众筹营销概述

(1) 众筹营销的定义

众筹是指个人或者小企业通过互联网向大众筹集资金的一种项目融资方式。众筹并非为营销而产生,但基于社会化网络营销基础且具有明确的价值关系,实际上成为一种具有争议性的且不乏成功案例的网络营销模式。

众筹营销,英文叫作 Customer Planning to Customer(CP2C),字面上的意思是集中大家的智慧来做营销,具体含义是指由消费者发起产品的订购邀约以及提出一些 DIY 的柔性需求给厂家,生产厂家可以根据这些需求实现针对性生产,还可以全程给出生产排期和产品追踪。

(2) 众筹营销的起源

最早的众筹是一些艺术家们为完成艺术创作或演出活动而向公众募集赞助。全世界产生的第一个众筹活动,由 1997 年的英国乐团 Marillion 发起,他们向广大群众募集款项,共募集了近 6 万美元资金,顺利地完成了他们的美国巡回演出。全球第一个众筹网站平台,公认的是 2009 年 4 月 28 日成立于美国的 Kickstarter 网站,该网站专门为具有创意方案的企业筹资。Kickstarter 早年的业务增长非常迅速,到 2010 年,Kickstarter 就有了 3 910 个成功项目,捐款将近 2 700 万美元,项目的成功率是 43%,到 2012 年 10 月 10 日,该网站拥有 73 620 个项目,项目成功率 43.85%,累计资金达 3.81 亿美元。这对于美国经济的推动发展也起到了不可估量的作用。

国内众筹在 2010 年之后也发展迅速,出现了一大批专业的众筹网站,淘宝和京东商城等大型电子商务平台也都退出了众筹平台。众筹以项目融资为目的,结合网络营销的思想和方法,是一种有效的网络营销手段。众筹丰富了网络营销的内容,而网络营销也推进了众筹项目的发展,两者相辅相成,共同促进。

2. 众筹营销的模式

众筹营销一般有三种模式:融资模式、预购模式、赞助模式。

(1) 融资模式:新品曝光

以娱乐宝为代表,一批涉及影视、艺术、文学、科技研发、教育培训等多元化创新模式的众筹项目正在日益涌现,其中包括债券、股权、捐赠、回报等各种投资形式,以众筹融资为关键词的新兴思维正在互联网世界蔓延,众筹模式正在成为个人或小微企业通过网络渠道进行低成本融资的新式渠道。

(2) 预购模式:消费者交互

根据来自百度百科的概念,众筹是指"用团购 + 预购的形式,向网友募集项目资金的模式"。从众筹的发展态势来看,这一概括难免显得狭隘,但并不妨碍"团购 + 预购"也成为众筹营销的一种重要模式。

这种模式也可被看作一种预消费模式,先让消费者掏腰包,再制造产品。

更为有意思的是,一边是众筹营销,另一边则是众包设计,众筹的整个过程也是参与者对产品的 DIY 过程,迎合的也是当下的 C2B 趋势。互联网时代,消费者的需求更加个性化、碎片化,谁满足了用户的需求,可能谁就赢得了市场,市场权力逐渐倾向于消费者。

如乐视推出乐视盒子时,就采用了 CP2C 模式,在这一过程中,乐视 TV 根据对产能的精确判断,让消费者在下单时获知供货周期,乐视 TV 将会按照付款的先后顺序发货,真正实现订单驱动式供应。下一阶段将实现"客制化DIY",也就是典型的"众包设计",产品的设计、研发、传播、销售、售后和运营,每一个环节均能全流程直达用户,并且用户能够深度参与到全流程的每一个环节。

从某种程度上来看,"众筹营销"与其说是一种销售模式,倒不如说是一种企业主动建立品牌形象的过程。

(3) 赞助模式:主动传播

相信每个人都对微信集赞、微博集转发并不陌生吧,在社交网络兴起后,"人际网络"越发成为一种筹码。众筹,有时需要筹集的是亲朋好友的钱,有时只需筹集一种关注或是一种传播。在赞助模式下,很多产品看重的未必是真正集到的钱,而是在这个"赞助"过程中一传十、十传百的传播效应。而参与者得到的又是真正的优惠或是免费,这是主动参与的最好内在驱动。参与者得到实惠,赞助者投资情感,品牌方得到传播,整个众筹流程自然良性运转。

在营销创新方面,车企一向敢为人先,很多已开始试水"众筹营销",如现代和道奇。现代和一家网络众筹平台合作,开展了一项联合捐助活动,帮助消费者从朋友或亲人中筹措购买新车的资金,人均上限为500美元。这样的一项活动使得现代在北美实现了1 600辆的销量。而道奇则是通过邀请朋友或者亲人赞助一辆汽车不同组件的方式,实现汽车销售。尽管到目前为止只销售了2辆汽车,但是道奇的品牌营销经理梅丽莎·加利克对"众筹营销"本身颇为满意,认为在消费者心目中提升了道奇的品牌价值。

3. 众筹营销的意义

众筹之所以得以实现,与网络营销的思想密不可分。网络营销的思想以顾客价值为导向,利用适当的信息发布与传播渠道为用户提供有价值的信息,获得用户关注、参与或购买等预期结果。可见,众筹完全符合网络营销信息传递原理,因而具有网络营销的天然属性。

归纳起来,众筹网络营销的意义主要体现在以下五个方面。

① 微社群资源。参与众筹的用户,出于对同一产品或服务的共同兴趣,是建立以兴趣为主导的微社群资源的有效途径。

② 网络调研。新创意、新产品是否获得用户的关注和支持,用户关心的有哪些问题,在众筹的过程中可以充分收集用户的意见,众筹结果就是一份高质量的网络调查报告。

③ 可见度与可信度。企业在众筹平台发布的项目信息,作为一种网络信息分布与传播手段,对于增加企业网络信息的可见度、获得潜在用户的关注有独特的价值。如果项目众筹融资成功或超出预期,众筹项目还具有明显的网络公关效果,有利于提升企业网络可信度。网络可见度与可信度都是网络营销的核心要素。

④ 产品销售。通过众筹项目为用户提供高预期的附加值,实际上相当于以团购甚至更优惠的价格预购产品,企业提前获得顾客并筹集资金,用户则获得实际的优惠。

⑤ 顾客价值。顾客价值是网络营销的最高原则,包括信息价值、产品价值、参与和体验价值、顾客服务价值等,在众筹过程中都将得到充分的体现,这是其他网络营销方法所不具备的特点。

而实现众筹营销的基本要素包括：

众筹平台。提供众筹项目发布、浏览、用户沟通、投资及管理等基础功能。

众筹发起人。项目的策划者及运营者，担负着众筹项目的发布管理和众筹项目成功后的运营、兑现支持者的回报等一系列工作。发起人应对众筹项目及投资回报等做真实、详尽的解释，尽可能多地争取支持者。

众筹支持者。参与众筹项目的支持者，也是众筹项目的直接用户和未来受益者，为众筹提供资金支持，与发起人进行沟通交流，对产品提出相关建议等。

作为一种新生事物，相关的法律政策还存在着一些滞后，众筹也存在着一些融资股权和法律上面的风险问题，也因此，众筹营销还需一步步地完善和发展壮大，但这不会影响其未来发展前景。总之，众筹营销是一种以顾客价值为基础、以预期效果为导向、发布众筹取得企业与参与者共同营造的具有社会化网络营销的方法。将众筹发起人与众筹平台及众筹平台的支持者连接起来，可形成一个以项目产品为核心、以价值为导向的利益圈子。

4.4.4 实训项目

【实训目的】

能够理解众筹营销的模式，并完成众筹营销的策划。

【实训任务】

根据以下众筹策划方案完成系统模块描述，并将其结果填入表格中。

桃花岛众筹平台策划方案

1. 项目概述。

本方案旨在为桃花岛众筹产品从推广、销售到运营提供全方位的支持和服务。

2. 系统概述。

（1）主体。

建设桃花岛渔产官网微信公众账号，以该微信账号为主体展开一系列的推广和营销，从而达到积累粉丝、吸引认筹者、在线认筹、规范管理认筹凭证和分红资料、在线订购渔产品等主体功能。

（2）推广。

① 营销活动。

利用微信传播速度快的优势制作抽奖、助力等微信活动（如帮他人桶里注水，达到多少可换取一个小礼物，活动前需关注公众号）来吸引粉丝关注。

② 软文推广。

制作精美的宣传页面宣传本众筹产品的优势、特点，从而吸引关注者。

（3）运营。

① 在线认筹。

通过微信支付实现在线认筹,客户可支付部分定金或全额支付认筹金额来成为股东,支付完成后系统自动将该人纳入股东数据,生成认筹凭证。用户可在"个人中心"随时看到该凭证,同时根据认筹金额生成该账户内的金额。

② 分红资料。

分红将在系统内提现,提高客户的信任感。管理人员将分红金额录入系统,客户可在系统中查询并申请提现。

③ 渔产品订购。

为了促进渔产品的销售,系统提供渔产品展示和订购功能,管理人员将各类产品上传至系统。客户可支付定金或全额支付来订购产品(可使用认筹时的认筹金额来购买)。

④ 其他。

为了方便客户使用本系统,本系统将采用微信 OAuth2.0 授权登录,无须输入账户密码即可安全进入系统。为了让客户第一时间收到各类消息,本系统将采用微信提醒模块,将各类系统消息以微信消息提醒各个客户。

【实训步骤】

1. 仔细阅读上述众筹方案。
2. 分析各个模块的功能。
3. 将分析结果填入表格中。

模块名称	功能描述
推广模块	
订购模块	
支付模块	
用户模块	
分红模块	
系统管理	
微信登录/通知	

4.4.5 思考习题

1. 众筹营销的定义是什么？
2. 众筹营销包含哪些基本要素？
3. 众筹营销的模式有哪些？
4. 目前舆论对众筹营销褒贬不一，请问你是如何看待这个问题的？

4.5 事件营销

4.5.1 学习目标

【能力目标】

※ 能够分析事件营销的模式；
※ 能够运用事件营销的策略。

【知识目标】

※ 熟悉事件营销的含义；
※ 理解事件营销的特点。

4.5.2 学习案例

有杜蕾斯回家不湿鞋

北京下暴雨，杜蕾斯选取了一个小号，也就是鞋子主人的微博@地空捣蛋在下午5点58分发布一张图片，当时@地空捣蛋大约有接近6 000粉丝。两分钟后帖子已经被一些大号主动转发，并迅速扩散。大约5分钟之后，@杜蕾斯官方微博发表评论"粉丝油菜花啊！大家赶紧学起来！！有杜蕾斯回家不湿鞋~"，并转发。

短短20分钟之后，杜蕾斯已经成为新浪微博一小时热门榜第一名，把此前的积水潭和地铁站甩在身后。并在当晚24点转发近6 000条，成为6月23日全站转发第一名。根据传播链条的统计，杜蕾斯此次微博传播覆盖至少5 000万新浪用户。同时在腾讯微博、搜狐微博的发布，影响人群也在千万左右。

问题：分析此次杜蕾斯事件营销的目的。

4.5.3 相关知识

1. 事件营销概述

（1）事件营销的定义

事件营销（Event Marketing）是企业通过策划、组织和利用具有新闻价值、社会影响以及名人效应的人物或事件，吸引媒体、社会团体和消费者的兴趣与关注，以求提高企业或产品的知名度、美誉度，树立良好品牌形象，并最终促成产品或服务销售目的的手段和方式。

简单地说，事件营销就是通过把握新闻的规律，制造具有新闻价值的事件，并通过具体的操作，让这一新闻事件得以传播，从而达到广告的效果。事件营销是近年来国内外十分流行的一种公关传播与市场推广手段，集新闻效应、广告效应、公共关系、形象传播、客户关系于一体，并为新产品推介、品牌展示创造机会，建立品牌识别和品牌定位，成为一种快速提升品牌知名度与美誉度的营销手段。

（2）事件营销的特点

① 目的性。事件营销应该有明确的目的，这一点与广告的目的性是完全一致的。事件营销策划的第一步就是要确定自己的目的，然后明确通过怎样的新闻可以让新闻的接受者达到自己的目的。通常某一领域的新闻只会有特定的媒体感兴趣，并最终进行报道。而这个媒体的读者群也是相对固定的。

② 风险性。事件营销的风险来自媒体的不可控和新闻接受者对新闻的理解程度。虽然企业的知名度提高了，但如果一旦市民得知了事情的真相，很可能会对该公司产生一定的反感情绪，从而最终伤害到该公司的利益。

③ 成本低。事件营销一般主要通过软文形式来表现，从而达到传播的目的，所以事件营销相对于平面媒体广告来说成本要低得多。事件营销最重要的特性是利用现有的非常完善的新闻机器来达到传播的目的。由于所有的新闻都是免费的，在所有新闻的制作过程中也是没有利益倾向的，所以制作新闻不需要花钱。事件营销应该归为企业的公关行为而非广告行为。虽然绝大多数的企业在进行公关活动时会列出媒体预算，但从严格意义上来讲，一个新闻意义足够大的公关事件应该充分引起新闻媒体的关注和采访的欲望。

④ 多样性。事件营销是国内外十分流行的一种公关传播与市场推广手段，它具有多样性，可以集合新闻效应、广告效应、公共关系、形象传播、客户关系于一体来进行营销策划。多样性的事件营销已成为营销传播过程中的一把利器。

⑤ 新颖性。事件营销往往是通过当下的热点事件来进行营销，因此它不像许多过剩的宣传垃圾广告一样让用户觉得很反感。毕竟在中国体制下，创意广告不多，而事件营销更多地体现了它的新颖性，吸引用户点击。

⑥ 效果明显。一般通过一个事件营销就可以聚集到很多用户一起讨论这个事件，然后很多门户网站都会进行转载，效果显而易见。

⑦ 求真务实。网络把传播主题与受众之间的信息不平衡彻底打破，所以事件营销不

是恶意炒作,必须首先做到实事求是,不弄虚作假,这是对企业网络事件营销最基本的要求。这里既包括事件策划本身要"真",还包括由"事件"衍生的网络传播也要"真"。

⑧ 以善为本。所谓"以善为本",就是要求事件的策划和网络传播都要做到自觉维护公众利益,勇于承担社会责任。随着市场竞争越来越激烈,企业的营销管理也不断走向成熟,企业在推广品牌时策划事件营销就必须走出以"私利"为中心的误区,不但要强调与公众的"互利",更要维护社会的"公利"。自觉考虑、维护社会公众利益也应该成为现代网络事件营销工作的一个基本信念。而营销实践也证明,自觉维护社会公众利益更有利于企业实现目标;反之,如果企业只是一味追求一己私利,反倒要投入更多的精力和财力去应付本来可以避免的麻烦和障碍。

⑨ 力求完美。"完美"就是要求网络事件策划注重企业、组织行为的自我完善,注意网络传播沟通的风度,展现策划创意人员的智慧。

在利用网络进行事件传播时,企业应该安排专门人员来把控网络信息的传播,既掌握企业的全面状况,又能巧妙运用网络媒体的特性,还能尊重公众的感情和权利,保护沟通渠道的畅通完整,最终保护企业的自身利益。

2. 事件营销的模式

事件营销逐渐受到企业的青睐,组织进行事件营销无外乎两种模式:借力模式和主动模式。

(1) 借力模式

借力模式就是组织将组织的议题向社会热点话题靠拢,从而实现公众对热点话题的关注向组织议题的关注的转变。要实现好的效果,必须遵循以下原则:相关性、可控性和系统性。

① 相关性就是指社会议题必须与组织的自身发展密切相关,也与组织的目标受众密切相关。最具代表性的就是爱国者赞助《大国崛起》启动全国营销风暴。《大国崛起》将视线集中在各国"崛起"的历史阶段,追寻其成为世界大国的足迹,探究其"崛起"的主要原因,对于中国的崛起有着深远的启示。而中央台播出的每集节目出现的"爱国者特约,大国崛起"的字幕,同时画外音道白:"全球爱国者为中国经济助力、为国家崛起奋进!"震撼了每一个中华民族的拥护者,也极大地提升了爱国者的品牌形象。

运动鞋本土品牌匹克赞助神舟六号并没有成功,其关键原因就是相关性太低,人们不会相信宇航员好的身体素质源于匹克运动鞋,但人们会相信是喝蒙牛牛奶造就了宇航员的强壮体格。

② 可控性是指能够在组织的控制范围内,如果不能够在组织的控制范围内,有可能不能达到期望的效果。

③ 系统性是指组织借助外部热点话题必须策划和实施一系列与之配套的公共关系策略,整合多种手段,实现一个结合、一个转化:外部议题与组织议题相结合;公众对外部议题的关注向组织议题关注的转化。

(2) 主动模式

主动模式是指组织主动设置一些结合自身发展需要的议题,通过传播,使之成为公众所关注的公共热点。必须遵循以下原则:创新性、公共性及互惠性。

① 创新性就是指组织所设置的话题必须有亮点,只有这样才能获得公众的关注。正所谓狗咬人不是新闻,人咬狗及人狗互咬才是新闻。

② 公共性是指避免自言自语,设置的话题必须是公众关注的。

③ 互惠性是指要想获得人们持续的关注,必须要双赢。

下面我们来看看两家电企业的案例:

彩电市场竞争异常激烈,各家陆续推出各种概念。其中最具代表性的是创维的六基色概念,其通过媒体持续地向公众传播六基色为什么健康,获得了极大的社会认知。这个过程中既有创新性(六基色概念),又有公共性和互惠性(彩电市场混乱,公众很想知道什么才是健康的彩电)。

奥克斯的《空调制造成本白皮书》,毫不含糊地一一列举了1.5匹冷暖型空调1 880元零售价的几大组成部分——生产成本1 378元,销售费用370元,商家利润80元,厂家利润52元。话不讲透心不休的奥克斯,还将几大部分成本条分缕析地予以解密,成了事件营销主动模式的典范。

3. 事件营销的策划

(1) 理解媒体

事件营销就是通过制造新闻事件,吸引媒体注意,通过媒体传播,达到预期的宣传目的。因此,理解媒体是进行事件营销的前提。

众所周知,西方媒体之间的竞争是非常激烈的,而我国媒体发展到今天,市场化的逻辑也正促其进行改变,首先是注重于媒体自我形象的重塑与包装,其次是努力通过各种方法和手段以强化媒体相关内容的"可售性",如捕捉、营造新闻"卖点",进行新闻炒作与新闻策划等。

以上变化反映了我国媒体之间的竞争正逐渐加剧,其显著的外在表现就是,媒体开始由原来的"等料"向主动"找料"转变,很多媒体力图通过各种渠道来获得新闻事件的"独家采访权"。各媒体纷纷把触角伸到社会的各个角落,去寻觅各类新闻事件,这无疑给善于制造新闻的企业提供了更大的宣传机会,企业可以利用自己身处新闻之中而得到更多注意这一事实,来达到自己的宣传目的。企业应充分利用媒体的这一特点。

事件营销策划应注意的一点是,特定媒体之间的竞争是在特定市场上进行的,有句话叫作"市场创造了媒体",不同的市场创造了不同的媒体,市场可分为男性市场和女性市场、世界市场和区域市场、资本市场和商品市场、农村市场和城市市场等,不同的媒体是服务于不同市场的,当然其中也有些交叉。因此,企业在进行事件营销时首先要确定自己的目标受众,继而通过不同的媒体进行传播。

(2) 解读新闻事件

新闻事件就是社会上新近发生、正在发生或新近发现的有社会意义的能引起公众兴趣的重要事实。新闻事件是一种投入产出效益非常可观的营销手段,也是事件营销的"载体"。但很多企业对运用新闻事件还很陌生,很多人不懂新闻,更不会写新闻稿。因此,我们需要对新闻的主要特性做一番解读:

新闻要典型,新闻要有代表性和显著性;

新闻要有趣,新闻要有让公众感兴趣的点;

新闻要新鲜,新闻应提供与众不同的信息;

新闻要稀缺,新闻应是难得一见、鲜为人知的事实;

新闻要贴近社会公众,越贴近公众,新闻性越强;

新闻要有针对性,紧扣某一事件;

新闻要有时效性,要在第一时间对事件做出反应。

满足受众的窥视欲和好奇心,是新闻事件运作的根本目的;新闻事件只有通过新闻传播才可以变为真正意义上的新闻,因此,新闻传播是新闻的本质。

(3) 制造新闻事件

所谓"制造新闻",又称新闻策划,是对新闻活动的一种创意性的谋划。通过营销人员大脑的创造,将一件本来可能不具备新闻价值的事件赋予其新闻性。或经过精心策划,有意识地安排某些具有新闻价值的事件在某个选定的时间内发生,由此制造出适于传播媒体报道的新闻事件。

新闻策划是指企业进行事件营销、树立企业品牌形象的新闻策划,它与真正意义上的媒体的新闻策划不是一个概念。所谓企业新闻策划,就是企业的营销策划人员,或者新闻工作者,从企业实际及营销需求出发,按照新闻规律,"制造"新闻事件和新闻热点,吸引新闻媒体注意和报道,以此来树立企业和品牌形象,营造企业良好的外部发展环境,创造产品市场,培养、培育消费需求,从而达到与其他企业的产品竞争、销售产品的目的。这是一种在商品质量、服务水平、经营管理策略等方面创造出有新闻价值的商业经济行为的活动。

企业新闻策划与媒体新闻策划的区别在于,媒体新闻是寻找新闻、发现新闻,而企业新闻策划则是在寻找、挖掘企业经营过程中的新闻的同时,人为制造或利用新闻事件,吸引新闻媒体和受众的眼球。然后由记者或内部策划人员站在客观公正的立场上,用事实说话,用事实报道,造成新闻现象与效应。

企业新闻策划与普通广告策划的区别在于,广告往往是艺术地、直接地、明显地宣传自己,而企业的新闻策划,则是策划人员或媒体的记者站在第三者的立场上用新闻事实说话,或者用公益活动感召消费者,不是自己说自己好,而是让公众、消费者说好;新闻与广告比较,最大的好处是容易拉近与消费者的距离,可信度高,感召力强,容易产生轰动效应;此外,新闻策划的另一个优点是费用较低,甚至可以不花钱,而广告往往要投入巨资。

总之,对事件营销策划要谨慎、要适度,"过犹不及"。有的企业切入点很好,但是过度渲染,会让公众产生审美疲劳。相反,如果企业能做到不偏不倚,客观的表述加上诚恳贴心的提醒,会让整个事件营销获得巨大的成功。

4.5.4 实训项目

【实训目的】

学会分析社会热点和网络营销的关系,提升自己的分析能力、捕捉信息能力。

【实训任务】

以筷子兄弟主演的电影《老男孩之猛龙过江》主题曲《小苹果》为例来分析事件营销。

【实训步骤】

1. 在网络上观看《小苹果》歌曲的视频。
2. 搜集当年媒体及网友对《小苹果》和主唱筷子兄弟的评价。
3. 分析这首歌曲在为何能在短时间内风靡大街小巷。
4. 分析这首歌曲迅速蹿红的过程中是如何与网络营销相结合的。
5. 将分析结果写在实训报告里。

4.5.5 思考习题

1. 影响事件营销成功的关键因素有哪些?
2. 事件营销的特点是什么?
3. 事件营销的模式有哪些?
4. 试述如何策划事件营销。

4.6 饥饿营销

4.6.1 学习目标

【能力目标】

※ 能够分析饥饿营销的实施基础;
※ 能够掌握饥饿营销的技巧。

【知识目标】

※ 熟悉饥饿营销的含义;
※ 理解饥饿营销的优势。

4.6.2 学习案例

KAWS 优衣库联名款服饰被疯抢的背后

优衣库 KAWS 联名款于 2019 年 6 月 3 日零点在天猫"618"开售,上架 3 秒后即告售罄,同时这款商品也带动优衣库品牌搜索量在天猫暴增 37 倍。消费者从在网上买不到 KAWS,只能冲进优衣库实体店里去抢。一群小伙子,以百米冲刺的速度在商场狂奔,甚至手机从口袋摔落都全然不顾,而且所有狂奔的人都置之不顾。刚上架,就出现了这种情况,就连优衣库都始料未及。

业内人士评论此事件,归结为两大因素:第一,优衣库是深入年轻人心的快时尚品牌之一,受年轻人青睐;第二,KAWS 作品的特点是融合当下流行卡通人物元素,确保市场认知度。

事实上,单纯以上两种因素也无法让产品深入消费者内心,前期还是做了很多铺垫的。在正式上架之前,很多明星都穿过 KAWS,使得很多关注明星服饰的人也开始关注这个品牌。要知道,往年也有 KAWS 优衣库联名版服饰推出,却没有疯抢到如此地步。

(1) 价格亲民。衣服确实是 KAWS 与优衣库的联名版,仅售价 99 元。如此价格就能购买动辄数千元的明星们都爱穿的 KAWS 真品,了解 KAWS 的朋友定会感觉物超所值,定会在上架第一时间去抢购。买到就等于赚到,这种心理无形之间就在消费者心里传播开来。

(2) 从众心理。很多人本不知道有 KAWS 这个品牌,通过别人知道原来这是个大牌,许多明星都特别喜欢,那就赶紧抢吧。

(3) 稀缺感。优衣库"KAWS:SUMMER"系列是 KAWS 与优衣库合作的最后一个系列,KAWS 本人也强调这是最后一次与优衣库合作,由此赋予此系列产品的唯一性,同时也增强了人们的稀缺意识。对消费者而言,如果此次不买,以后可能就再也买不到这样的衣服了,甚至使得这款衣服带有了收藏的意味。

(4) 饥饿营销。优衣库 KAWS 联名款于 6 月 3 日零点在天猫"618"开售,上架 3 秒后即告售罄。优衣库与 KAWS 合作过多次,中国消费者是否喜欢 KAWS 产品岂能不知?按道理应当多放量,但却来了这么一手,就很有饥饿营销的味道了。

但要说到饥饿营销,却不只在于"限量营销",更多的在于"文化饥饿营销"。纵观多次商品疯抢事件,大多是国外品牌的营销盛宴。这一方面反映了国外厂商对于高级营销手法的娴熟应用,另一方面却也显露了国人快消文化 IP 的严重不足。

问题:思考饥饿营销的优势和劣势。

4.6.3 相关知识

2013年"双11"天猫数据直播室的支付宝成交额数据显示350亿元,而其中的单店销售冠军——小米手机5亿元的成交额尤为引人关注。小米手机自2011年10月上市以来的成交量频繁引发社会关注,小米手机销售如此火爆,主要得益于它成功的营销模式——饥饿营销。

以小米手机为代表,现如今,手机行业、汽车行业、房地产行业、影视行业等多个行业逐渐采用饥饿营销模式开展营销活动。许多企业由此获得了可观的利润,强化了品牌形象,但也不乏有些企业事与愿违。因此,分析和理解饥饿营销的内涵、实施条件、优势和局限性以及其需要关注的问题对于企业创造利润、塑造品牌形象显得十分必要。

1. 饥饿营销的定义

关于饥饿营销的定义,在营销学中存在许多不同的表述。目前,学术界比较认同的表述是:饥饿营销是指商品提供者有意调低产量,以期达到调控供求关系、制造供不应求假象、维持商品较高售价和利润率的营销策略。同时,饥饿营销也可以达到维护品牌形象、提高产品附加值的目的。其实,对于饥饿营销这一概念,我们并不感到陌生。中国经营网网站商业数据显示,饥饿营销起源于苹果公司产品iPhone4的销售,以此为起点,以小米手机为代表的手机行业,以《哈利•波特》为代表的图书行业,甚至以韩剧、美剧为代表的周播剧都开始频繁使用饥饿营销策略。至此,饥饿营销一跃成为企业销售活动中最炙手可热的营销方式。

2. 饥饿营销的实施基础

目前,饥饿营销已经在很多企业的营销活动中独当一面。不少企业通过此途径实现了高额利润,树立了过硬的品牌形象,但也有些企业因此陷入顾客退货、品牌效应恶化的局面。因此,运用饥饿营销策略的企业首先必须明确它的实施基础和应用条件。

(1) 产品要具有独特性

"品牌"可以简单理解为产品的特性,在物质条件丰富的当今时代,千篇一律的产品不会再吸引消费者的眼球。具有独特性能和特征的产品才有机会受到更多消费者的青睐。成千上万的人排队苦求一部iPhone的很大一部分原因是苹果本身良好的性能。电池机身一体化、更智能美观、携带更方便这些不被其他手机品牌所具有的属性为苹果饥饿营销的成功提供了第一层面的保障。再以《哈利•波特》图书为例,到2010年,《哈利•波特》系列丛书销量已达3.5亿本。这个惊人的数字背后是J. K. 罗琳笔下满足消费者需求的独一无二的故事。故事情节是小说的基本保障,《哈利•波特》丛书中每一个奇妙的、引人入胜的故事情节都为它的成功营销奠定了基础。因此,企业要运用饥饿营销策略就必须保证产品本身具有独特性,这也正是与消费者求新求异心理相符合的。

(2) 产品要能满足消费者心理需求

市场营销学曾指出,消费者心理和营销策略是相辅相成的。企业的营销策略会引起消费者心理的变化和发展;反过来,消费者心理的变化也会直接影响企业的营销活动。马斯洛需求层次论对人的需求做出了生理需求、安全需求、社交需求、尊重需求、自我实现需求五种分类。当代市场营销活动中很多营销都是针对上述五种分类展开的。饥饿营销作为一种新型营销策略要取得成效,必须在满足消费者心理需求的基础上展开实施。众所周知,追求新鲜事物、互相攀比、崇尚名牌是社会人的本能。从成功实施饥饿营销策略并获利的企业来看,它们的产品基本上都能满足消费者追求新鲜事物的求新心理,探求未知事物的好奇心理,争强好胜的攀比心理以及崇尚名牌产品的求名心理。由此可见,对于企业而言,想要成功地运用饥饿营销策略,就必须奠定充分了解消费者心理需求及其变化的理论基础。

(3) 产品要具有稀缺性

"物以稀为贵",这主要说明产品替代品的数量在一定程度上决定了产品价格。替代品数量越少,产品越显得稀缺,价格自然也就越高,这时实施"饥饿营销"策略能够满足消费者的求名及攀比心理。一般来说,消费者都拥有向别人看齐甚至胜过对方的心理,这种心理往往与求名、炫耀心理相结合。正是由于这种心理,稀缺性产品才能在饥饿营销活动中脱颖而出。所以,饥饿营销必须选择市场竞争不充分的产品进行,这样才能在保证产品稀缺性的情况下抓住消费者心理并获取利润,赢得品牌形象。

3. 饥饿营销的优势

(1) 提升消费者购买欲望

饥饿营销通过宣传发布产品信息,再在勾起消费者好奇心理的情况下调控产品供求,使消费者产生越是得不到越是想得到的强烈购买欲望,这种欲望的扩张会进一步加强企业的供不应求现象,使企业的销售活动具有更大的影响力。

(2) 打响品牌知名度

饥饿营销中经常出现"一物难求""排队抢购"现象,依据消费者的求同心理可知,当消费者看到成千上万人排队抢购时,这种心理会驱使他们参与其中并进行进一步的谈论,这种一传十、十传百的宣传效应对于打响品牌知名度的帮助作用非同小可。

(3) 利于企业获得高额利润

饥饿营销所采取的价格策略一般是高价策略,这利用了消费者的求名心理和从众心理。求名心理决定了消费者认为高价格意味着高质量和差异化,从众心理决定了消费者买涨不买跌,这两者共同的推动作用帮助企业保持产品的高价格,最终获得较高利润。

(4) 可以维护品牌形象

饥饿营销出现的供不应求假象会给消费者错觉:这种产品供不应求,那必定是商品的性价比高、质量好。传统的消费意识认为品牌形象与高性价比、高质量有着密切联系,而供不应求假象带给消费者的错觉又于无形中推动了产品品牌形象。在企业不断的饥饿营销战略中,产品品牌不断被消费者接受,在接受和认可过程中,产品品牌进一步得到维护。

4. 饥饿营销的局限性

（1）危害企业诚信

诚信问题在当代企业数见不鲜，饥饿营销实则涉及诚信问题。调控供求关系，制造供不应求假象实际上企业利用信息不对称条件而对市场进行的蓄意操纵，这在一定程度上违背了市场对道德标准的要求，极端情况下会使企业卷入道德问题和诚信危机，致使企业再无诚信可言。

（2）降低消费者忠诚度

消费者对于品牌和企业的忠诚度在一定程度上决定了饥饿营销能否顺利开展。饥饿营销能进行正是一定条件上利用了消费者对品牌的依恋和信赖，然而排队抢购却仍是一物难求的结果会打击消费者积极性，以至于引起他们对品牌的消极评价。当市场允许消费者有其他选择时，他们便会放弃该产品转而投向其他。

（3）实施具有难度，企业面临风险

饥饿营销的实施基础决定了企业必须对产品品牌和市场有充分的了解和把握，然而并不是每个企业都能对产品品牌、市场竞争和营销有准确的认识和操作。如果企业贸然使用饥饿营销策略，则可能会给企业带来损失。

5. 饥饿营销的策略

实施饥饿营销策略的企业有成功有失败，成功的企业对于饥饿营销策略的适用原则有着很好的把握，而失败的企业忽略了饥饿营销应关注的几个问题。

（1）饥饿营销要"饿"得适当

简单地说，饥饿营销中的重要方面是吊胃口，也就是"饿"市场和消费者。然而，饥饿营销对消费者和市场的"饿"应该适度，最好"七分饿，三分饱"。"饿"得少，达不到引起消费者消费欲望的效果；"饿"得太过，则会使消费者失去耐心，为竞争者创造机会。

（2）面对市场要灵活应变

市场是生产和消费的媒介，产品的消费发生在市场，企业能否获利也发生在市场。因此，面对瞬息万变的市场，企业的营销决策要灵活，要在密切关注市场环境和竞争对手表现的情况下，制订恰当的、切实可行的营销方案。

（3）提高产品性能，确保产品不可替代

饥饿营销策略中产品是核心。独特的产品设计、创新的产品技术是营销成功的关键。不断的产品创新才会产生区别于竞争者的差异，才会赢得消费者的关注，因此，企业在运用饥饿营销策略时还要注意使产品保持优质性能。

综上所述，饥饿营销是一种特殊的营销方式，它对企业提出了要求，它也是一把双刃剑。要成功地实施饥饿营销，就要准确理解和把握它的内涵、实施基础、局限性以及注意事项。只有在产品具有独创性，能够满足消费者心理时运用才有可能取得成功。同时，企业要注意对度的把握，保持危机意识，创新产品性能。兼具以上各方面，才能科学合理地运用饥饿营销策略为企业谋得新发展。

4.6.4 实训项目

【实训目的】

学会饥饿营销的应用。

【实训任务】

饥饿营销风气刮到餐饮行业,也有餐饮公司在这类营销手段中崭露头角:"100 条鱼卖完即关门的太二酸菜鱼""每人限购两杯的喜茶""霸气山竹每日限量 20 杯的奈雪の茶"……试通过分析这些饥饿营销的成功案例来拟一份餐饮行业的营销策划方案。

【实训步骤】

1. 选择一个你感兴趣的餐饮行业,如奶茶等。
2. 思考如何通过饥饿营销的方法将其打造成一个网红品牌。
3. 拟一份营销策划方案,并分析其可行性。

4.6.5 思考习题

1. 饥饿营销的定义是什么?
2. 饥饿营销的实施基础是什么?
3. 饥饿营销的策略有哪些?
4. 你是如何理解饥饿营销是把双刃剑这个看法的?

4.7 借力营销

4.7.1 学习目标

【能力目标】

掌握借力营销的手段。

【知识目标】

理解借力营销的含义。

4.7.2 学习案例

今日头条的借力营销

今日头条因不满搜狐自称"中国第一""用户量第一",以虚假宣传为由将搜狐起诉,索赔10万元。

今日头条称,搜狐长期在其客户端应用程序中、电脑下载页面及宣传视频中以"中国第一的新闻客户端""用户量第一的新闻客户端""中国最大的移动媒体平台"自称和宣传其产品。其和搜狐均为从事新闻客户端经营的营利性企业,相互之间存在竞争关系,而搜狐公然采用"中国第一""用户量第一""中国最大"等广告词语,不仅使消费者对搜狐的产品和服务产生误解,还在不适当地抬高自己的产品和服务的同时,客观上贬低了其他同行业经营者的产品和服务。所以,今日头条以搜狐违反广告法、对自身和其他同行业者的不正当竞争,以及损害其和其他同行业经营者的合法权益为由,将搜狐告上法庭。

很明显,这是今日头条刻意打的一场极其漂亮的公关战,并且是经过精心策划的,可以称为借力营销中的一个经典案例。今日头条发觉了竞争对手搜狐出现的一个小"错误",然后利用并放大这个错误,策划了这场具吸引眼球的事件——大佬相争(大佬和大佬,尤其是科技圈媒体圈中的大佬之间的战争,永远都是吸引人的话题,尤其是对媒体人)。

今日头条深谙,这种类型的新闻对于国内的媒体圈来说极具吸引力,果不其然,该事件获得了将近300多个网站和传统媒体的报道,其中不乏很多大型网站在首页报道该事件。没有花费一分钱,获得了近300个媒体的免费报道,还有数不清的自媒体及网友的讨论,不仅博得了大量眼球,还间接提升了自己的形象,这就是借力营销的威力。

问题:思考借力营销的优势。

4.7.3 相关知识

1. 借力营销的定义

借力营销,就是指在内部资源或条件不足的情况下,利用各种手段,借助外部力量和资源为己所用的一种网络营销手段。相对于广告等传播手段,借力营销能够起到以小博大、花小钱办大事的作用,往往能取得四两拨千斤的传播效果。

现在很多公司都采用借力营销方法。比如产品外包给专业的营销团队公司、产品包装品牌输出公司、企业咨询顾问公司都是企业需要借的力。当企业的产品销售出现瓶颈,自己的营销团队达不到预期效果时,很多公司有专业营销团队帮企业实现营销目标。

2. 借力营销的手段

（1）人脉借力营销

人脉借力，是通过朋友、亲戚介绍的方法，将产品一传十、十传百地传播开去，这对于大学生来讲有点难度，但是对于久在职场或者商场的人来讲，都会做，这个不多讲。

（2）热点借力营销

互联网的盛行，让消息传播速度更快。"我爸是李刚""你懂的""爸爸去哪儿""我是歌手"等，都会出现在各大宣传语上，这就是典型的热词借力营销。当然也有热事件借力营销，比如"雾霾"让空气清新剂和口罩迅速成为热门。在未来，如果你能第一时间预知热门，巧妙布局，就会让你花极少的钱，做最大的事情。

（3）权威借力营销

借名人做宣传，请专家做宣传，拿资质，谈合作，都是将自己依附在权威的大树下，权威之下的营销是非常有说服力的。

（4）人流借力营销

"这么多人都买了，你买不买我不缺你这一单，最终吃亏你会比我大。"这就是威胁式的人流借力营销。商场要想火就需要人流，而有人流的地方就会产生成交，这是铁的概率。新创业者一定要知道这样一个道理——哪边人多，你的店就要往哪边扎。

（5）技术借力营销

"微信""淘宝""网站"都仅仅是一门技术，而技术会通过各种便利的手段，吸引大量的人，此时依附于技术，用好技术，会让你的销量突飞猛进。如果将你比成伐木工，将市场比成大树，你要砍伐大树，则砍树的技巧就是营销，而技术就是工具，用的工具越好，技巧越高，砍的树就越多，做的家具就越好。

（6）大势借力营销

清楚自己的客户呈现什么趋势，顺应趋势比逆势而为要轻松得多。学习要逆水行舟，克服困难，而开拓市场就要知道顺势而为，小力大驱动，让你这艘小船在顺势浪潮中迅猛前进。很多人喜欢看新闻，新闻中透露出很多大势，短时间的"雾霾"是事件，长期的"雾霾"就是大势。"地震"引发了公益，"雾霾"引发了空气，"微信"引发了商业地震，在大势下面，我们所做的是借助它帮助企业成长，而不是将自己圈在固定思维之中。

4.7.4 实训项目

【实训目的】

能够理解并掌握借力营销的手段。

【实训任务】

分析借力营销的手段。

【实训步骤】

1. 从网上搜集几个典型的借力营销案例。

2. 就其各自的借力手段进行分析。
3. 将结果写在实训报告里。

4.7.5 思考习题

1. 什么是借力营销？
2. 借力营销的手段有哪些？
3. 借力营销的优势是什么？
4. 借力营销和事件营销有何共同点与不同点？

4.8 软文营销

4.8.1 学习目标

【能力目标】

※ 能够分析软文营销的形式；
※ 掌握软文营销的技巧。

【知识目标】

※ 熟悉软文营销的概念；
※ 理解软文营销的特点。

4.8.3 学习案例

小红书的成功秘诀

小红书作为一个网络社区、跨境电商、共享空间，是一个有着多重身份的平台。在近两年的极速发展中，小红书演化成为中国版的 Ins。女性是小红书的主要群体，入驻明星虽多，明星效应也很大，但小红书最重视的还是平台上大量的普通用户。依赖普通用户之间信息知识的传播，于无形之中打造了软文传播和带动产品的产业链。

小红书的模式可以说是一体式的"软文—商品—销售模式"。一般的软文营销是投放在各个平台的软广告，而小红书作为一个共享社区，自身便形成了共享的推广平台。平台上用户的日常文章其实就是一篇生活式的软文分享，用户在分享的同时，无形中给商品做了宣传。一传十，十传百，自然衍生出了所谓的"网红"产品，而小红书作为一个多元化的平台，也是一个购物平台，许多产品无须访问其他界面，就可以在小红书上完成一连串的下单采购环节。这样的软文推广简单直接,既为用户提供了笔记式的使用感受,也减弱了商品营销的目的,可谓一举多得。

于是,越来越多的商家试着通过小红书推广自己的产品,不仅成本低,而且见效快。自然,越来越多的软文推广平台把类似小红书、抖音这样的自媒体营销方式放在主营范围中。

问题:小红书成功的秘诀是什么?

4.8.3 相关知识

软营销理论是针对"强势营销"提出的新理论,它强调企业进行市场营销活动的同时必须尊重消费者的感受和体验,以"拉"的方式,让消费者舒服地主动接受企业所传播的信息,强调的是相互尊重和沟通。借助网络这个双向平台,软文营销广泛运用于各大综合新闻类网站,并取得了理想的营销效果,是目前企业广泛应用的一种软营销策略。

1. 软文营销的概念

软文是相对于硬广告而言,由企业的市场策划人员或专业网络营销公司的文案人员负责撰写的"文字广告",是通过在报纸、杂志或网络等宣传载体上刊登的一种宣传性、阐释性文章,包括特定的新闻报道、案例分析等。与硬广告相比,软文的精妙之处就在于一个"软"字,好似绵里藏针,收而不露,通过文中带有"嵌入式广告"的文字,让读者受到感染,从而树立产品品牌,提高产品知名度。

软文营销是企业利用互联网技术,整合国内众多家网站优势资源,把企业的相关信息以软文的方式,及时、全面、有效、经济地向社会公众广泛传播的一种网络营销方式。软文营销采用的营销方式主要有企业、产品的新闻发布,论坛营销,QQ 或 MSN 等聊天工具营销,IM 及邮件营销,博客营销,SNS(Social Networking Services,社会性网络服务)营销等。

2. 软文营销的特点

(1) 软文具有隐蔽性

软文不同于网络广告,没有明显的广告目的,而是将要宣传的信息嵌入文字,从侧面进行描述,属于渗透性传播。其本质是商业广告,但以新闻资讯、评论、管理思想、企业文化等文字形式出现,让受众在潜移默化中受到感染。

(2) 内容丰富,形式多样,受众面广

文字资料的丰富性,使软文传递的信息极其完整,并且不拘泥于文体,表现形式多样,从论坛发帖到博客文章、网络新闻,从娱乐专栏到人物专访,从电影到游戏……几乎遍布网络的每个角落,因此,大部分的网络用户都是其潜在消费者。

(3) 吸引力强,可接受度高

软文的宗旨是制造信任,它弱化或者规避了广告行为本来的强制性和灌输性,一般由专业的软文写作人员在分析目标消费群的消费心理、生活情趣的基础上,投其所好,用极具吸引力的标题来吸引网络用户,然后用具有亲和力或者诙谐、幽默的文字以讲故事等方式打动消费者,而且文章内容以用户感受为中心,处处为消费者着想,使消费者易于接受,尤其是新闻类软文,从第三者的角度报道,消费者从关注新闻的角度去阅读,对之信任度高。

(4) 低成本,高效益

传统的硬广告受到版面限制,传播信息有限,投入风险大,成本较高。相比之下,软文营销具有高性价比的优势,信息量大,而且不受时间限制,可以在网站上永久存在。国外一份权威调查显示:企业在获得同等收益的情况下,对软营销的投入是传统营销工具投入的1/10,而信息到达速度却是传统营销工具的5—8倍。此外,软文有非常好的搜索引擎效果,通过软文营销公司的网络整合营销服务,可以进行二次传播。

(5) 以消费者为中心

作为网络营销的一种新方法,软文的写作和发布理论上离开了在传统营销理论中占主导地位的 4P's(Product、Price、Place、Promotion、Strategy,产品、价格、渠道、宣传、策略)理论,以 4C's(Customer、Cost、Convenience、Communication、Strategy,客户、成本、便利、沟通、策略)理论为基础和前提,其主张的观点是:先不急于制定产品策略,企业软文营销部门或专业的软文营销组织先将重点放在研究消费者的需求和欲望上,以消费者为中心,按照消费者的需求去制定软文。暂时不考虑定价策略,而是研究消费者为满足其需求愿意支付的成本,然后进行双向沟通,直到达成双方都满意的价格。不考虑渠道策略,着重考虑给消费者提供方便以最省事省时的方式获取信息。抛开促销策略,用"拉"的营销方式让消费者主动参与,并着重加强与消费者的沟通和交流。

3. 软文营销的技巧

(1) 软文的形式

软文之所以备受推崇,第一个原因就是硬广告的效果下降、电视媒体的费用上涨,第二个原因就是媒体最初对软文的收费比硬广告要低好多,在资金不是很雄厚的情况下,软文的投入产出比较科学合理。所以企业从各个角度出发愿意以软文试水,以便使市场快速启动。

软文虽然千变万化,但是万变不离其宗,主要有以下几种方式:

① 悬念式,也可以叫设问式。核心是提出一个问题,然后围绕这个问题自问自答。例如"人类可以长生不老?""什么使她重获新生?""牛皮癣,真的可以治愈吗?"等,通过设问引起话题和关注是这种方式的优势。但是必须掌握火候,首先提出的问题要有吸引力,答案要符合常识,不能作茧自缚,漏洞百出。

② 故事式。通过讲一个完整的故事带出产品,使产品的"光环效应"和"神秘性"给消费者心理造成强暗示,使销售成为必然。例如"1.2亿买不走的秘方""神奇的植物胰岛素""印第安人的秘密"等。讲故事不是目的,故事背后的产品线索是文章的关键。听故事是人类最古老的知识接受方式,所以故事的知识性、趣味性、合理性是软文成功的关键。

③ 情感式。情感一直是广告的一个重要媒介,软文的情感表达由于信息传达量大、针

对性强,当然更可以令人心灵相通。"老公,烟戒不了,洗洗肺吧""女人,你的名字是天使""写给那些战'痘'的青春"等,情感最大的特色就是容易打动人,容易走进消费者的内心,所以"情感营销"一直是营销百试不爽的灵丹妙药。

④ 恐吓式。恐吓式软文属于反情感式诉求,情感诉说美好,恐吓直击软肋——"高血脂,瘫痪的前兆!""天啊,骨质增生害死人!""洗血洗出一桶油"……实际上,恐吓形成的效果要比赞美和爱更具备记忆力,但是也往往会遭人诟病,所以一定要把握度,不要过火。

⑤ 促销式。促销式软文常常跟进在上述几种软文见效时——"北京人抢购×××""×××,在香港卖疯了""一天断货三次,西单某厂家告急""中麒推广免费制作网站了"……这样的软文或者是直接配合促销使用,或者就是使用"买托"造成产品的供不应求,通过"攀比心理""影响力效应"多种因素来促使消费者产生购买欲。

⑥ 新闻式。所谓事件新闻体,就是为宣传寻找一个由头,以新闻事件的手法去写,让读者认为仿佛是昨天刚刚发生的事件。这样的文体有对企业本身技术力量的体现,但是,文案要结合企业的自身条件,多与策划沟通,不要天马行空地写,否则,多数会造成负面影响。

（2）软文营销的技巧

① 具有吸引力的标题是软文营销成功的基础。软文文章内容再丰富,如果没有一个具有足够吸引力的标题也是徒劳,文章的标题犹如企业的Logo,代表着文章的核心内容,其好坏甚至直接影响软文营销的成败。所以创作软文的第一步,就要赋予文章一个富有诱惑、震撼、神秘感的标题,如《还没开始用手工皂？你太OUT了》,通过反问和热门词"OUT"的组合,给爱美的女士一个充满神秘新鲜的标题,获得了大量的转载。这里提醒一下大家,标题虽然要有诱惑力,但是切忌变成标题党,导致给人货不对板、挂羊头卖狗肉的感觉。

② 抓住时事热点,利用热门事件和流行词为话题。自从"郭美美"事件一炮打响后,各大网站、报纸就开始刊登有关的新闻报道,搜索引擎的搜索量也会增加,所以谁先抓住时事热点,谁就成功了。时事热点,顾名思义就是那些具有时效性、最新鲜、最热门的新闻。如"小悦悦事件"和"中国校车"事件,都可以拿来作为软文的题材,"小悦悦事件"可以拿来谈谈人性,"中国校车"可以引出"中国制造问题"等。流行词也一样,如较多人使用的"给力""有木有""浮云""鸭梨""OUT"等,都能够捕捉到用户的心理,引起用户的关注。

③ 文章排版清晰,巧妙分布小标题,突出重点。高质量的软文排版应该是严谨而有条不紊的,试想一下,一篇连排版都比较凌乱的文章,不但令读者阅读困难,而且会给人一种作者思维混乱的感觉。所以,为了达到软文营销的目的,文章的排版不可马虎,需要做到最基本的上下连贯,最好在每一段话题上标注小标题,拎出文章的重点,让人看起来一目了然。在语言措辞方面,如果是需要说服他人的,最好加入"据专家称""某某教授认为"等,以提高文章的分量。

④ 广告内容自然融入,切勿令用户反感。要把广告内容自然地融入文章是最难操作的一部分。因为一篇高境界的软文是要让读者读起来一点都没有广告的味道,就是要够"软",读完之后读者还能够受益匪浅,认为你的文章为他提供了不少帮助。要在写软文之

前就要想好广告的内容、广告的目的,而且如果软文的写作能力不是很强的话,最好把广告放在开头第二段,让读者被第一段吸引之后能够掉进软文的陷阱。如果没有高超的写作技巧,软文的广告切勿放在最后,因为文章内容如果不够吸引人,读者可能没有读到最后就已经关闭了网页。

4.8.4 实训项目

【实训目的】

掌握软文的撰写和应用。

【实训任务】

学会针对不同的受众编写推广软文,并选择合适的渠道进行推广。

【实训步骤】

1. 通过 i 博导(www.ibodao.com)网站、公众号和微博了解该公司。
2. 为 i 博导准备一篇新闻稿,主要突出 i 博导对学生朋友的作用和价值。
3. 确定要发布的渠道是哪些?(如果是微信公众号,需说明是什么公众号)
4. 发布新闻稿并观察网友的反馈。

4.8.5 思考习题

1. 什么是软文营销?
2. 软文营销相对于强势营销有何优点?
3. 软文的写作技巧有哪些?
4. 软文的形式有哪些?

第 5 章 网络市场调研

 5.1 消费者需求分析

5.1.1 学习目标

【能力目标】

※ 能识别目标消费者；
※ 能对目标消费者需求展开调研；
※ 能初步分析、整理目标消费者需求。

【知识目标】

※ 了解什么是目标消费者需求及其特征和动机；
※ 掌握目标消费者需求常用的调查方法；
※ 掌握目标消费者需求整理一般过程；
※ 了解常见消费者需求分析方法。

5.1.2 学习案例

关于运动 App 的用户需求分析

随着消费者对健康品质生活的要求越来越高，国内运动健身人群的数量急速增长，其中许多人会使用带有大数据分析功能的运动 App。这些国内运动健身人群对运动 App 有什么样的需求？对大数据分析功能有什么样的需求？在未来，运动 App 的发展方向在哪里？为了解决这些问题，调查者开展了一次问卷调查。

1. 确定调查目的与要求

对国内运动健身人群的运动偏好、对待运动大数据服务产品的态度及未来购买意愿等内容的在线调查及研究。

2. 确定调查对象

近一年有过运动健身行为，且了解并使用过国内主流运动 App 的用户。

3. 确定调查内容

(1) 用户基本信息：年龄、性别、收入水平、家庭情况等。

(2) 用户运动情况：运动频率、参加运动类型等。

(3) 用户使用 App 情况：使用过的运动 App、使用频率、除运动 App 外使用的 App 类型等。

(4) 对运动 App 中收集个人数据并提供产品的态度及意愿。

4. 发布问卷并回收信息

发布平台：艾瑞 Click 在线调研社区。

回收有效样本数：1 193 份。

5. 分析数据

(1) 用户信息分析。

通过粗略分析回收数据中的用户基本信息，可以得出下列结论：参与运动，并且愿意使用运动 App 的用户整体学历较高，三口之家的用户较多，中青年较多，并且企业管理人员多，高收入用户和家庭数量偏多。用户相对喜好网络社交与网购。来自三、四线城市的用户数量较多。详见图 5-1-1。

图 5-1-1　2018 年中国运动健身用户画像

(2) 用户运动类型分析。

中国运动健身用户中，参与最多的运动项目为户外慢跑(78%)、远足/徒步(60.6%)以及家中健身(60.2%)。结果详见图 5-1-2。

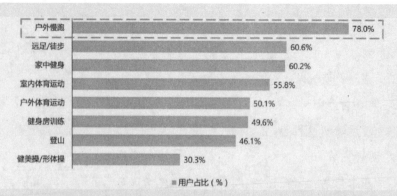

图 5-1-2　2018 年中国运动健身用户日常运动项目类型

（3）运动 App 使用情况。

在参与户外慢跑(65.3%)、远足/徒步(46.1%)和家中健身(39.9%)活动时,用户会更多地使用运动 App。其中过半的用户会选择在户外慢跑时使用。结果详见图 5-1-3。

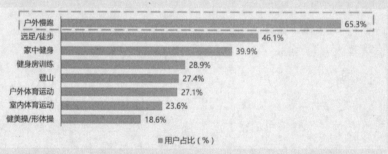

图 5-1-3　2018 年中国运动健身用户使用运动 App 项目类型

（4）用户的主要困扰和解决方式。

在运动过程中的主要困扰方面,过半的国内运动健身用户(62.2%)反馈最主要的问题是难以长期坚持运动,此外,运动行为无人激励(46.4%)、运动装备不够舒适(36.0%)等问题也在困扰国内的运动健身用户。在面对这些运动问题时,超过 9 成用户会选择主动去解决问题,其中 70.7% 的用户表示会通过寻找有效的运动伙伴来解决自身相关运动困扰。在进一步的调研中显示,寻找有效的运动伙伴相比于社交需求的寻找伙伴有着本质不同,用户对于寻找有效的运动伙伴的初衷在于获取更专业的运动建议来指导训练。结果详见图 5-1-4。

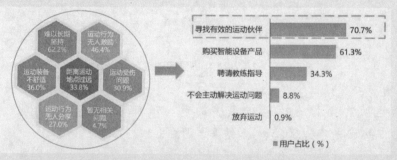

图 5-1-4　2018 年中国运动健身用户运动过程中的困扰及解决方式

(5) 选择运动 App 的主要考虑因素。

在选择运动 App 的考虑因素方面,调研结果显示,国内运动健身用户最为关注运动 App 的智能化情况(44.7%),能否真正做到"智能",为用户运动过程提供便捷和有效的信息是用户在选择不同 App 时最为看重的因素。此外,App 内容的专业程度和 App 运动课程的效果也是国内用户较为看重的考虑因素。结果详见图 5-1-5。

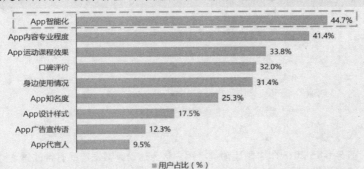

图 5-1-5　2018 年中国运动健身用户选择运动 App 时主要考虑因素

(6) 用户对运动 App 服务的期待。

在被问及未来对于运动 App 的主要期待内容时,国内用户主要选择了"训练中实时查看数据"(56.1%)、"训练效果分析报告"(54.2%)和"个性化定制和推荐训练"(52.1%)这三大内容。结果详见图 5-1-6。

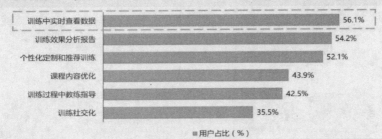

图 5-1-6　2018 年中国运动健身用户对未来运动 App 服务的主要期待

(7) 使用运动大数据的主要目的。

在使用运动大数据产品的主要目的方面,50.2% 的运动健身用户选择了"记录运动时间"这一选项,此外"运动消耗卡路里统计"和"记录运动路线"等与个人运动数据统计查看相关的服务项目排名前列,可见当前运动健身用户对于运动大数据产品的需求主要是在记录和统计个人相关运动数据方面。结果详见图 5-1-7。

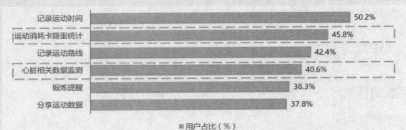

图 5-1-7　2018 年中国运动健身用户使用运动大数据产品主要目的

(8) 用户认为大数据产品的有待改进之处

对于目前运动大数据产品的有待改进之处,调研数据显示国内用户对于产品的性价比方面相对有更高的期待,有待改进的问题主要是:产品智能科技感低于预期(41.4%)、价格过高(41.3%)和功能过于单一(41.1%)。未来行业内企业应加强硬件及算法研发,推出更智能化的产品满足用户需求。结果详见图5-1-8。

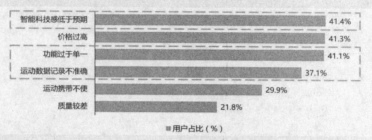

图5-1-8　2018年中国运动健身用户认为运动大数据产品有待改进之处

6. 分析结论

根据上述的调查结果,最终可以分析得出消费者的需求:用户更加追求社交功能多样化、运动数据评估、个性化服务以及直播+实时数据监测。详见图5-1-9。

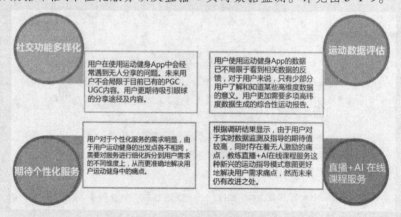

图5-1-9　智能运动装备应用场景趋势

问题:

1. 完成上述用户需求分析任务需要哪些能力与知识?
2. 上述用户需求分析方案的优点及不足有哪些?

5.1.3　相关知识

1. 消费者的需求

(1) 消费者需求含义

消费者需求指的是人们为了满足物质和文化生活的需要而对物质产品或服务的具有

货币支付能力的欲望和购买能力的总和。通过分析消费者需求,商家可以了解消费者抱有什么样的消费心态、消费者对某类商品有什么样的期望、消费者愿意为商品支付多少金钱等因素,从而对商品和营销策略做出有针对性的调整。

(2) 消费者需求的特征

经过十多年的高速发展,电子商务已进入新零售发展阶段,消费观念、消费方式和消费者的地位发生了诸多重要的变化,消费者需求与以往相比呈现出新的特征。

① 消费需求的个性化。在过去相当长的一个历史时期内,工商业都是将消费者作为单独个体进行服务的。在此期间个性消费是主流。只是到了近代,工业化和标准化的生产方式才使消费者的个性被淹没于大量低成本、单一化的产品洪流之中。然而,没有一个消费者的需求是完全一样的,每一个消费者都是一个细分市场。移动互联网络、人工智能、大数据等新一代信息技术的发展,使得电商C2B定制模式可行,个性化消费渐成主流。

② 消费需求的差异性。不仅仅是消费者的个性化消费使网络消费需求呈现出差异性,不同的网络消费者会因所处的时代、环境不同而产生不同的需求。所以,从事网络营销的企业要想取得成功,必须在整个生产过程中,从产品的构思、设计、制造,到产品的包装、运输、销售,都认真思考这种差异性,并针对不同消费者的特点,采取有针对性的方法和措施。

③ 消费主动性增强。消费主动性的增强来源于网络购物不确定性的增加和网络商品信息搜索的便捷性。网络环境下,买卖时空分离,存在较大的购物不确定性,激励消费者主动获取更多信息,以降低购物风险。同时,诸多网络信息搜索工具为消费者搜集、获取商品信息提供了便利。消费主动性大大增强。

④ 对购买实惠性的需求与购物乐趣的追求并存。随着网络消费经验的积累,网络消费者不仅重视购物的实用价值,还追求享乐价值。集实惠和乐趣为一体的拼多多得到快速发展就是很好的例证。所以,从事网络营销的企业要想获得成功,不仅要提升自身产品的性价比,还要注意提升购物的趣味性。

⑤ 价格仍然是影响消费需求的重要因素。电子商务发展初期,免费和低价是吸引消费者网络购物的重要因素。当前消费需求升级背景下,尽管网络消费者越来越重视商品及服务品质,但价格仍然是影响消费需求的重要因素。

⑥ 网络消费仍然具有层次性。网络消费本身是一种高级的消费形式,但就其消费内容来说,仍然可以分为由低级到高级的不同层次。在网络消费的开始阶段,消费者侧重于精神产品的消费;到了网络消费的成熟阶段,消费者在完全掌握了网络消费的规律和操作,并且对网络购物有了一定的信任感后,才会从侧重于精神消费品的购买转向日用消费品的购买。

⑦ 网络消费需求的超前性和可诱导性。根据中国互联网中心CNNIC的统计,在网上购物的消费者以经济收入较高的中、青年为主,这部分消费者比较喜欢超前和新奇的商品,他们也比较注意和容易被新的消费动向与商品介绍所吸引。

(3) 消费者需求动机

动机是指推动人进行活动的内部原动力（内在的驱动力），即激励人行动的原因。网络消费者的需求动机是指在网络购买活动中,能使网络消费者产生购买行为的某些内在的驱动力。最著名的人类动机理论有三种,即西格蒙德·弗洛伊德(Sigmund Freud)的理论、亚伯拉罕·马斯洛(Abraham Maslow)的理论和弗雷德里克·赫茨伯格(Frederick Herzberg)的理论,这三种动机理论对消费者需求分析和营销战略来说具有不同的意义。

① 弗洛伊德的理论。西格蒙德·弗洛伊德认为形成人们行为的心理因素大部分是无意识的,一个人不可能完全理解自己的动机。当一个人考察某特定品牌时,他不仅会对品牌的明确性能做出反应,也会对那些无明确意识的因素有所反应,如产品的形状、大小、重量、材质、颜色和品牌。一种称为阶梯的技术让我们能够从一个人的工具性动机追踪至其最终内在动机。然后,营销者就可以决定开发何种程度的信息和诉求。动机研究者经常会与几十位消费者进行深入访谈,来发掘那些由产品引发的更深层次的动机。他们会运用各种各样的投射技术,如词语联想法、句子完成法、图像解释法和角色扮演法。这些技术大多是由定居在美国的维也纳心理学家欧内斯特·迪希特(Ernest Dichter)开发的。今天,许多动机研究者仍然沿用弗洛伊德的传统解释。简·卡尔伯特(Jan Callebaut)发现一项产品可以满足顾客的不同动机。例如,威士忌能够满足人们对社交娱乐、社会地位或消遣的需要。不同的威士忌品牌需要从动机方面定位于这三种诉求之一。另一位动机研究者克洛泰尔·拉培雷(ClotaireRapaille)则致力于解释产品行为背后的"密码"。

② 马斯洛的理论。亚伯拉罕·马斯洛试图解释人们为何在特定时间受到特定需要的驱动。马斯洛认为,按照迫切性程度的从低到高,可以将人类的需要列为生存需要、安全需要、社会需要、尊重需要和自我实现需要等几个层级。人们会尽量先满足最重要的需要,然后再去满足次重要的需要。例如,一个饥寒交迫的人(第一需要)不会对最近艺术界发生的新鲜事感兴趣(第五需要),也不会在意别人是怎么看待他的(第三或第四需要),甚至都不在乎他呼吸的空气是否洁净(第二需要),但是当他得到足够的水和食物时,次要的需要就会凸显。

③ 赫茨伯格的理论。弗雷德里克·赫茨伯格提出了动机双因素理论(Two-factor Theory),该理论对不满意因素(引起不满意的因素)和满意因素(引起满意的因素)进行了区分。只消除不满意因素是不足以激发购买的,产品必须具有满意因素。例如,不附带质保单的计算机就可能成为一个不满意因素。可是,即使有了产品质保单也不一定就会形成满意因素或引发购买动机,因为质保单并不是计算机产品的真正满意因素,操作简易性才有可能是。赫茨伯格的动机理论有两层意义。第一,卖家应该尽可能消除不满意因素(如不合格的培训手册或不完善的服务政策)。尽管这些因素不能保证卖出产品,但是它们却能轻易地毁掉交易。第二,卖家必须认清市场上导致产品满意的主要因素和购买动机,并据此提供适当的产品。

2. 影响网络消费者的主要因素

（1）商品特性

互联网市场有别于传统市场，由于互联网消费者群体的独特性，并不是所有的产品都适合通过互联网开展网上销售和网上营销活动。根据网上消费者的特征和其网上购买行为模式特点，网上销售商品首先要考虑其新颖性，即必须是时尚类商品。追求时尚与新颖是许多网上消费者进行网上购物的主要原因，这类消费者注重商品的款式、格调和社会流行趋势，讲求新潮、时髦和风格独特，力争站在时尚潮流的浪尖，而对商品的价格高低不予计较。

其次是商品的个性化，表现为企业根据网络消费者的个性化需求，为网络消费者对商品在功能、外观、结构上进行重新设计和组配，剔除冗余功能与结构，添加新的个性化功能，并根据个性化要求优化外观结构，以实现消费者高度个性化效用的满意度。

最后是网络消费者的商品购买参与程度。体验式消费要求消费者参与程度较高，这种体验往往要求消费者必须亲临现场感受商品和服务。这种体验式消费受到时间、空间、规模、价格等诸多因素的制约，但在网络时代，许多企业已开发了许多模拟体验软件，消费者在互联网上可通过模拟软件的引导，体验身临其境的消费感受，如网络游戏等。现在一些汽车商家通过模拟驾驭软件使消费者足不出户就实现驾驭体验，大大降低了传统汽车销售中的驾驭体验成本，并极大地扩大了汽车驾驭体验面，有利于提高汽车的销售业绩。

（2）商品价格

价格不是决定销售的唯一原因，但它是一个极其重要的影响因素，单价为100元的牙刷市场销售肯定相对不易。对同种商品，消费者的购买总是倾向价格更低者。而互联网营销没有传统店面昂贵的租金成本，没有传统营销中沉重的商品库存压力，低营销成本和可预期的低结算成本使网络商品在价格上比传统销售更具价格优势。这种价格优势不仅体现在网上销售的标准化大件必需品、网络消费者熟知的各种必需品（如图书、音像等）上，还体现在绕过物流问题的商品（如酒店的客房，飞机的舱位，电影、剧院、音乐厅的票位，讲座、培训、高档餐饮的座位，金融、保险产品以及媒介版面等）上。

（3）购物的便利与快捷

① 与传统购物相比的便利与快捷。

购物的便利性 传统的零售服务业每天的营业时间只能是10—14小时，即8:00开门，最迟22:00收档，还有公休、节假日歇业。同时，传统购物中的零售店与消费者存在空间距离，有时消费者为了买到称心商品还要奔赴异地。在互联网上，虚拟商店全天24小时营业，网络全天候开放，消费者与网上零售商店实现跨时空零距离接触，可以半夜醒来买东西，购物极其便利。

商品挑选范围的扩大 传统商业中，百货商店曾以货品丰饶自傲，但今天网上零售商店里商品的种类、数量极为丰富，而且在种类、数量、款式、风格上还在保持高速增长，网上商品可供消费者选择的空间被大大扩展了。消费者可以通过网络，方便而快速地搜索到全世界相关商品的信息,进而比较、评估,从中选择自己满意的商品。同时,对于个性化消费需求,消费者可将具体要求以多种网络互动沟通方式告知商家,从与自己联系的商家中筛选符合要求的个性商品。

② 网上商家对购物便利与快捷的竞争。

互联网时代,消费者对兴趣爱好和效率的要求达到了极致。尽管与传统购物相比,通过互联网开展网上购物已经极为便利和快捷了,但网络消费者对"等待"是难以容忍的。网络消费者在购物便利性和快捷方面仍有诸多的抱怨和不满,这些抱怨和不满主要集中在:难以找到有效的网站和某种特定的商品;网上商店的页面、导航设计存在操作不便的问题;网上商店的信息服务速度过慢;网上订购手续复杂、烦琐;等等。

在互联网上,商家对消费者的这些抱怨与不满应引起重视。第一,要强化自身网络站点的网上市场推广,以利于消费者通过搜索引擎便能快速找到。第二,规划和重新设计网站的导航系统、网站页面和内容等,使网络站点更贴近消费者,更方便消费者操作使用。第三,升级服务器,优化数据库,提高网上信息服务速度与效率。第四,合理简化订购手续。

(4) 安全性与服务

传统的购买一般是一手交钱一手交货,即"钱花出去了,商品在自己手里"。网上购物一般是先付款后送货,改变了传统交易的模式,这种购买方式的安全性、可靠性总让消费者担心与不安。网上消费者担心商品质量与宣传不符或差异过大,担心售后服务得不到保障,担心网上商店的信用,担心交易时付款账户的安全与个人信息的外泄,担心订单处理速度、送货费用和各种顾客服务等问题。

网上商店必须在网络购物的各个环节加强安全和控制措施,增强消费者的购物信心,从安全性和顾客服务的加强与优化着手,培育消费者对网站的信心。同时,随着网络安全技术的不断发展和提高,网上购物将越来越安全,越来越有保障,网上购物服务将越来越优质。

3. 消费者需求分析

(1) 识别目标消费者

① 消费者细分。

由于客户需求具有异质性,所以要对客户进行细分。同样作为某个产品的目标客户,由于受到年龄、性别、爱好、受教育程度等因素的影响,客户对产品的需求是有差异的。另外,由于企业资源的限制,任何一个企业都不可能满足市场中所有的个性化需求,因此企业必须进行客户细分。企业需要分辨出能有效为之服务的最具有吸引力的细分市场,以有限的资源实现收益的最大化和竞争优势的最强化。

进行客户细分的维度有很多,可以根据问题的特点来选择细分维度。例如,对于企业类客户,可以从资产规模、行业、区域、信用等级等方面进行细分;对于个人客户,可以从性别、年龄、信仰、爱好、收入、家庭成员数、信用度、性格、价值取向等方面进行细分。此外,还可以从用户的消费频率、消费额、付款方式等方面进行细分。对于网络消费者而言,交易记录等数据都存储在数据库中,并且通常企业都建有自己的客户等级评价系统,因此进行客户细分、筛选相对容易。

② 确定目标消费者。

在完成客户细分后,首先应按照重要性程度对客户群进行分类,以决定哪些群体的需要优先考虑。当不同客户群之间的需求产生冲突时,进行客户群分类能够得到正确的客户需求。然而,重要客户群的需求仅是"优先"考虑,其他客户群的需求也需要考虑,而非不考虑。

在目标客户群确定以后,可以按照一定的抽样比例进行客户抽取。在抽取时,对客户群中专业人士和非专业人士都要有所预估,虽然专业人士能够带来非常专业的建议,但是访问网站的并不一定都是专业人士,实际上非专业人士在访问网站时遇到的问题数量、问题种类都更多。有时,非专业人士更能发现一些专业人士忽视的问题。

(2) 消费者需求调查

在进行目标消费者抽取之后,就可以开展消费者需求调查,征集产品或服务优化需求建议。根据消费者需求的来源途径,可以分为直接搜集、间接搜集和第三方搜集三种,详见表5-1-1。可以根据调查目的和条件限制选择适当的调查方式,也可以综合几种方式同时进行。

表 5-1-1　优化需求调查的方式及对应方法

方式	方法
直接搜集	消费者访谈
	焦点小组讨论:又称小组座谈法,就是采用小型座谈会的形式,由一个经过训练的主持人以一种开放、自然的形式与一个小组的同样具有代表性的客户交谈,从而获得对方对有关问题的深入见解
	问卷调查:对消费者群体进行分组随机抽样,以调查问卷形式就关心的问题征求消费者意见
	头脑风暴
	直接观察:指定一个目标,直接观察消费者为实现该目标的网站访问行为
间接搜集	消费者投诉
	消费者代表
	销售代表
第三方搜集	行业协会
	行业专家访谈
	竞争对手数据或市场调研公司

(3) 消费者需求整理

当通过消费者需求调查收集到大量的消费者需求之后,需要对这些信息进行整理、归纳,以便能够充分利用这些宝贵信息进行后续的需求分析。所谓整理,就是把相似的观点、信息放置在一起。这既是一个资料整理的过程,又是一个对资料的初步分析过程。

在进行需求整理时,最为常用的方法就是亲和图。"亲和"表示"自然的吸引",通过把需求按照其相互亲和性归纳整理为有意义的类别,可以使需求更加清晰明确,从而达成一致,有利于确定最终的需求。

整理步骤:

用简短清晰的语言描述消费者需求;

将相似的需求归纳到一起,将所有需求分为若干个分组;

给每个分组一个能够概括总体需求的标题,如"简化流程""加快速度"等。

例如,调查发现消费者对产品快递效率不满,通过调查,收集到如下需求:

对外地订单优先处理;

对外地订单优先配送;

实行限时投递考核;

边远地区设立货站,实现就近投递;

增加投递人员;

实现货到付款,减少网络支付环节。

通过使用亲和图方法进行整理,可以将客户需求归纳为速度、人力和流程简化三个方面。

4. 消费者需求调研方法

(1) 问卷调查方法

问卷调查是指通过设定一系列与研究目标紧密关联的问题,收集被调查者对这些问题的答案来进行分析的方法。这是一种可以分析消费者需求的非常直观的手段。通过问卷调查,调查者可以清晰地将消费者进行分类,并直观地得出不同类型的消费群体的需求。现在,网络上比较常用的问卷调查平台有问卷星、调查网、腾讯问卷等。

① 问卷调查的优势。

调查结果容易量化 问卷调查中经常给出明确的答案或明确的范围,因此收集到的答案也是确定的,统计者或是分析者都不会因为自己的主观因素而使记录到的数据产生偏差。

问卷调查得到的数据易于分析 问卷调查所得到的明确的答案可以使调查者轻松地使用 Excel 等工具得出统计的结果并用于分析。

网络问卷调查成本较低 在网络上进行问卷调查,在问卷出现问题时可以轻松地调整问卷内容,只需要通过网络就可以向大量的用户发布问卷,问卷结果可以一键导入数据库,可以给调查者节省大量的成本。

② 问卷调查的劣势。

主观问题难以统计 问卷中不可避免地会含有一些主观的问题,这些问题的答案五花八门,参差不齐,对调查者来说需要花费大量时间精力提取关键点,并且难以统计。

敏感问题答案存在偏差 当回答一些比较敏感或涉及隐私的问题时,被调查者可能出于回避的心理给出偏离现实情况的答案,这会使得调查结果产生一定的偏差。

③ 调查方案设计。

在进行一个问卷调查之前,首先需要制订调查方案。一个完整的调查方案应该包括以下几个方面:

调查目的要求　根据调查目标,在调查方案中列出本次市场调查的具体目的要求。比如,本次市场调查的目的是了解某个群体的消费偏好,或是某产品的消费者的购买行为等。

调查对象　要注意不同的产品有不同的消费群体,进行有针对性的调查。比如,对于化妆品,调查对象主要选择女性;对于游戏产品,调查对象主要选择相对年轻的人群等。

调查内容　调查内容是收集资料的依据,是为实现调查目标服务的,可根据市场调查的目的确定具体的调查内容。调查的内容需要全面、具体、条理清晰、简练,避免过于面面俱到,内容过多,过于烦琐,更要避免与调查无关的内容。

调查表　调查表是问卷调查的基本工具。调查表的设计质量直接影响到问卷调查的质量。设计调查表要注意以下几点:

调查表的设计要与调查主题密切相关,重点突出,避免可有可无的问题;

调查表中的问题要容易让被调查者接受,避免出现被调查者不愿回答或令被调查者难堪的问题;

调查表中的问题次序要符合逻辑顺序,一般可遵循容易回答的问题放在前面,较难回答的问题放在中间,敏感问题放在最后,或者封闭式问题在前,开放式问题在后的原则;

调查表的内容要简明,尽量使用简单、直接、无偏见的词汇,保证被调查者能在较短的时间内完成调查表。

(2) 大数据分析

大数据分析是一种近年来才出现的技术手段,指的是大量收集已知的信息,通过分析计算来直接获取或推测新的、更多的信息。收集客户信息,用于分析消费者需求只是大数据分析的一种运用方法。在使用大数据分析消费者需求的时候,首先需要收集足量的用户数据,再以此形成用户画像,并推测出用户的需求。这种推测并不是百分百正确的,但随着大数据技术的发展,算法逐渐完善,这种推测的准确率会逐步提高。

① 用户数据的分类。

静态数据

个人属性数据,性别、出生日期、年龄、地域、婚姻状况等。

社会属性数据,职业、收入、社交信息等。

消费属性数据,消费水平、已购商品、购物频次、购买渠道等。

动态数据

用户浏览数据,用户浏览的页面及时间等。

用户行为数据,点击、发表评论、点赞、搜索、下单、购买等行为的数据。

② 用户数据的收集。

静态数据

通过用户注册数据获取。通过属性的标签化以及对文本的挖掘获取相关数据。

通过用户时间获取。用户的社会属性或购物偏好可以在用户购买、使用产品的过程中通过文本挖掘,以及对用户自然语言的处理来获取。

动态数据

用户浏览数据。一般通过页面浏览统计工具进行这类数据的收集与统计。有时可以通过第三方工具来实现这种统计,如百度统计等。

用户行为数据。一般通过在自建的数据后台或第三方工具,如神策数据等来收集用户点赞、收藏、评论等数据。

③ 用户画像。

在海量的消费者信息中,有许多具体信息可以被抽象化成为标签,如经常浏览、收藏Lolita 相关商品,并分享自己照片的年轻女性用户,可以被贴上"lo 娘"标签。通过给消费者贴上不同的标签,可以逐渐形成一个形象具体的用户画像。用户画像即是将用户信息标签化,它是抽象用户全貌的有力工具。在实际操作过程中,往往会用浅显易懂、贴近生活的标签将消费者的属性、行为和需求联系在一起,如图 5-1-10 所示。

图 5-1-10　用户画像

通过使用用户画像,可以实现以下几方面的目标:精准营销,精准的 App 推送、个性化广告等;用户研究,向用户提供个性化,甚至是定制化的产品;个性服务,个性化推荐、个性化搜索等。通过使用用户画像分析消费者需求,从而达成这些目标,可以极大程度地提高营销的效率,使营销效果最大化。

④ 大数据分析的优势。

大数据分析可以帮助商家维护客户关系。在通过大数据分析了解消费者的需求之后,商家可以运用各种方式维持与消费者之间的关系,减少因为对消费者了解不全面而导致的消费者流失。

大数据分析可以用于制定销售方面的决策。消费者想要什么样的产品,对什么样的营销方式感兴趣,在什么时段对商品的兴趣度最高,这些都可以通过大数据分析获得。通过这些分析结果,商家可以制定有针对性的营销手段,并获取更好的营销效果。

⑤ 大数据分析的劣势。

大数据分析需要较高的成本。对网络交易中一些小型的商家而言,大数据分析的成本过高,他们只能选择由其他公司提供的大数据服务,这种服务相对价格低廉,但精细度不够高。而对需要更高质量大数据服务的商家,大数据需要的专业人才以及其他相关的软件设施又会带来较高的支出,导致成本的上升。

大数据分析具有较强的时效性,过期信息反而有可能有害无益。对于消费者而言,一些动态信息可能会发生比较快速的变动,如兴趣点、对某个商品的态度等。如果在进行大数据分析时不能及时更新分析消费者的信息,那么以此制定的营销策略可能会产生偏差,不但不能带来良好的营销效果,还可能导致消费者的厌烦情绪。

5.1.4 实训项目

大学生使用抖音动机调查

【实训目的】

1. 掌握问卷调查的基本流程;
2. 能够利用问卷星等在线调查平台制作并发布问卷;
3. 能够整理分析调查数据,完成调查报告。

【实训任务】

本次实训要求学生能够以小组的形式,围绕一个抖音产品,调查大学生使用该产品的动机,具体完成以下任务:

制订调查计划;

确定调查内容;

制作调查表;

通过问卷星等调查平台发布调查表并回收;

分析数据;

完成实训报告。

【实训步骤】

1. 制订调查计划。
2. 制作调查表。围绕调查主题,编写合适的问题,并合理排版,形成一份15—20题的电子调查问卷。
3. 发布调查表并回收。将制作好的电子调查问卷通过问卷星分发给班级中的同学,待同学完成调查表后回收,并根据答题程度筛选有效答卷。

4. 分析数据。

(1) 统计有效答卷中的数据,制作 Excel 表格;

(2) 根据不同的调查内容,做出相应的图表并输出;

(3) 根据调查结果,最终得出结论:所选择的商品是否适合班级中的消费者需求,商品进行什么样的调整可以更大程度地满足班级中的消费群体的需求。

5. 完成实训报告。

5.1.5　思考习题

1. 网络消费者需求特征有哪些?

2. 登录百度指数(http://index.baidu.com),输入某一品牌关键词,分析该关键词在各时段、各地区的用户关注度、媒体关注度,以及使用该关键词的用户画像。

3. 登录问卷星、调查网、腾讯问卷等第三方网络调查平台,练习问卷设计、发布、回答等内容,并比较功能异同。

4. 结合实例谈谈动机理论在网络消费者需求分析中的应用。

5.2　竞争对手分析

5.2.1　学习目标

【能力目标】

※ 能识别竞争对手;

※ 能收集竞争对手信息;

※ 能对竞争对手展开分析。

【知识目标】

※ 掌握什么是竞争对手及其类别;

※ 掌握获取竞争对手信息的一般渠道;

※ 了解竞争对手分析的步骤及主要内容。

5.2.2 学习案例

关于电气公司A竞争对手的调查分析

国内一电气公司A在风电行业中发展迅速,凭借自身优异的创新能力打破了国外电气公司对风电控制器的技术垄断,逐渐占据了一定的市场份额。为了更好地应对竞争对手,对于来自美国的电气公司B,A公司开展了一次竞争对手分析。

1. 识别企业竞争对手

在A公司打破国外企业的垄断之前,市场中共有5家电气公司占据主要市场份额,其中B公司销售的产品与A公司技术数据相近,在产品上存在直接的竞争关系,因此A公司将B公司作为这次竞争对手分析的目标。

2. 判定竞争对手的目标

作为一家技术导向型公司,B公司更注重通过产品研发、科技创新等手段降低生产成本,提高利润。行业中,已有数家企业占据了相对均衡的市场份额,在目前阶段,B公司对自身的市场定位为行业领导者之一。

3. 评估竞争对手的资源与能力

B公司的核心竞争力在于较快的研发速度,技术更新快。B公司产品适应性强,可以同时适应多种机型。在同等技术数据情况下,B公司产品体积较小。

但B公司产品同样存在局限。这种体积较小的产品存在零件更换困难的问题;并且,B公司产品集成度高,一旦一个零件损坏,可能导致需要同时更换多个零件。B公司零配件需要从国外发货,有时甚至需要等待数月。这导致使用B公司产品的成本大幅提高。

B公司对其他公司的反应非常不灵敏。作为一家有十年以上经验、技术积累的公司,B公司已经集聚了较好的口碑与声誉,从不参与价格战,甚至宁愿低于目标利润的产品退出市场也不愿意降价销售。

B公司有非常完善的组织架构,并且拥有业界最大的售后服务团队,严格按照标准培训、审查并持有相应证书,能快速对客户提供技术支持。

4. 预测竞争对手的反应模式

如果A公司采取降价促销等策略,B公司很有可能不会做出反应。因为B公司从未有过参加价格战或出售低于目标利润产品的记录。

5. A公司的应对策略

A公司将考虑降价销售产品以获取更大市场份额,并通过提高产品及售后服务质量来留存客户,从而达到与B公司竞争的目标。

> **问题：**
> 1. 完成上述调查任务需要哪些能力与知识？
> 2. 上述调查分析方案的优点及不足有哪些？

5.2.3 相关知识

企业参与市场竞争，不仅要了解谁是自己的顾客，而且还要弄清谁是自己的竞争对手。竞争对手的存在，既会带来压力与挑战，也能带来进步的契机。通过分析研究竞争对手，可以更好地找到消费者资源，更有效地进行广告投放，也能更合理地制定运营策略。

1. 竞争对手识别

竞争对手是指某一行业或领域中，拥有与你相同或相似资源的个体或团体，同时该个体的目标与你相同，产生的行为会给你带来一定的利益影响。从表面上看，识别竞争者是一项非常简单的工作，但是，由于需求的复杂性、层次性、易变性，技术的快速发展和演进，产业的发展，市场竞争中的企业面临复杂的竞争形势，一个企业可能会被新出现的竞争对手打败，或者由于新技术的出现和需求的变化而被淘汰。

（1）竞争对手类别

① 品牌竞争者。企业把同一行业中以相似的价格向相同的顾客提供类似产品或服务的其他企业称为品牌竞争者。如家用空调市场中，生产格力空调、海尔空调、三菱空调等厂家之间即为品牌竞争者的关系。品牌竞争者之间的产品相互替代性较高，因而竞争非常激烈，各企业均以培养顾客品牌忠诚度作为争夺顾客的重要手段。

② 行业竞争者。企业把提供同种或同类产品，但规格、型号、款式不同的企业称为行业竞争者。所有同行业的企业之间存在彼此争夺市场的竞争关系。如家用空调与中央空调的厂家、生产高档汽车与生产中档汽车的厂家之间即为行业竞争者的关系。

③ 需要竞争者。提供不同种类的产品，但满足和实现消费者同种需要的企业称为需要竞争者。如航空公司、铁路客运公司、长途客运汽车公司都可以满足消费者外出旅行的需要，当火车票价上涨时，乘飞机、坐汽车的旅客就可能增加，相互之间争夺满足消费者的同一需要。

④ 消费竞争者。提供不同产品，满足消费者的不同愿望，但目标消费者相同的企业称为消费竞争者。如很多消费者收入水平提高后，可以把钱用于旅游，也可用于购买汽车，或购置房产，因而这些企业间存在相互争夺消费者购买力的竞争关系。消费支出结构的变化，对企业的竞争有很大影响。

（2）竞争对手识别

① 基于资源争夺的竞争对手识别。

对有限资源的争夺，使得竞争对手出现。根据争夺资源的类型，可以定位不同的竞争对手：

消费者资源 争夺消费者资源是竞争对手最本质的体现。如各种手机游戏、微博、短视频平台等,都在抢夺消费者的碎片时间,也就是在竞争消费者资源。

人力资源 员工离职之后去的较多的企业,是人力资源方面的竞争对手。

销售同类产品 销售同类产品或服务的竞争对手是直接竞争对手,也就是同业竞争。典型的例子有可口可乐和百事可乐。

销售替代类商品 销售可以用作替代的商品的对手也是竞争对手。比如,对销售纸质书的商家来说,销售电子书的商家即可以成为竞争对手。

销售互补类商品 互补类的商品指的是需要配套使用的商品,如汽车与汽油,手机与充电器。这些商品相互依存,也带来了另一种竞争对手。比如,对于销售电动汽车的商家,加油站也可以称作是竞争对手。

争夺营销资源 在同时段、同媒介投放广告的,占据营销资源的其他企业就是竞争对手。

争夺生产资源 争夺生产原材料或是其他资源的企业是竞争对手。

争夺物流资源 在物流资源上有竞争关系的企业是竞争对手。

② 基于搜索引擎的竞争对手识别。

可以通过搜索引擎发现网络竞争对手。以照明行业为例,可以在搜索引擎上进行关键词"照明"的搜索,搜索引擎将检索结果进行展示。这些搜索引擎反馈过来的信息中大部分都是照明行业的从业者,之后用户可以从这些结果中筛选出自身的竞争对手。

一般来说,返回结果数目越大,市场竞争越激烈,进入这个市场的阻力越大。当然,这个数据只能作为参考。真正有实力的竞争对手,肯定比这个数目要少得多。因为这些返回页面里,可能大都属于同一个网站,只是同一个竞争对手。

在这些返回结果中,一般人们只关注前几页,特别是第一页,因为主要的竞争对手大多集中在这里。根据搜索结果,将产品关键词和排名靠前的主要竞争对手的公司名称一起搜索,可以了解这些竞争对手有哪些新闻报道、什么博客在谈论它们、最终用户有什么评论。

如果发现竞争对手有大量报道来自新闻网站和门户网站,则对方可能是一个强劲的对手。要与之抗衡,光靠网络营销也许不够,还必须开展整体的宣传攻势。如果发现竞争对手有不少软文,则意味着对手有专业的网络营销人员在操盘。如果发现竞争对手的大量负面新闻,而对手没有采取反制措施,则意味着对手至少在网络营销方面还存在漏洞。

当然,有些竞争对手不一定是在网上搜索发现的。行业人士一般早就知道主要的竞争对手,特别是在传统行业里。

2. 竞争对手分析

竞争对手分析包括8个步骤,分别为识别企业竞争对手,辨别竞争对手的战略,判定竞争对手的目标,评估竞争对手的资源和能力,预测竞争对手的反应模式,设计竞争情报系

统, 分析顾客价值, 选择进攻或回避的竞争对手。这些步骤之间的关系如图5-2-1所示:

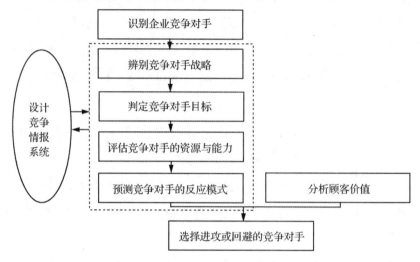

图 5-2-1 竞争者分析流程

(1) 判定竞争对手的目标

在调查分析竞争对手之前,企业首先要了解清楚:竞争对手在市场上追求的是什么? 竞争对手的行为推动力是什么? 在辨别清楚竞争对手的目标后,就可以了解竞争对手是否对目前的财务状况感到满意,对各类型的竞争性攻击会做出什么样的反应。例如,一个追求更低成本的竞争对手,对其他公司技术突破的反应,会比对其他公司突然加大广告预算、增强营销力度的反应大得多。

分析竞争对手的未来目标时, 应注意以下几个部分:

① 财务目标。竞争对手已声明或未声明的财务目标是什么? 竞争对手对获利能力、市场占有率、风险水平等目标之间的矛盾是如何权衡协调的?

② 市场定位目标。竞争对手追求的市场地位总体目标是什么? 如市场的绝对领导者、行业领导者之一、普通追随者、竞争参与者等。

③ 管理目标。竞争对手各管理部门对未来目标是否取得了一致意见? 如果存在分歧, 是否可能导致战略上的快速变动?

④ 核心领导影响目标。竞争对手的核心领导者是什么样的人? 其个人行为对整个企业的未来目标有什么样的影响?

⑤ 组织机构目标。竞争对手的组织机构在资源分配、价格定制和产品创新等关键决策方面是如何分配责权的? 激励机制如何? 财务制度和管理如何?

(2) 评估竞争对手的资源与能力

竞争对手是否能够执行其战略并达到目标, 取决于竞争对手的资源与能力。企业对竞争对手资源与能力的评估主要应包括如下几个方面:

① 核心能力。竞争对手在各个职能领域内的潜在能力如何? 最强之处在哪里? 最薄弱之处在哪里?

② 增长能力。在人员、技术、市场占有率等方面，竞争对手有增长能力吗？财务方面、对外筹资方面是否能够支持增长？

③ 快速反应能力。竞争对手在财务、生产能力和新产品等方面是否存在着对其他竞争对手的行为快速做出反应或发动及时进攻的能力？

④ 适应变化的能力。竞争对手是否能够适应诸如成本竞争、服务竞争、产品创新、营销升级、技术升迁、通货膨胀、经济衰退等外部环境的影响？是否有严重的退出障碍？

⑤ 持久力。竞争对手维持一场长期较量的能力如何？为维持长期较量会在多大程度上影响受益？

（3）预测竞争对手的反应模式

单凭竞争对手的目标、资源和能力还不足以解释其可能采取的行动和对策，如降价销售、加强促销或推出新产品等反应。各个竞争对手都有一定的经济哲学、内在文化和信念。在对竞争对手进行分析时，需要深入了解竞争对手的心理状态，以预测竞争对手可能做出的反应。

（4）分析顾客价值

在收集足够的竞争情况后，企业还必须对顾客的价值进行分析，其目的是测定顾客在目标市场中所要获得的利益，以及顾客对相互竞争的商家所提供商品的相对价值的认知，并以此给出相应的竞争对策。

3. 市场竞争战略

市场竞争战略，就是把与竞争对手相对应的位置关系放在对本企业有利，为占有更多的市场份额，争夺竞争的优势地位而采取的各种整体对策，就是企业经营基本战略的核心，是企业立于不败之地的重要保证。在完成了对竞争对手的分析之后，企业就可以根据分析结果，有目的性地对企业的竞争战略进行调整。每一种战略都涉及通向竞争优势的截然不同的途径，以及为建立竞争优势所采用竞争类型的选择。企业选择何种战略为其基本目标，则要根据企业的自身情况而定。

（1）成本领先战略

成本领先就是指企业的目标要成为其行业中的低成本生产厂商。如果企业能够创造和维持全面的成本领先地位，只要将产品价格控制在行业平均或接近平均的水平，就能获取优于平均水平的经营业绩。在与竞争对手相比相当或相对较低的价位上，成本领先者的低成本地位将转化为高收益，这对争取竞争优势是十分有利的。

① 成本优势的来源。

成本优势的来源各不相同，并取决于产业结构，可能包括追求规模经济、专有技术、低成本设计、自动装配线、较低的管理费用等。不同的行业，不同的企业，成本优势的来源并不相同。低成本生产企业必须发现和开发所有成本优势的资源。

可以用于获得成本优势的方式有许多种，例如：

经验曲线 经验曲线是指当一个企业生产某种产品或从事某种服务的数量的增加，

经验不断积累,其生产成本将不断下降,并呈现出某种下降的规律。经验曲线描绘的就是这种成本下降的规律。如果能较为准确地把握经验曲线,就可以在销售初期将销售价格定在一个相对低的位置上,并以这样的低价吸引更多的用户,侵占竞争对手的市场份额。

共用资源　以较低的成本来执行同样的职能,在成本上就要比无法做这种安排的竞争者占优势。例如,使用技术专利共用、共同从事产品开发、共用科研仪器和设备等方法,在研发阶段降低成本。或者,还可以使用销售渠道的共享、广告宣传的共享、维修服务网络的共享等方法来降低营销成本。

降低人力成本　过于臃肿的员工结构或者是员工的频繁流动都会给企业带来成本上的负担,也会降低企业的效率。使用精简的结构、将员工放在适合的岗位上、避免分工的过度细化、培养具有潜力的基层员工等手段都可以有效地降低人力成本,并且提高企业的运转速度,让企业在竞争中获得成本优势。

成本优势的来源非常广泛。由于生产成本在总成本中占有较大的比重,因此通常企业会将降低成本的重心放在降低生产成本上,但要获得成本优势,就要发现和开发所有能够降低成本的资源,并注重它们对相对成本地位的影响。否则,即使能够用较低的成本生产产品,但到了最终的销售环节,可能还是无法获得可观的利润。

② 降低成本的误区。

成本与效益　降低成本是为了提高效益,然而有的时候成本的降低也会伴随效益的减少。例如,如果过分追求降低人力成本,削减员工数量或工资,就有可能因为人力的不充足或者员工的懈怠情绪影响到正常的生产活动,从而导致效益的降低。

成本与营销　减少营销费用可以带来成本上的优势,但显而易见的,也会影响到产品的销售,并且影响到企业及其品牌的知名度。增加营销费用,虽然会带来成本的提升,但也可以促进销售,形成规模经济,从另一个方面降低成本。

成本与差异性　过分削减成本会使得企业的产品丧失特色,而对网络消费者而言,产品的差异性恰恰是他们追逐的。网络消费者对产品的价格有时并不敏感,反而愿意购买具有特色的高价产品。无特色的产品难以提高售价,也就抵消了低成本带来的优势。

成本与售价　低成本的企业有时更愿意使用低售价来吸引消费者,这有时会引起价格大战:为了争夺市场份额,行业中的企业竞相降价,将利润压至最低。这时候成本的优势并不能带来高利润,反而使得参与价格战的企业都因此蒙受损失,对行业造成灾难性的影响。

成本与未来　当前的低成本有可能对企业未来的发展埋下隐患,使得企业在未来的发展中没有后劲。例如,如果企业降低在研发上的投入,则有可能导致新产品开发的延缓,也许就会在新一代产品的竞争中失去领先的机会。

(2) 差异性战略

差异性战略就是企业采用优于竞争者的方式,在顾客广泛重视的某些方面力求独树一帜。一个能够取得和保持差异性形象的企业，如果其产品的溢价超过了为做到差异性而发生的额外成本，就会获得出色的业绩，取得在行业中的竞争优势。

① 差异性的来源。

差异性的手段因行业不同而异。它可以建立在产品本身的基础上，也可以以产品销售的交货系统、营销做法及其他种种因素为基础。只要探讨各个职能，即从采购、设计、工程到销售和服务，有哪些可以产生差异性，就可以构建以竞争者为基础的战略。但要注意的是，与竞争者之间的差异要与价格、数量和成本这三项利润决定要素当中的某一项有关。

构建以竞争者为基础的差异战略，要有系统地找出与竞争者之间有差异的地方，特别是要找出自己的不足之处。不利的差异性可能会使企业在市场中失去一定的竞争力，但是在弥补这些不足时要注意量力而行。例如，企业因为缺少某个类型的产品而遗漏了一部分顾客，这时候可以采取开发相应产品的办法来挽回顾客。然而，如果企业本身资源有限，又要开发新产品以覆盖所有顾客的需求，则反而会使资源分散，不但不会增强竞争力，反而使得竞争力减弱。

选择差异性时要以顾客的需求为中心，不能被顾客认可的差异性就是无意义的。当一个企业为顾客提供的产品是独特的，而不仅仅是价格低廉时，这个企业就具有了有别于其他竞争对手的差异性。企业为顾客提供产品时要考虑两点：

一是提高顾客的收益。当顾客购买企业的产品能获得额外的收益时，这件产品就是有差异性的产品。例如，华为手机相比同期的其他手机产品具有更好的拍摄功能，那对顾客来说，华为手机就是一件具有差异性的产品。

二是降低顾客的购买成本。当顾客购买企业的产品能减少相应的开支时，这件产品就具有了差异性。例如，相比其他电脑品牌，联想愿意为顾客提供更长时间的免费质保，变相地降低了顾客在维修电脑时的潜在支出，这就使得联想电脑具有了差异性。

② 差异性的误区。

无价值的差异性　　一个企业在某些方面具有独特性并不意味着就具有经营的差异性。一般的独特性如果不能提高顾客所认同的价值，这种独特性就不可能形成经营差异性。经营差异性要能够给企业带来竞争优势，增加企业的销售，扩大市场占有率，或给企业带来更大的经济效益，这种差异性才有价值。

过分的差异性　　追求差异性要掌握一定的尺度，过分的差异性可能会带来得不偿失的结果，不利于在竞争中取得优势地位。例如，在同一行业中，做广告与不做广告的企业会产生差异性，广告有促销的作用，但如果企业在追求这种差异性时投入了过多的资金，反而不会带来竞争优势，因为扩大销售带来的收益不足以弥补巨额广告费用带来的支出。

溢价太高的差异性　　企业采用差异性战略会增加投入，加大成本，溢价销售可以弥补差异性成本的支出，并获得更大的收益。但如果溢价太高，便会影响顾客购买的欲望。企业要设定更合理的价格，这样才能使差异性的优势得以持久保持。

不了解经营差异性成本　　不少企业通常不能将其创造经营差异性的活动成本分离

出来,而假定差异性具有经济意义,因此,它们难以把握溢价的尺度。适当的溢价不仅取决于企业经营差异性的程度,而且取决于企业总体相对成本。如果一个企业不能把其成本保持在与竞争对手大体相近的水平,即使企业能够维持经营差异性,也可能会因为成本的增加而难以维系。

5.2.4 实训项目

某公司竞争对手调查与分析。

【实训目的】

通过实训,学生掌握竞争对手分析的具体过程。

【实训任务】

1. 确定所要选择的公司;
2. 确定所要选择的竞争对手;
3. 分析竞争对手的目标;
4. 评估竞争对手的资源与能力;
5. 预测竞争对手的反应模式;
6. 尝试给出竞争对策;
7. 完成实训报告。

【实训步骤】

1. 确定一家公司。

选择一家公司,在之后的实训中,学生要站在这家公司的立场上思考问题,并完成整个实训任务。在完成选择后,学生需要调查这家公司,并完成公司基本状况介绍。

注意:① 这家公司应当有体量相近的竞争对手,如果公司在行业中处于绝对垄断的地位,则实训很难继续进行。② 这家公司所在的行业应在网络上有信息可供查询,否则难以找到足够的信息用于竞争对手分析。

2. 确定竞争对手。

列举出该公司的竞争对手,并在其中选择一家作为调查目标。

注意:尽可能选择在产品上处于直接竞争关系的对手。间接竞争的竞争对手分析较难产生实际价值。

3. 完成竞争对手调研。

搜索竞争对手的相关信息。搜索信息可以使用多种方式,如使用行业信息平台魔镜市场情报、中研网等。根据网络上搜索到的信息,将信息分类,并总结出竞争对手目标、竞争对手资源与能力。根据总结出的两个方面,推测竞争对手的反应模式。

4. 尝试给出对策。

根据公司基本情况与竞争对手的分析结果,尝试给出切合实际的竞争对策。

5.2.5 思考习题

1. 什么是竞争对手?从消费者需求看,有哪些类别?
2. 阐述竞争对手识别的一般方法。
3. 以你感兴趣或熟悉的本地上市企业为例,利用搜索引擎识别该企业的主要竞争对手。
4. 试述企业竞争对手分析的方法和流程。

5.3 行业分析

5.3.1 学习目标

【能力目标】

※ 能搜集行业数据;
※ 能分析行业基本状况、一般特征和基本结构;
※ 能分析市场容量和行业发展趋势。

【知识目标】

※ 了解行业分析的主要内容;
※ 熟悉主要行业数据类型及来源;
※ 熟悉主要行业信息类型及来源。

5.3.2 学习案例

2019 年中国在线出境游行业分析

在线旅游是指通过互联网、移动互联网及电话呼叫中心等方式为消费者提供旅游相关信息、产品和服务的行业,其中包括在线机票预订、在线酒店预订、在线度假预订和其他旅游产品和服务。其中,在线旅游度假是指通过互联网、移动互联网及电话呼叫中心等方式为消费者提供旅游度假组合产品、单品门票及其他旅游出行相关产品和服务的行业,包括在线出境游、在线周边游和在线国内游。本次调查分析的是在线出境游。

1. 中国在线出境游行业发展背景

(1) 中国成全球最大的出境游市场,出境游消费支出稳居世界首位。

受人均收入增长、国际航线增加、中国护照"含金量"提高等因素的影响,从文化和旅游部网站获悉,中国已连续多年保持世界第一大出境旅游客源国地位,出境游规模持续增长,2018年中国出境游人数达1.5亿人次,较上一年增长了14.7%,详见图5-3-1。在出境游消费方面,近两年来中国游客境外消费愈发理性,从世界银行获悉,出境旅游消费增速有所放缓,但中国仍旧为全球最大出境旅游支出国家。

图5-3-1　2010—2018年中国出境旅游人数及增长率

(2) 出国游占比近半,未来1—2年内将反超港澳台游。

从出境游的市场结构来看,因港澳台游语言障碍小、部分商品具有价格优势等原因,目前港澳台游占比超半数。就增速而言,自2017年开始,港澳游触底反弹,内地居民赴香港、澳门游客大幅度增长,出国游的游客数量增速放缓。自2019年以来,受香港形势严峻、赴台个人游的取消等事件影响,内地(大陆)居民赴香港和台湾的旅游人数大幅下降;同时,随着旅游线路多元化以及游客选择的多样化,出国游将会有大幅增长趋势。预计未来一段时间内,中国出境游市场结构将呈现出国游占比反超港澳台游的态势。

2. 中国在线出境游行业现状

(1) 中国在线出境游行业规模。

在线出境旅游规模保持稳定增长态势,未来发展空间广阔。2018年中国在线出境旅游行业交易规模达756.2亿元,相较于2017年增长21.7%,详见图5-3-2。尽管目前部分出境旅游目的地受到阶段性政策的限制,但不会影响出境游市场稳定增长的整体形势,未来中国在线出境游市场仍会处于稳定增长发展态势。

图5-3-2　2012—2020年中国在线出境游行业交易规模

(2) 中国在线出境游市场结构。

在线出境自助游市场增长显著。2018 年中国在线出境游市场中，自助游的交易规模占比 42.5%，相较于 2015 年提升了 5.3%。现阶段，80 后、90 后成为出境旅游的中坚力量，他们更注重出游体验，愈发追求个性化的旅行方式，未来以"机 + 酒"为切入点，结合目的地一日游、景区门票等碎片化的目的地商品将会愈发受到消费者欢迎。

(3) 中国在线出境游市场集中度。

从市场集中度来看，2018 年中国在线出境游市场集中度较高，前五位在线出境旅游企业交易规模占比达 80.2%，行业头部效应明显。未来随着自由行渗透率的提升，头部在线旅游企业依靠其强大的流量资源和品牌影响力，依靠"机 + 酒"标准化产品实现流量变现，并且通过对海外目的地产品的深入布局，满足游客的长尾需求，行业集中度将会进一步提升。

3. 中国在线出境游行业发展趋势及建议

(1) 受取消个人赴台游影响，受限人群将会分流至日韩和东南亚地区。

根据台湾"交通部"观光局数据，近年来大陆赴台湾游客人数一直处于下降态势，2018 年大陆赴台湾游客人数为 269.6 万人次，其中自由行游客人数占比达 51.8%。2019 年 7 月 31 日，国家根据两岸局势暂停了大陆台湾自由行个人签注，这将对台湾旅游观光业产生较大冲击。而原本计划前往台湾自由行的人群，一部分会转向国内其他旅游市场，一部分将会被分流至日韩、东南亚等旅游成本相近的周边国家，预计未来一段时间内，日韩、东南亚等短线出境游市场将会大幅增长。

(2) 个性化需求凸显，目的地碎片化产品及服务将成为发展新机遇。

随着旅游需求的日趋个性化和多元化，选择自由行出境旅游的人群日渐增多，旅游逐渐成为一种异地化的生活方式。除"机票 + 酒店"等标准物品外，游客对景区门票、当地租车、境外 WiFi 等"吃喝玩乐购"方面的碎片化服务需求越来越广泛，自由行和目的地即时预订将是大势所趋。因此，围绕游客在目的地的碎片式服务需求，加强异地化生活服务整合将是未来出境旅游企业的发力点。

(3) 旅游消费升级将推动定制化出境游快速发展。

随着生活水平的提高，国人出境旅游需求也在逐渐升级，游客在出境旅游支出上不断增加，对旅游品质及服务也愈发看重。常规的跟团游和自由行产品较难满足游客日益增长的高品质、个性化的出境旅游需求，定制游从用户需求的角度出发对出境旅游行程进行量身定制，既可以解决传统跟团游行程固定、自由度低的痛点，又可以避免自由行中语言不通、规划路线耗时等问题，将成为出境旅游度假的热点。

问题：
1. 完成上述行业分析任务需要哪些能力与知识？
2. 上述行业分析案例的优点及不足有哪些？

5.3.3 相关知识

在选择进入行业时,必须要先了解行业,才能够确认自己的选择是否可行。如果不先去了解行业,仅凭着主观意愿去操作,就有可能无法收到回报。与此同时,在行业中,也需要时刻保持对行业动态的了解,这样才不会因错失良机或决策失误而蒙受损失。这里主要介绍行业分析的主要内容以及行业信息与数据的获取。

1. 行业分析的主要内容

(1) 行业的基本状况分析

行业的基本状况包括:行业概述、行业发展的历史回顾、行业发展的现状与格局分析、行业发展趋势分析、行业市场容量、销售增长率现状及趋势预测、行业的毛利率、净资产收益率现状及发展趋势预测等。

(2) 行业的一般特征分析

① 行业的市场结构类型。传统竞争理论按照垄断或竞争的强弱程度,将行业的市场结构区分为完全竞争、垄断竞争、寡头垄断和完全垄断四种类型。行业集中度是决定市场结构最基本、最重要的因素,集中体现了市场的竞争和垄断程度,经常使用的集中度计量指标有:行业集中率(Concentration Ratio,CR)、赫尔芬达尔-赫希曼指数(Herfindahl-Hirschman Index,HHI,简称赫希曼指数)、洛仑兹曲线、基尼系数、逆指数和熵指数等,其中 CR_n 和 HHI 两个指标被经常运用在反垄断经济分析之中。CR_n 是指该行业的相关市场内前 N 家最大的企业所占市场份额(产值、产量、销售额、销售量、职工人数、资产总额等)的总和;一般认为,如果行业集中度 $CR_4 < 30$ 或 $CR_8 < 40$,则该行业为竞争型;如果 $30 \leq CR_4$ 或 $40 \leq CR_8$,则该行业为寡占型。HHI 是指某一市场上 50 家最大企业(如果少于 50 家企业就是所有企业)市场占有份额的平方之和。显然,HHI 越大,表示市场集中程度越高,垄断程度越高,完全竞争的 HHI 接近零。

② 行业的经济周期分析。

增长型行业。增长型行业的运动状态与经济活动总水平的周期、振幅无关,这些行业主要依靠技术的进步、新产品的推出和更优质的服务实现增长。

周期型行业。周期型行业的运动状态直接与经济周期相关。

防守型行业。防守型行业的产品需求相对稳定,不受经济周期的影响。

(3) 行业结构分析

行业结构分析可以采用波特竞争力分析模型。波特竞争力模型分析法将整个行业内的竞争力归纳为五种,分别是同行业内现有竞争者的竞争能力、潜在竞争者进入的能力、替代品的替代能力、供应商讨价还价的能力和购买者讨价还价的能力。该分析方法又称为波特五力分析法。

① 行业内现有竞争者的竞争能力。如果某个市场已经有了为数众多的、强大的或者竞争意识强烈的竞争对手,那么该市场就失去了吸引力。如果一个市场出现了以下情况,

则说明这个市场处于稳定或萎缩的状态:生产能力不断大幅扩大、固定成本过高、退出市场壁垒过高、竞争者投资力度大。在这种状态下,坚守市场的风险就会较高,因为市场进而会出现价格战、广告战,并且较难推出新产品。

② 潜在竞争者进入的能力。如果一个市场可能吸引新的竞争者,并且没有较高的壁垒,那么这些新竞争者会带入新的生产能力和大量资源,并且争夺市场占有率。

③ 替代产品的替代能力。替代产品会限制市场内价格和利润的增长,企业应密切注意替代产品的价格趋向。如果替代产品行业中的技术有较快发展,或者竞争日趋激烈,那么本行业市场中的价格和利润都有下降的可能。

④ 供应商讨价还价的能力。如果企业的上游供应商、银行、公会等有较强的议价能力,那么就会导致成本的提高,分薄市场的利润。

⑤ 购买者讨价还价的能力。如果市场中消费者的议价能力很强,企业就难以提高产品售价,并且被迫提高产品质量与产品服务方面的成本,导致利润的降低。

2. 行业数据

行业数据包含很多方面,例如行业市场的销售额、行业中的企业数量、市场中产品的价格分布等。这些数据可以直观地体现出行业现状,分析企业当前在行业中的水平和地位。行业数据有多种来源,常用的有电商平台自身(如京东商智、阿里的数据参谋)或一些电商大数据服务商(如北京淘幂科技有限公司的电商魔镜系列产品)。通过这些来源,可方便查询行业下具体类型的市场规模、企业数量和价格分布等信息。例如,淘宝生意参谋里的市场大盘可以查看行业趋势、行业构成和卖家概况,京东商智的行业大盘可以查看行业大类及其子行业成交金额及访客数占比数据。

(1) 市场容量

分析市场容量大小有利于制订销售和运营的计划与目标。例如一个行业的销售额容量在 500 万元左右,如果商家未曾事先调查行业的市场容量,盲目将销售目标制定成 1 000 万元,并计划使用 500 万元推广费,则显然是不合适的。值得注意的是,在分析市场容量时不能仅看表面数据,要思考数据背后的可能影响因素,如季节、营销活动、偶发事件等。例如,棉裤在夏季时市场容量较小,这并不意味着等到冬季来临,棉裤的容量会保持在相同的水平上。

(2) 行业发展趋势

行业发展趋势可以理解为行业的生命周期,即行业什么时候是萌芽期、什么时候是成长期、什么时候是爆发期、什么时候是衰退期,只有充分了解这些内容之后,才知道应该在何时准备、何时引爆、何时收割,完成营销效果的最大化。因此,仅仅了解行业的市场容量是不够的,还要熟悉行业的发展趋势。时间维度是行业发展趋势分析的重要维度,一般有日、周、月、季和年。

3. 行业信息

除了行业内的数据,一些非数据的信息也可以用来判断行业的走向。这里的信息种类很多，包括新政策的发布、行业内某个企业的变动和调整、其他相关行业的变化等。甚至，某个时间段的流行趋势也可以称作是行业信息。例如，网络剧《长安十二时辰》的热播，使得其中被提及的火晶柿子爆红网络，在淘宝平台上的搜索量猛增2 127%，销量也大为提升，给整个柿饼行业带来了巨大的流量。由此可以看出，分析行业信息，是行业动态分析的重要一环，对提前把握行业形势、及时调整营销策略有着重要的意义。

常见的重要行业信息有：

① 法律、法规以及政策的调整。有些法律、法规或是政策对行业是利好的，推动整个行业发展；而有些法律、法规、政策却对行业有负面影响，导致行业发展的暂缓甚至倒退。及时关注这方面的信息有助于及时调整营销策略。

② 外部大环境的变动。对每个行业来说，其发展都是寄托于整个大的市场环境的。若是市场环境不佳，则行业发展也有可能受到影响。例如，在中美贸易战的背景下，涉及中美外贸的行业就会受到相应的影响。

③ 竞争对手的经营及市场行为。同行业中竞争对手的行为会直接影响到企业自身的发展。因此，要时刻注意收集竞争对手的信息，及时做出应对。

④ 原材料供求。原材料的供求对行业有着非常重要的影响。当原材料供不应求时，材料价格会相应提高，导致成本的增加、利润的减少；当原材料供过于求，价格降低时，又要注意防范新的竞争对手趁机进入行业中，分薄市场份额。

5.3.4 实训项目

行业发展现状及趋势调查与分析。

【实训目的】

1. 掌握搜集行业信息的方法；
2. 能分析行业基本状况、一般特征和基本结构；
3. 能分析行业市场容量和发展趋势。

【实训任务】

请以自己熟悉或感兴趣的行业为背景，通过适当的调查方法搜集该行业信息，分析该行业的发展历程及政策、技术、法律等发展环境，行业发展现状及竞争格局，行业发展趋势等，完成该行业发展现状及趋势调查与分析报告。

【实训步骤】

行业分析报告可以参照以下框架：

1. 行业发展概况。
2. 行业发展现状。
   （1）行业规模；
   （2）行业市场结构；
   （3）行业新变化。

3. 行业发展趋势及建议。

5.3.5 思考习题

1. 描述不完全竞争市场的几种类型。
2. 简述行业分析的一般内容。
3. 以你感兴趣或熟悉的某一行业为例,试用波特五力模型分析该行业的基本竞争态势。
4. 考虑一个计算机行业,其中各企业及销售额具体如下:

企业	销售额(万元)
A 计算机公司	1 000
B 计算机公司	800
C 计算机公司	600
D 计算机公司	400
E 计算机公司	300
F 计算机公司	200
G 计算机公司	150
H 计算机公司	100
I 计算机公司	50

(1) 计算四企业和六企业集中率;
(2) 计算行业 HHI 值;
(3) 假设 A 计算机公司和 B 计算机公司合并,各企业的销售额保持不变,计算新的行业 HHI 值。

第 6 章 网络营销策略

 6.1 网络营销产品策略

6.1.1 学习目标

【能力目标】

※ 能够应用网络营销的组合策略；
※ 能够进行网络营销产品的开发与选择。

【知识目标】

※ 了解网络营销产品的概念、特点和分类；
※ 掌握网络营销产品的组合策略；
※ 掌握网络营销新产品的开发策略。

6.1.2 学习案例

华为手机的网络营销产品策略

华为创立于1987年,是全球领先的ICT(信息与通信)基础设施和智能终端提供商,目前消费者业务是华为三大业务之一,产品全面覆盖手机、个人电脑和平板电脑、可穿戴设备、移动宽带终端、家庭终端和消费者云等。

2003年7月,华为成立了华为技术有限公司手机业务部,开始进入手机领域。到2012年第四季度时成为全球第三大智能手机制造商,2013年12月,成立荣耀子品牌,并发布荣耀3C、荣耀3X和华为喵王三款新品。

2014年5月发布年度旗舰机型Ascend P7,全球最薄4G智能机之一。

2015年11月,华为发布麒麟950处理器,是全球首个采用16nm FF+工艺的商用手机SoC,也是首次采用四个大核2.3GHz A72+四个小核1.8GHzA53的big.LITTLE架构设计的SoC。

2016年4月,华为携手徕卡,发布首款徕卡双摄像头手机,全新旗舰华为P9手机带来了手机摄影的再一次突破。

2017年10月,华为消费者业务在慕尼黑发布HUAWEI Mate 10,通过麒麟970芯片与新一代EMUI 8.0的软硬件结合使端侧智能更进一步。

2018年10月,华为新推出的HUAWEI Mate 20系列手机,搭载华为新一代卓越的人工智能芯片麒麟980。

2019年2月,华为在2019世界移动通信大会(MWC)期间推出全球最快的5G可折叠手机——HUAWEI Mate X,斩获最重磅、主办方GSMA颁发的"MWC2019最佳新联接移动终端奖"。

2019年3月,华为发布HUAWEI P30 Pro,改写了摄影规则。HUAWEI P30 Pro搭载徕卡四摄影像系统,包括4000万像素超感光镜头、2000万像素超广角镜头、800万像素超级变焦镜头(5倍光学变焦,10倍混合变焦以及最高50倍数码变焦)及TOF镜头,AIS智慧防抖、OIS光学防抖合二为一。这些颠覆性技术让HUAWEI P30 Pro和HUAWEI P30随时随地拍出令人震撼的照片和视频。

2019年上半年,华为的智能手机发货量(含荣耀)达到1.18亿台,同比增长24%,在国内智能手机的出货量中排名第一,在全球智能手机的出货量中首次超过苹果的出货量,排名第二。

华为手机的成功是华为多年来对于核心技术坚持不懈研发的水到渠成。华为和荣耀手机背后有整个华为集团的技术支持,这是其他"供应链方案整合商"的竞争对手无法具备的优势。华为的科研经费投入占据了企业2018年营业额的14.7%,远高于苹果公司的5.1%。这意味着,在技术研发方面,华为要比苹果更舍得花钱。欧盟委员会在官网发布了《2018年欧盟工业研发投资排名》,其中唯一上榜前十的中国公司是华为,排名第五,2018年的研发费用达到了113亿欧元。在排名前50的公司中,中国公司只有华为一家,其投入研发领域为硬件技术和设备,并且华为在研发投入中的总资金超过了百度、腾讯、阿里巴巴的总额。

(资料来源:华为官网及互联网数据中心IDC等,有删改)

问题:分析华为手机产品策略成功的原因。

6.1.3 相关知识

1. 网络营销产品的概念

网络营销的目标是为消费者提供满意的产品和服务,从而实现企业的利益。网络产品是指企业在网络营销过程中为满足网络消费者的某种欲望和需要而提供的企业网站、相关资讯、所生产的产品与服务的总和。网络营销是在网上虚拟市场开展的营销活动,必须满足网上消费者一些特有的需求特征。所以,网络营销产品的内涵与传统产品的内涵有一定的差异性,主要是网络营销产品的层次比传统营销产品的层次大大扩展了。

传统市场营销中,产品主要是消费者的一般性需求。在网络营销中,强调的是以消费者为中心,企业根据消费者需求,辅助消费者设计并开发产品,以满足消费者个性化的需求。因此,网络营销将产品的定义扩大为:产品是提供到市场上引起注意、需要和消费的东西,同时还进一步细化了整体产品的构成,核心产品、形式产品、期望产品、延伸产品和潜在产品五个层次描述了整体产品的构成。

(1) 核心产品

核心产品是产品的基本层次,其含义与传统产品整体概念中的核心产品的含义相同,是指产品能够提供给顾客的基本效用或利益,是顾客真正想要购买的实质性东西,解决了"购买者真正想买的是什么"的问题。例如,顾客购买面包是为了充饥。这一层次的利益是目标市场消费者所追求的无差别利益所在。

(2) 形式产品

形式产品是核心产品的物质载体,产品的基本效用通过实际产品的物质形态反映与体现出来。实际产品具有五大特征,包括质量水平、特色、设计、品牌名称、包装。例如,旅馆的形式产品包括看得见摸得着的床、浴室、毛巾、衣柜、厕所等,而洗衣机的形式产品包括外观式样、品牌名称和包装等。

(3) 期望产品

期望产品是指顾客在购买前对产品的质量、特点和使用方便程度等方面的期望值。例如,DELL公司为满足顾客购买计算机的期望,允许顾客通过互联网设计和组装自己满意的计算机(包括硬件配置、软件配置和价格等),然后以订单的方式送到DELL公司生产部门进行生产,并由配送公司将计算机送到顾客手中,而且在网络上可以实时查询计算机所处的位置。为满足这种需求,对于有形产品,要求企业的设计、生产和供应等环节必须实行柔性化的生产和管理;对于无形产品(如服务、软件等),要求企业能根据顾客的需要来提供服务。

(4) 延伸产品

延伸产品是指顾客在购买产品时,从产品的生产者或经营者那里得到的附加服务或利益,包括提供信贷、质量保证、免费送货和售后服务等。在网络营销中,由于大多数竞争者都能提供送货、安装等附加服务,所以网络营销应突破传统的限制来加强和延伸外延产品的开发,如增加售后服务、免费提供培训和产品增值服务等。

(5) 潜在产品

潜在产品是由企业提供的能满足顾客潜在需求的产品层次,主要是产品的一种增值服务。它与延伸产品的主要区别是,顾客没有潜在产品层次仍然可以很好地使用产品的核心利益和服务。在高新技术发展日益迅猛的时代,有许多潜在需求和利益还没有被顾客认识到,这需要企业通过引导和支持来更好地满足顾客的潜在需求。

2. 网络营销产品的特点

(1) 产品性质

通过互联网可以销售任何形式的产品,但是由于网上用户在初期对技术有一定要求,即用户上网大多与网络等技术有关,因此最适合网络营销的产品是与高技术或与电脑、网络有关的,易于数字化、信息化的产品。不同形式的产品,网络营销的策略不同,对于一些信息化的无形产品或服务,如音乐、软件、网上咨询、远程教育等,可以通过网络直接进行产品或服务的配送;对于一些有形产品,如大型机械设备等,企业可以通过网络营销进行宣传和推广,以促进销售。

(2) 产品质量

网络的虚拟性使得消费者突破时空限制实现了远程购物或订购,但是消费者缺少了在购买过程中对产品的尝试和评估比较,即无法实现亲临现场购物的体验,这导致在网上购物中消费者对产品的质量尤为重视。因此,适合网络营销的产品一般属于质量差异不大的同质产品或那些标准化程度较高的产品,如书刊、电脑、通信产品等。

(3) 产品样式

互联网的全球性使得在网上销售的产品面对的是全球市场,即全世界的国家和地区。因此,通过网络销售的产品要符合相应国家或地区的风俗习惯、宗教信仰和教育水平。同时,网络营销产品的样式还要满足购买者的个性化需求。

(4) 产品品牌

在网络浩如烟海的信息和产品中,消费者面对的选择机会更多,因此要想获得消费者的注意,企业必须拥有明确、醒目的品牌。另外,由于网上销售无法进行购物体验,使得消费者对品牌尤为看重,所以在网络营销中,生产商与销售商的品牌同样重要,企业不仅要注重品牌知名度的提高,还要注重美誉度的形成。

(5) 产品包装

网络营销是通过网络面对全球市场销售产品,其包装也应根据产品的不同形式采取与之相适应的专业包装。

(6) 产品价格

互联网作为信息传递的工具,在初期通常是采用共享和免费策略发展起来的。这是因为网上用户比较认同网上产品低廉的特性,另外,通过网络销售产品的成本也相对低于其他渠道的产品,所以,在网上销售产品一般采用低价策略。

(7) 目标市场

网上市场以网络用户为主要目标市场,因此适合网上销售的产品通常是那些市场覆盖范围较大、市场容量也较大的产品。如果产品的目标市场比较狭窄或网络营销可到达性较差,可采用传统的营销策略。

3. 网络营销产品的分类

通过网络销售的产品按照其形态和性质的不同,可以分为两大类,即实体产品和虚体产品,见表6-1-1。

表6-1-1 网络营销产品的分类

产品形态	产品种类		产品内容
实体产品	普通产品		消费品、工业品等实体产品
虚体产品	软件		计算机系统软件和应用软件等
	服务	普通服务	远程医疗、法律救援、航空和火车订票、入场券预订、旅游服务预约、医院预约挂号、网络游戏等
		信息咨询服务	法律咨询、医药咨询、股市行情分析、金融咨询、资料库检索、网络新闻、电子报刊等

4. 网络营销产品的组合策略

产品组合是指企业提供给市场的全部产品线和产品项目的组合或结构,即企业的经营范围。其中产品线是指在技术和结构上密切相关的一组产品。产品项目则指的是产品线中不同品种、质量、规格和价格的特定产品。企业为了满足市场的需求,通常提供给目标市场的是产品的组合。因此,在网络营销中,企业制定产品组合策略时应根据市场需求以及企业本身的资源和相对优势,对产品组合的广度、深度和关联度进行不同的结合。

(1) 扩大产品组合策略

扩大产品组合策略是指通过增加企业网络营销产品组合的宽度和深度,增加产品组合的长度等,以满足市场的需要。增加产品组合的宽度是指扩大企业生产经营的产品类别,增加几条产品线。增加产品组合的深度是指在原有的产品线内增加新的产品项目。这不仅有利于企业综合利用自身资源,扩大经营规模,降低成本,还可以提高自身的竞争能力。

(2) 缩短产品组合策略

缩短产品组合策略是指减少产品的类别或项目,将产品组合中获利小或不获利的产品生产取消,从而降低产品组合的广度和深度。这样企业不仅可以减少资金的占用,加速资金的周转,还可以集中力量经营,不断提高生产经营的专业化水平。

(3) 产品延伸策略

产品延伸策略包括向上延伸、向下延伸和双向延伸三种。

① 向上延伸。向上延伸是指企业原本经营低档产品,现在改为逐步加强高档产品的经营。这样不仅可以提高企业和现有产品的声望,还可以为企业增加远期收益。

② 向下延伸。向下延伸是指企业把原来定位于高档市场的产品向下延伸,增加低档产品的经营。这样不仅可以扩大企业的市场规模,还可以吸引受到经济条件制约的消费者。

③ 双向延伸。双向延伸是指企业原本经营中档产品,在掌握了市场优势之后将产品线向上下两个方面延伸,增加经营高档和低档产品。对于开展网络营销的企业,其销售的不仅是产品本身,还包括与之相关的服务和增值信息等。因此,双向延伸不仅是增加高档和低档产品,还要在产品的各个组成部分进行延伸,进而提高产品的附加值和市场占有率。

5. 网络营销新产品的开发策略

网络时代,由于信息和知识的共享,科学技术扩散的速度加快,企业的竞争从原来简单依靠产品的竞争转为拥有不断开发新产品能力的竞争。企业在进行网络营销新产品的开发时,要注意以下几个方面:① 随着时间的推移,传统的优势产业,如汽车、电视机、计算机等领域内值得投资并切实可行的新技术微乎其微,企业需要适应网络时代的需求,构思和开发未来产品。② 市场竞争愈发激烈导致市场不断分裂,企业新产品不能选择整个市场为目标市场,应该将目标对准较小的细分市场。③ 新产品更新换代的速度越来越快,企业需要采用计算机辅助设计和合作开发,加快进行产品概念试验及先进的市场营销规划等,才能抢占先机,取得优势。④ 企业面对的是全球化的市场,要有国际化创新理念。要利用互联网的合理性与快速性,结合企业的实际情况,选择最优新产品开发策略。

与传统新产品开发一样,网络营销新产品开发策略也有几种不同的类型,但策略制定的环境和操作方法不一样。下面分别予以分析。

(1) 开发新产品

开发新产品即向网络市场推出一种全新产品。在网上,第一个网站创建软件、调制解调器、购物代理商、搜索引擎都属于这一类。与传统市场营销相同,全新产品的开发通常需要投入大量的资金,而且需要具有足够的需求潜力,企业承担的风险也较大。这种策略一般主要由创新公司采用。同时,网络经济使得市场需求、顾客观念与消费心理发生了极大的转变,因此,如果有很好的产品构思和服务理念,就会吸引更多的风险投资资金进入网络市场,从而使得产品概念成为现实。

(2) 形成新产品线

新产品线即企业首次进入某一现有市场的新产品。互联网的技术扩散速度非常快,利用互联网迅速模仿和研制开发出已有产品是一条捷径,只有新产品尽快形成新产品线,才能先发制人,占取优势。但因为新产品开发速度非常快,所以这种策略只能作为一种对抗的防御性策略。

(3) 现有产品线外新增加的产品

现有产品线外新增加的产品即补充企业现有产品线的新产品。由于市场不断细分,市场需求差异性增大,因此这种新产品策略是一个比较有效的策略。首先,它能满足不同层次的差异性需求;其次,它能以较低的风险进行新产品开发,因为它是在已成功产品上进行的再开发。

(4) 现有产品的改良品或更新

现有产品的改良品或更新即提供改善了功能或较大感知价值并且替换现有产品的新产品。在网络营销中,由于顾客可以在更大范围内挑选产品,因此顾客具有很大的选择权。企业在顾客需求层次日益提高的驱动下,必须不断改进现有产品并进行升级换代,否则很容易被市场抛弃。目前,产品的信息化、智能化和网络化是必须考虑的,如电视机的数字化和上网功能。

(5) 降低成本的产品

降低成本的产品即提供同样功能但成本较低的新产品。网络时代的顾客虽然注重个性化消费,但个性化消费不等于是高档次消费。个性化消费意味着顾客根据自己的个人情况包括收入、地位、家庭以及爱好等来确定自己的需要,因此顾客消费意识更趋向理性,更强调产品给顾客带来的价值,同时包括所花费的代价。在网络营销中,产品的价格总的来说呈下降趋势,因此提供相同功能但成本更低的产品更能满足日益成熟的市场需求。

(6) 重定位产品

重定位产品即以新的市场或细分市场为目标市场的现有产品。这种策略是网络营销初期可以考虑的,因为网络营销面对的是更加广泛的市场空间,企业可以突破时空限制以有限的营销费用去占领更多的市场。在全球的广大市场上,企业重新定位产品,可以取得更多的市场机会。例如,国内的中档家电产品通过互联网进入国际上其他发展中国家和地区市场,可以将产品重新定位为高档产品。

企业网络营销产品策略中采取哪一种具体的新产品开发方式,可以根据企业的实际情况决定。但结合网络营销的市场特点和互联网的特点,开发新市场的新产品是企业竞争的核心。对于相对成熟的企业来说,采用后面几种新产品策略是一种短期稳妥策略,但不能作为企业长期的新产品开发策略。

6.1.4 实训项目

网络营销产品的选择

【实训目的】

1. 掌握网络营销产品的层次;
2. 能够根据具体情况选择网络营销的产品。

【实训任务】

如果你要在网上开设一家商店,你会选择销售哪些产品?分析你所选择销售产品的层次以及购买此类产品的消费者群体的特征。

【实训步骤】

1. 选择一个网络购物平台,了解该平台的产品分类;
2. 分析该平台上的热销产品;

3. 选择准备销售的产品；
4. 分析这些产品的层次；
5. 分析购买这些产品的消费者群体特征。

6.1.5 思考习题

1. 网络营销产品整体概念分为哪五个层次？
2. 网络营销产品的特点是什么？
3. 网络营销产品如何进行分类？
4. 产品组合的含义是什么？在网络营销中，企业可以实施哪些产品组合策略？
5. 网络营销新产品的开发策略是什么？

6.2 网络营销价格策略

6.2.1 学习目标

【能力目标】

※ 能够根据网络定价的特点，分析对企业定价的影响因素；
※ 能够利用常见的网络营销价格策略为网上商品定价。

【知识目标】

※ 了解网络营销定价的目标和特点；
※ 了解网络营销定价的影响因素；
※ 掌握网络营销的定价策略。

6.2.2 学习案例

小米手机的网络营销价格策略

1. 背景资料

2011年8月16日，200余家媒体及400名粉丝齐聚北京798D-PARK艺术区，共同见证发烧友级重量手机——小米手机的发布。雷军先极其详细地介绍了小米手机的各种参数，展示了其优点。在勾起人们的兴趣之后，临近结束之时，他用一张极其庞大醒目的页面公布了它的价格：1 999元。

全球首款1.5GHz双核处理器，搭配1GB内存，以及板载4GB存储空间，最高支持32GB存储卡的扩展，超强的配置，却仅售1 999元，让人群为之一振。

2. 定价目标——市场占有率最大化

智能手机市场对价格高度敏感,低价能刺激需求迅速增长,生产与分销的单位成本会随生产经验的积累而下降,低价能吓退现有的和潜在的竞争者。

3. 产品成本

小米手机的成本包括几个部分,首先是元器件成本。2011年,小米手机配置了高通Qualcomm MSM8260双核1.5GHz手机处理器,芯片集成64MB独立显存的Adreno220图形芯片,并且配置了1GB内存,自带4GB ROM,支持最大可扩展至32GB MicroSD卡。这些硬件材料的价格加在一起不低于1 200元,再加上关税、17%增值税和3G专利费。此外,小米手机的良品率(手机拿起来能用)达到99%,相当于是极致,但还是意味着有1%的材料浪费。售后服务和返修率也是手机成本的一个重要变量。

另外,小米手机采用网上售卖的方式,直接面对最终消费者,从物流到库存的环节节约了巨大的成本,使得小米手机敢卖1 999元。

4. 定价策略

(1) 渗透定价。

即在新产品上市之初将价格定得较低,以吸引大量的购买者,扩大市场占有率。低价产生两个好处:一是可以使产品尽快为市场所接受,并借助大批量销售来降低成本,获得长期稳定的市场地位;二是微利阻止了竞争者的进入,增强了自身的市场竞争力。当然,低价利微的投资回收期较长,不利于企业形象的建立,有可能招致反倾销报复。

1 999元就能够买到相当不错的智能手机,这对消费者来说是一种很大的诱惑,小米手机第一次网上销售就被一抢而空更能说明高性价比对消费者的诱惑,这使小米手机在提高市场占有率方面具有很大的优势。

(2) 心理定价策略

① 尾数定价,即保留价格尾数,采用零头标价,将价格定在整数水平以下,使价格保留在较低一级档次上。

② 招徕定价,即利用消费者的求廉心理,以接近成本甚至低于成本的价格进行商品销售的策略。

小米手机在产品的定价过程中熟练地运用了多种新产品定价策略,最终敲定小米手机的售价为1 999元。实践证明,这个价格发挥了应有的作用。

5. 小米的竞争效果

通过以上的定价分析,可以看出小米手机的定价策略是比较成功的,但小米手机的定价策略也存在一定的风险。

(1) 过低的利润率将导致小米在之后的市场运转中没有太多的回旋余地,无法支撑太多层次的渠道销售,更无法承担手机一旦出现问题所产生的大规模维修,更不用说召回了。

（2）过于富有竞争力的价格，将导致整个手机市场的动荡，并鲜明地将自己摆在大多数手机厂商的对立面上。

（3）过低的拥有门槛，将吸引大批对智能手机不了解甚至从未用过智能手机的用户，这样的用户如果占据主体，很多智能手机与传统手机所共有的问题，如系统不稳定、后台占据内存过大、安全问题，都会被他们归结为小米的服务不到位，这将使得小米在实质上要承担整个市场教育者的身份，负担很重。

（资料来源：http://wenku.baidu.com/view/28753749852458fb770b56ad.html., 有删改）

问题： 思考小米手机网络营销价格策略的优势与不足。

6.2.3 相关知识

1. 网络营销定价的目标

企业在为产品定价时，必须要有明确的目标即定价目标，它是企业制定价格和选择定价方法的依据。不同企业、不同产品、不同市场、不同的时期有不同的营销目标，所采取的定价策略也不同。因此，企业定价目标不是单一的，而是一个多元的结合体，企业在不同的定价目标下，制定出的商品价格也各不相同。在网络营销中，企业定价目标主要有以下几种。

（1）以维持企业生存为目标

激烈的市场竞争，消费者的需求偏好发生变化，或者企业自身经营管理不善等原因造成产品大量积压、销路不通、资金周转不灵时，企业应把维持生存作为主要目标，为其积压的产品制定较低的价格，以迅速出清存货，收回资金。但这种目标只能是企业面临困难时的短期目标，而不能作为长期发展目标，否则，企业有破产的可能。

（2）以获取当前理想的利润为目标

获取利润不仅是企业生存和发展的必要条件，也是企业经营的直接动力和最终目的。因此，利润目标为大多数企业所采用。当企业的产品声誉好，并在目标市场占有竞争优势地位时，企业可采用追求短期利润最大化，而不考虑长期效益的定价目标。

（3）以保持和提高市场占有率为目标

市场占有率直接反映企业的经营状况和产品竞争力，它的高低对企业生存和发展具有十分重要的意义。一个企业要想生存和发展，就必须保持或提高市场占有率，所以企业可以通过实行全部或部分产品的低价策略，实现提高市场占有率这一目标。

（4）以应付或抑制竞争为目标

一些实力雄厚的大企业为了阻止竞争者进入自己的目标市场，通常会将产品的价格定得很低。而中小企业在市场竞争激烈的情况下，一般是以市场为导向，随行就市定价，从而缓和竞争，稳定市场。

(5) 以树立企业形象为目标

有些企业的定价目标实行的是"优质优价",以高价来保证高质量产品的地位,以此来树立企业的形象。

总之,企业定价目标一般与企业的战略目标、市场定位和产品特性相关。企业在制定价格时,从自身局部考虑主要是依据产品的生产成本;从市场整体考虑则取决于需求方的需求强弱程度和价值接受程度,以及来自替代性产品的竞争压力程度。在网络营销中,市场还处于进步阶段的开发期和发展期,因此企业进入的主要目的是占领网络市场以求得生存和发展的机会,然后才是追求企业的利润。所以,目前网络营销产品的定价通常是低价,甚至是免费的,以求在快速发展的虚拟市场中求得立足机会。网络市场一般可分为两个部分,即消费品市场和生产资料市场。对于消费品市场,由于购买者是广大网民,所以企业将采用相对低价的定价策略来占领市场;对于生产资料市场,由于购买者一般是商业机构和组织机构,购买行为比较理智,所以企业可以采取通过网络技术降低企业、组织之间的供应采购成本的方法来达到企业的目标。

2. 网络营销定价的特点

价格是网络营销策略中十分敏感的因素,定价将直接关系到顾客对产品的接受程度,影响着企业产品的销售量和盈利水平。网络营销定价的特点如下:

(1) 全球性

网络营销面对的是开放的和全球化的市场,用户可以在世界各地直接通过网站进行购买,而不用考虑网站是属于哪一个国家或地区的。这种目标市场从过去受地理位置限制的局部市场,一下拓展到范围广泛的全球市场,这使得网络产品在定价时必须考虑目标市场范围的变化给定价带来的影响。

如果产品的来源地和销售目的地与传统市场渠道类似,则可以采用原来的定价方法。如果产品的来源地和销售目的地与原来传统市场渠道的差距非常大,定价时就必须考虑这种地理位置差异带来的影响。例如,Amazon 的网上商店的产品来自美国,购买者也是美国人,产品定价可以按照原定价方法进行折扣定价,定价比较简单;如果购买者是中国或者其他国家的消费者,采用针对美国本土的定价方法就很难面对全球化的市场,就将影响网络市场全球性作用的发挥。为了解决这些问题,可采用本地化方法,在不同市场的国家或地区建立地区性网站,以适应地区市场消费者需求的变化。

虽然企业面对的是全球性网上市场,但企业不能以统一的市场策略来面对差异性极大的全球性市场,必须采用全球化和本地化相结合的原则进行定价。

(2) 价格标准化

在传统的市场营销活动中,价格策略主要考虑产品的生产成本和同类产品的市场价格,并且由于信息不对称,厂商往往对不同国家、不同地区、不同层次的消费者采用不同的价格,或是利用消费者的消费心理,采用各种心理定价策略以获取最大利润。但在互联网上,由于互联网的全球性和互动性,市场是开放的、透明的,消费者可以利用互联网及时获得同类产品或相关产品的不同价格信息,对价格及产品进行充分的比较,这必然会给实行地区价格差异的企业带来巨大的冲击,为了消除这种不利影响,企业要努力使价格差异减小或实行价格标准化。

(3) 价格弹性化

互联网已使得单个消费者可以同时得到某种产品的多个甚至全部厂家的价格以做出购买决策,这就决定了网络销售的价格弹性很大。企业在制定网上销售价格时,应充分检查所有环节的价格构成,以期做出最合理的定价策略。网络营销的互动性使消费者拥有更多的信息,讨价还价的能力增强,可以和企业就产品价格进行协商。企业必须以比较理性的方式拟定和改变价格策略,根据企业竞争环境的变化不断地对产品的价格进行及时恰当的调整。另外,由于网络上的消费者具有较强的理性,企业在制定价格策略时更要考虑消费者的价值观念,企业可以根据每位消费者对产品和服务提出的不同要求来制定相应的价格。

(4) 价格趋低化

互联网是从科学研究应用发展而来的,因此互联网使用者的主导观念是网上的信息产品是免费的、开放的、自由的。在早期的互联网上开展商业应用时,许多网站都想采用收费的方式来盈利,但结果证明是失败的。阿里巴巴公司的成功在于它为网上用户提供免费的服务,它遵循了互联网的免费原则和间接受益原则。

由于网络营销使企业和消费者直接打交道,而不需要传统的中间人,使企业用于产品开发和促销的成本降低。又由于互联网的开放性和互动性,网上产品及价格一目了然,消费者可以掌握充分信息,市场变得透明,消费者可以就产品及价格进行充分的比较和选择,使其拥有极大的选择余地,因而网上产品的价格比传统营销中产品的价格更具竞争力,这迫使网络营销者必须以尽可能低的价格推出产品,增大消费者的让渡价值。

(5) 顾客主导定价

顾客主导化是指为满足自己的需求,顾客通过充分了解市场信息来选择购买或者定制自己满意的产品或服务,同时以最小代价(产品价格、购买费用等)获得这些产品或服务。简单地说,就是顾客的价值最大化,顾客以最小成本获得最大收益。

顾客主导定价的策略主要有顾客定制生产定价和拍卖市场定价。根据调查分析,由顾客主导定价的产品并不比企业主导定价获取的利润低,根据国外拍卖网站 eBay 的分析统计,在网上拍卖定价产品,只有20%产品的拍卖价格低于卖者的预期价格,50%产品的拍卖价格略高于卖者的预期价格,剩下30%产品的拍卖价格与卖者的预期价格相吻合,在所有拍卖成交产品中,95%的产品成交价格卖主比较满意。因此,顾客主导定价是一种双赢的发展策略,它既能更好地满足顾客的需求,又能使企业的收益不受影响,而且可以对目标市场了解得更充分,企业的经营生产和产品研制开发可以更加符合市场竞争的需要。

3. 网络营销定价的影响因素

影响产品定价的因素很多。有企业内部因素,也有企业外部因素;有主观因素,也有客观因素。概括起来,大体上可以分为产品成本、市场需求、竞争因素、企业的定价目标和其他因素等五个方面。

(1) 产品成本

对企业的定价来说,成本是一个关键因素。企业产品定价以成本为最低价格界限,产品价格只有高于成本,企业才能补偿生产上的耗费,从而获得一定盈利。但这并不排除在一段时期个别产品的价格会低于成本。

在实际工作中,产品的价格是按成本、利润和税金三部分来制定的。成本又可分解为固定成本和变动成本。企业定价时,不应将成本孤立地对待,而应和产量、销量、资金周转等因素综合起来考虑。

(2) 市场需求

如果说产品成本是企业制定价格的底线,那么市场需求就是价格的天花板。市场需求并不是固定的,价格的变动会直接导致需求量的变动,另外,收入变动、消费者偏好的改变、相关商品价格的变动都会导致需求的改变。对单个企业来说,能够确切地获得市场对其产品的需求信息至关重要,尤其是需求量的变动对价格变动的反应程度,反映这种影响程度的一个指标就是商品的价格需求弹性。如果商品的需求是富有弹性的,销售者会考虑降价,因为降低价格能获得更高的销售收入。

(3) 竞争因素

市场竞争也是影响价格制定的重要因素。企业的价格策略,要受到竞争状况的影响。根据竞争的程度不同,企业定价策略会有所不同。按照市场竞争程度,市场竞争可以分为完全竞争、不完全竞争与完全垄断三种情况。完全竞争与完全垄断是竞争的两个极端。中间状况是不完全竞争。在不完全竞争条件下,竞争的强度对企业的价格策略有重要影响。所以,企业首先要了解竞争的强度。竞争的强度主要取决于产品制作技术的难易、是否有专利保护、供求形势以及具体的竞争格局。其次,要了解竞争对手的价格策略,以及竞争对手的实力,企业必须假定竞争对手会对价格的变化做出反应。最后,还要了解、分析本企业在竞争中的地位。

(4) 定价目标

公司常见的有生存、当期利润最大化、市场占有率最大化或稳定价格体系目标等。在不同的目标下,公司会制定不同的价格策略。如果饱受产能过剩、竞争过度或消费者需求变化的困扰,那么生存就有可能是公司的目标。为了维持生存,公司就可能制定低价以刺激需求。生存目标只可能是公司短期的目标。公司也有可能为了阻止竞争对手进入制定低价策略,或者为了稳定市场和竞争对手保持相同的价格水平。

(5) 其他因素

企业的定价策略除受成本需求以及竞争状况的影响外,还受到其他多种因素的影响。这些因素包括宏观经济环境的变化、政府或行业组织的干预、消费者习惯和心理、企业或产品的形象等。例如,经济周期的变动、利率和通货膨胀等宏观经济环境的变动都会影响生产成本和消费者对产品价值和价格的看法,从而影响定价决策。政府政策的变动,如税收政策的变化或者对价格的直接干预也会影响到企业的价格决策。消费者心理和习惯上的反应是很复杂、很微妙的,某些情况下会出现完全相反的反应。例如,在一般情况下,涨价会减少购买,但有时涨价会引起抢购,反而会增加购买。因此,在研究消费者心理对定价的影响时,要持谨慎态度,要仔细了解消费者心理及其变化规律。

4. 网络营销定价策略

随着网络经济的发展,一些适合网络环境的新的定价思想、定价策略开始出现。企业为了更有效地促进产品在网上销售,或是将传统的定价策略加以改造,或是利用网络特点制定新的定价策略,从而使得企业可以采取更多手段重新适应网络环境。

总体上来看,网络定价的策略可以分为两种:一种是传统的固定定价策略,此种策略更多的是将传统的线下定价策略移植到线上,即针对所有顾客制定统一的价格。当然,这种固定定价策略并不排除折扣定价和价格促销的使用,网络零售商常用的低位定价策略、捆绑销售或者参考价格促销就是典型的固定价格策略。另一种是考虑到线上消费者特征的动态定价策略,此种策略针对不同的顾客制定不同的价格,这其实是微观经济理论中价格歧视战略在网络营销中的应用,包括定制价格、细分定价、拍卖和网络议价等。另外,免费策略也是一种巧妙的定价策略。

(1) 低价定价策略

低价定价策略是指企业利用网上价格的可比性,在对商品进行定价时,先在网上进行查询,充分掌握市场上同类产品的价格底线,然后与同类、同质产品相比较,取略低的定价来确定自己产品的在线价格。低价定价策略主要有以下几种:

① 直接低价定价策略。直接低价定价策略是指定价时大多采用成本加一定利润,有时甚至是零利润的方法。这种定价在公开价格时就比同类产品要低。它一般是制造商在网上进行直销时采用的定价方式,如戴尔公司的计算机定价比同性能的其他公司产品低10%—15%。

② 折扣定价策略。折扣定价策略是指在原价的基础上运用折扣来定价。这种定价方式可以让顾客直接了解产品的降价幅度以促进其购买。这类价格策略主要用于一些网上商店,它对网上产品按照市面上一般的价格进行折扣定价。例如,当当网上的图书价格一般都要打折,而且有些产品的折扣还比较低。

③ 促销定价策略。当企业为了拓展网上市场,且产品价格又不具有竞争优势时,可以采用网上促销定价策略。由于网上的消费者众多且具有很强的购买能力,因此许多企业为打开网上销售局面和推广新产品而采用临时促销定价策略。促销定价策略除了前面提到的折扣定价策略外,比较常用的是有奖销售和附带赠品销售。

(2) 心理定价策略

心理定价策略主要用于零售环节,它是在充分考虑不同消费者的消费心理,特别是消费者对商品价格认识的心理反应的基础上,区别不同商品加以灵活定价的策略。心理定价策略主要有以下几种:

① 尾数定价策略。它是指企业定价时有意保留商品价格的角分尾数,制定一个与整数有一定差额的价格。此策略主要针对消费者的求廉心理,通常用于日常基本生活用品的定价,对一些高档产品或高级购物场所并不适用。

② 声誉定价策略。声誉定价策略是将产品的价格定得比产品的实际成本、一般利润高很多，以吸引少数经济条件较优裕的消费者购买的一种定价方法。定价策略专家认为，消费者购买某种高价位产品的时候，往往会产生有身份的感觉。企业使用声誉定价，可以向潜在的消费者传达高品质的信号。

（3）定制生产定价策略

按照顾客需求进行定制生产是网络时代满足顾客个性化需求的基本形式。定制生产定价策略是在企业能实行定制生产的基础上，利用网络技术和辅助设计软件，帮助消费者选择配置或者自行设计能满足自己需求的个性化产品，同时承担自己愿意付出的价格成本。戴尔公司的用户可以通过其网页了解某型号产品的基本配置和基本功能，根据实际需要并在能承担的价格内，配置出自己最满意的产品，使消费者能够一次性买到自己中意的产品。在配置电脑的同时，消费者也相应地选择了自己认为价格合适的产品，因此对产品价格有比较透明的认识，增加企业在消费者面前的信用。现在消费者只能在一定的范围内进行挑选，还不能完全要求企业满足自己所有的个性化需求。

（4）使用定价策略

使用定价策略是指顾客通过互联网注册后可以直接使用某公司的产品，顾客只需根据使用次数付费，而不需要将产品完全购买。这样一方面减少了企业为完全出售产品而进行的不必要的大量生产和包装，另一方面还可以吸引那些有顾虑的顾客使用产品，扩大市场份额。采用使用定价策略，一般要考虑产品是否适合通过互联网传输，是否可以实现远程调用。目前比较适合的产品有软件、音乐、电影等产品。

（5）细分定价策略

细分定价策略是将整体市场分割为若干不同的子市场，然后采取不同的定价策略。例如，通常依据地理变量和消费者行为变量采取不同的价格策略。在地理细分定价过程中，由于企业能很方便地通过消费者的 IP 地址和顶级域名得知消费者所在的地区，因此能很方便地制定不同的价格。还可根据消费者的忠诚度来制定不同的价格。并不是所有顾客都会为企业带来同样的价值，80/20 法则即 80% 的业务来自 20% 的顾客，同样适用于网络营销，给予有更高忠诚度的或者能够给公司带来更高价值的顾客一定的价格优惠能增强他们的忠诚度。例如，Amazon 对 VIP 和 SVIP 用户往往有更大的折扣优惠。在细分定价过程中，必须注意三点：一是整体市场的可分割性是细分定价的基础；二是细分定价带来的收益要高于相应的成本；三是细分定价要遵守法规且不能引起消费者的反感。

（6）拍卖定价和网络议价

网上拍卖是目前发展较快的领域，也是一种最市场化的方式。随着互联网市场的拓展，将有越来越多的产品通过互联网拍卖竞价。网上拍卖由消费者通过互联网轮流公开竞价，在规定时间内出价高者赢得。目前国外比较有名的拍卖站点有 eBay，它允许商品公开在网上拍卖，竞价者只需在网上进行登记即可。拍卖方只需要将拍卖品的相关信息提交给 eBay 公司，经公司审查合格后即可进行网上拍卖。国内一些网站，例如淘宝的拍卖会也采取类似策略。

在C2C领域,其价格策略更多的是一种网络议价,即销售者制定价格,然后购买者在线上与销售者讨价还价,最终成交。显而易见,消费者的信息掌握程度和讨价还价水平会直接影响成交价格。

(7)免费价格策略

免费价格策略是指将企业的产品或服务以免费的形式提供给顾客使用,满足顾客的需求。它是市场营销中常用的营销策略,主要用于促销和推广产品。这种策略一般是短期和临时性的。但在网络营销中,免费价格策略不仅仅是一种促销策略,还是一种有效的产品或服务的定价策略。许多新兴公司凭借免费价格策略一举获得成功。免费价格策略有以下几种形式:

① 产品或服务完全免费。即产品或服务从购买、使用到售后服务的所有环节都实行免费服务,如《人民日报》的电子版在网上可以免费使用。

② 对产品或服务实行限制免费。即产品或服务可以被有限次地使用,超过一定期限或者次数后,取消这种免费服务。

③ 对产品或服务实行部分免费。如一些著名研究公司的网站公布部分研究成果,如果要获取全部成果必须付款成为公司的客户。最典型的就是婚恋相亲网站,用户可以在网站上免费注册账号和发布需求信息,但当男女双方需要沟通交流时则需付费,否则无法联系到对方。

④ 对产品或服务实行捆绑式免费。即购买某种产品或服务时赠送其他的产品或服务。最典型的是手机服务,普通的手机免费赠送,条件是要和服务商签订两三年的长期合同来保证使用手机服务。

6.2.4 实训项目

网络营销产品价格的制定

【实训目的】

1. 掌握网络营销产品的价格策略;
2. 能够制定网络营销产品的价格。

【实训任务】

选择某一款网络销售的产品,撰写一份网上销售建议书,其中包括该产品的定价策略、具体价格。

【实训步骤】

1. 选择某款具体型号的产品,比较其在不同购物平台上的价格;
2. 分析该产品使用的网络营销定价策略;
3. 统计该产品在不同购物平台中的销量及评价;
4. 撰写该产品的销售建议书,包含该产品的定价策略和具体价格。

6.2.5 思考习题

1. 网络营销的定价目标包括哪些？
2. 网络营销定价有哪些特点？
3. 影响网络营销定价的因素包括哪些？
4. 网络营销的定价策略包括哪些？
5. 什么是免费价格策略？免费价格策略的形式有哪些？

6.3 网络营销渠道策略

6.3.1 学习目标

【能力目标】

※ 能够根据产品合理选择网络营销渠道；
※ 能够利用网络营销渠道策略对某产品的网络营销进行渠道设计。

【知识目标】

※ 了解网络营销渠道的概念、特点；
※ 了解网络营销渠道的功能；
※ 了解网络营销渠道的类型；
※ 掌握网络营销渠道的策略；
※ 掌握网络营销渠道的建设。

6.3.2 学习案例

戴尔的网络营销渠道策略

人们一提到戴尔公司，首先想到的就是其有名的网络直销模式。这种销售模式造就了总生产销售成本的降低，最直接的效应就是产品价格相对其他国际品牌具有竞争力。下面我们就来看看戴尔的销售模式。

戴尔的销售模式属于直销方式。在中国和海外都有自己的网站和 800 免费电话，消费者可以通过上网和拨打 800 免费电话的方式查看或者咨询相关产品性能。在戴尔网站上，会对相应产品进行详细分类，按照用户性质的不同会分为家庭用户、中小企业用户、大型企业用户等几大类别。而对应不同用户类别，戴尔会提供相应的产品解决方案。

消费者可以在网站上按照戴尔提供的相应解决方案作为基础,然后根据个人喜好或者价格因素来调整产品配置,而戴尔网站会实时计算相应产品的价格,让人一目了然。

由于省略了一般公司所采用的渠道销售方式,节省了一、二级代理销售渠道,因此直接节省了销售成本,而销售成本中包括运输、人员工资等。只是在中国,戴尔还是会有一小部分销售采用直接和政府或大型企业接触的方式,而放弃使用网站订购和电话订购的方式,这和中国国情相关。

我们再来看生产成本这块。戴尔的产品配件采用全球统一采购模式,大批量的采购可以大大降低单个零部件的价格,而戴尔通过其优秀的库存管理模块,可以将库存水平降低到一个很低的水平,达到一个动态的平衡,也就是我们经常听到的"零库存"。

当一个企业的生产成本和销售成本都得以控制之后,在追求的利润不变的条件下,产品的销售价格就可以降低。这就是为什么戴尔的产品价格总是会优于同配置的其他品牌的原因,而戴尔产品的配置总是能紧跟科技潮流,做到一周前刚发布一个什么CPU,一周后戴尔采用这款CPU的笔记本已经开始热卖了,因为戴尔没有库存的困扰。

戴尔公司的成功很大程度上得益于其推崇备至的直销模式。该模式由公司CEO迈克尔·戴尔一手创立,一经推出便在业界引起很大反响。随着互联网的发展和电子商务的应用,戴尔越来越多地采用网络直销的方式。戴尔在美国销售更多的是依靠网络,基本上可以不要门店。看到戴尔电脑在全球出货量节节攀升,全球知名电脑生产商百思不得其解,弄不清"直销"究竟有何魔力,会具有如此强大的生命力。即便看出个中端倪,放弃传统模式做彻底改变也不是件容易的事,所以至今还没有成功的直销跟随者。但是并不是所有企业、所有产品在任何地区都适合引入网络直销,也要考虑其他条件,如物流手段、消费习惯等是否满足要求。

(资料来源:http://www.ecwin.cn/case/casepoint116428056086.html.,有删改)

问题:思考戴尔公司网络营销渠道策略的优势。

6.3.3 相关知识

1. 网络营销渠道的概念

营销渠道是指某种产品或劳务从生产者向消费者或用户转移过程中所经历的一切取得这种货物或劳务所有权或帮助转移其所有权的所有企业或个人,即产品从生产领域向消费领域转移经过的通道,涉及信息沟通、资金转移和事物转移等。

网络营销渠道是指以互联网为通道实现商品或服务从生产者向消费者转移过程的具体通道或路径。它的主要任务是为产品从生产者向消费者转移提供方便。如图6-3-1所示。

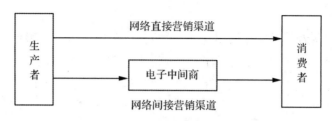

图 6-3-1　网络营销渠道模式

网络营销渠道使信息沟通由单向变成双向,从而增强了生产者与消费者的直接联系:一方面,企业不仅可以在网络发布有关产品的价格、性能、使用方法等信息,还可以迅速了解消费者的反馈信息;另一方面,消费者也可以通过网络直接了解产品信息,做出合理的购买决策。

2. 网络营销渠道的特点

互联网高效率的信息交换,改变着过去传统营销渠道的诸多环节,将错综复杂的关系简化为单一关系,使得传统营销中的中间商凭借地域原因获取的优势被互联网的虚拟性所取代,互联网的发展改变了营销渠道的结构。与传统营销渠道相比,网络营销渠道具有以下特点:

(1) 经济性

网络营销渠道能够大幅减少流通渠道环节,从而有效降低成本。同时,网络营销渠道在一定程度上通过顾客的按需定制订单进行生产,可以有效降低企业库存,实现物流的高效运转,提升存货周转率。

(2) 信息化

通过互联网及信息技术,网络营销渠道将制造商、批发商、零售商、物流商等作为渠道主体,以信息技术为纽带,重新组织与优化价值链,实现资源的充分整合,通过信息的即时传递有效降低商品的流转时间,从而减少库存,提高商业效率。

(3) 交互性

互联网的一个重要特性就是互动性,网络营销渠道发挥互动性,买卖双方从过去的单向信息沟通或者间接信息沟通向时下的双向直接信息沟通转变,增强了生产者与消费者的直接联系,可以使得围绕产品与服务的信息实现充分的互动沟通。

(4) 便捷性

网络营销渠道可以提供方便快捷的服务。企业建立网络平台,顾客可以通过互联网直接实现在线订货和付款,然后就可以坐等送货上门,方便了顾客的生活。此外,为客户提供售后服务和技术支持,既方便了顾客,又能以最小的成本为顾客服务。

3. 网络营销渠道的功能

互联网的发展为传统营销渠道带来了新的革命,网络营销渠道作为一种新兴的渠道系统开始登上历史舞台。与传统营销渠道一样,以互联网作为支撑的网络营销渠道也具备订货、结算和配送三大功能。

(1) 订货功能

网络渠道为消费者提供产品信息,同时方便企业获取消费者的需求信息,以求达到供求平衡。一个有效的网络营销渠道系统能够为客户提供网上订货的服务功能,可以最大限度地降低库存,减少营销成本,因此许多企业,尤其是与计算机相关的行业发展最快,如联想公司在其开通网上订货系统当天,订货额高达 8 500 万元。可见,网上订货系统发展潜力巨大。

(2) 结算功能

网络营销渠道实现交易后,要有一个能够实现货款结算的结算服务系统。国外网上结算的方式主要有信用卡、电子货币、网上划款等。我国结算方式主要有邮局汇款、货到付款、信用卡、第三方支付等。随着网络银行的发展,我国银行也为网上营销提供高效、优质的结算服务。目前在我国网上支付结算领域中,由阿里巴巴在 2004 年创建的支付宝,为中国电子商务提供了简单、安全、快速的在线支付解决方案。

(3) 配送功能

一般来说,产品可以分为有形产品和无形产品。无形产品如服务、软件、音乐等产品可以通过网上进行配送。例如,软件产品可以在网上免费下载或购买,MP3 格式音乐可在网上直接下载使用。对于有形产品的配送,要涉及运输和仓储问题,需要借助专业的物流配送体系(第三方物流公司)来完成。在发达国家,货物的配送主要通过专业的物流配送公司完成,如美国联邦快递公司,它的业务覆盖全球,能实现全球快速的专道服务。

4. 网络营销渠道的类型

互联网的发展改变了营销渠道的结构。从总体上看,网络营销渠道可分为网络直接营销渠道、网络间接营销渠道和双道法三种类型。

(1) 网络直接营销渠道

网络直接营销渠道与传统营销渠道的直接分销渠道一样,都没有营销中间商,商品直接从生产者转移给消费者或使用者。网络直接营销渠道也有订货功能、结算功能和配送功能。在网络直销中,生产企业可以通过建设网络营销站点使顾客直接从网站订货;可以通过与一些电子商务服务机构(如网上银行等)合作,直接提供支付结算功能,解决资金流转问题;另外,还可以利用互联网技术与一些专业物流公司合作,建立有效的物资体系。网络直接销售渠道一般适用于大型商品及生产资料的交易。

(2) 网络间接营销渠道

网络间接营销渠道是指生产企业通过融入互联网技术后的中间商,把商品销售给消费者或使用者的营销渠道。传统间接分销渠道可能有多个中间环节,但由于互联网技术的运用,网络间接营销渠道只需要新型电子中间商这一中间环节即可。网络间接营销渠道一般适用于小批量商品及生活资料的交易。

网络直接营销渠道和网络间接营销渠道构成了网络营销渠道的两种基本类型。但应注意的是,有人认为随着网络营销的发展,网络直接营销渠道将会完全代替网络间接营销渠道,这种认识是片面的。因为从商品流通的构成来看,网络直接营销渠道是由信息流、商流、资金流和物流四个方面构成的,在网络技术比较发达的情况下,信息流、商流和资金流可以直接在网上完成,但物流(商品实体运动)必须通过储存和运输来完成。一个企业不可能也不需要在自己的营销区域内建立完善的物流配送体系,仍然需要通过不同区域、不同环节的物流商来完成商品的实体配送。

(3) 双道法

无论企业是选择网络直接营销渠道还是选择网络间接营销渠道,都会存在一定的问题,因此很多企业都选择了双道法。所谓双道法,就是企业同时使用网络直接营销渠道和网络间接营销渠道,以达到销售量最大的目的。在竞争激烈的市场中,企业通过两种渠道销售产品比通过单一的渠道销售产品更容易取得理想的销售业绩。

5. 网络营销的渠道策略

网络营销渠道策略的选择是整个市场营销组合策略的重要组成部分。合理的网络营销渠道,一方面可以最有效地把产品及时提供给消费者,满足用户的需求;另一方面有利于扩大销售,加速物资和资金的周转速度,降低营销费用。

(1) 网上配送联盟

随着消费者个性化、多样化的日益发展,他们在配送上要求企业实行多品种、少批量、多频度的配送。传统营销渠道已经不能满足企业低成本与多样性的要求,很多从事网络营销的企业都在构筑富有效率的配送体系。

在如今流通形式多样化的情况下,一些中小型商务网站面临巨大压力:一方面由于自身规模较小,不具备商品即时配送的能力;另一方面由于经验少、发展时间短等各种原因,不具备配送服务必需的技术。因此,它们难以适应如今多频率、少量配送的要求。即使有些商务网站完善了自己的配送体系,但限于经济上的考虑,也要等到商品配送总和达到企业配送规模经济要求才能降低成本。面对这些问题,作为解决网络营销中配送问题的新方向,旨在弥合企业规模与实际需求对应矛盾的企业网上配送联盟应运而生。

网上配送联盟可以通过优势互补,营造集成增效的效果,以获得消费者的认同为宗旨,确保消费者的最大满意度,使供应商、渠道商和消费者之间的亲和度大大增强。

(2) 虚拟店铺渠道

企业在网站上设立虚拟店铺,通过三维多媒体设计,形成网上优良的购物环境,进行各种新奇的、个性化的店面布置以吸引更多消费者进入虚拟商店购物。虚拟橱窗可 24 小时营业,服务全球消费者,并可设网上导购员(客服)来回答专业性的问题,这优势是一般商店所不能比拟的。

(3) 网络渠道

网络将消费者与企业直接连接在一起,给企业提供了一种全新的销售渠道。主要包括:

① 会员网络。网络营销中一条重要的渠道就是会员网络。会员网络是在企业建立虚拟组织的基础上形成的网络团体。通过会员制,促进消费者相互间的联系和交流,以及消费者与企业的联系与交流,培养消费者对企业的忠诚度,并把消费者融入企业的整个营销

过程中,使会员网络的每一个成员都能互惠互利,共同发展。

② 分销网络。企业提供的产品和服务不同,分销渠道也不一样。如果企业提供的是信息产品,就可以在网上直接销售,需要较少的分销商,甚至不需要分销商。如果企业提供的是有形产品,就需要分销商。企业想要达到较大规模的营销,就要有较大规模的分销渠道,建立大范围的分销网络。

③ 快递网络。对于提供有形产品的企业,要把产品及时送到消费者手中,就需要通过快递公司的送货网络来实现。规模大、效率高的快递公司建立的全国甚至全球范围的快递网络,是企业开展网络营销的重要条件。

④ 服务网络。如果企业提供的是无形服务,企业可以直接通过互联网实现服务功能。如果企业提供的是有形服务,则需要对消费者进行现场服务,企业就需要建立服务网络,为不同区域的消费者提供及时的服务。企业可以自己建立服务网站,也可以通过专业性服务公司的网络实现为顾客服务的目的。

⑤ 生产网络。为了实现及时供货,以及降低生产、运输等成本,企业要在一些目标市场区域建立生产中心或配送中心,形成企业的生产网络,并同供应商的供货网络及快递公司的送货网络相结合。企业在进行网络营销中,根据消费者的订货情况,通过互联网和企业内部网对生产网络、供货网络和送货网络进行最优组合调度,可以把低成本、高速度的网络营销方式发挥到极限。

6. 网络营销渠道的建设

在具体建设网络营销渠道时,需要考虑下面几个方面的问题。

首先,从消费者的角度设计渠道。只有采用消费者比较放心、容易接受的方式来建设网络营销渠道,才有可能吸引消费者网上购物,克服网上购物"虚"的感觉。如采取货到付款或第三方支付的方式更让人认可。网络营销中渠道管理的首要因素应该是时间。网上购物的时间观念不再是以分钟来计算,而是以秒来计算的。在网上操作时,3 秒钟的等待就已经令人难以忍受。因而,进行网上销售的企业必须使自己的信息反馈系统快捷而准确,只有这样才能保证渠道的畅通,提高消费者的满意度。

其次,设计订货系统时,要简单明了,不要让消费者填写太多信息,而应该采用现在流行的"购物车"方式模拟超市购物方式,让消费者一边看物品比较选择,一边选购。在购物结束后,一次性进行结算。另外,订货系统还应该提供商品搜索和分类查找功能,以便消费者在最短的时间内找到需要的商品,同时还应向消费者提供想了解的有关产品信息,如性能、外形、品牌等重要信息。

再次,在选择结算方式时,应考虑到目前的实际发展状况,尽量提供多种方式方便消费者选择,同时还要考虑网上结算的安全性。对于不安全的直接结算方式,应换成间接的安全方式。

最后,关键是建立完善的配送系统。消费者只有看到购买的商品到达自己手中才真正感到踏实,因此建立快速有效的配送服务系统是非常重要的。在现阶段我国配送体系还不够成熟时,进行网上销售时要考虑到该产品是否适合目前的配送体系。

6.3.4 实训项目

企业网络营销渠道的选择

【实训目的】

1. 掌握网络营销渠道的类型；
2. 能够根据产品合理选择网络营销渠道。

【实训任务】

请以自己熟悉的企业为背景，根据该企业产品的实际情况，为该产品合理选择网络营销渠道。

【实训步骤】

1. 确定企业并分析其产品特点；
2. 分析该企业目前的产品销售渠道情况；
3. 为产品选择合理的网络营销渠道。

6.3.5 思考习题

1. 网络营销渠道的含义是什么？
2. 网络营销渠道有什么特点？
3. 网络营销渠道的功能有哪些？
4. 网络营销渠道有哪些类型？
5. 网络营销的渠道策略有哪些？
6. 如何进行网络营销渠道的建设？

6.4 网络营销促销策略

6.4.1 学习目标

【能力目标】

※ 能够对产品采用多种网络促销形式；
※ 能够为企业制订网络促销方案。

【知识目标】

※ 了解网络营销促销的概念；

※ 了解网络营销促销的功能；
※ 掌握网络营销促销的形式；
※ 掌握网络促销方案的设计。

6.4.2 学习案例

VANCL 凡客诚品的网络营销促销策略

VANCL 凡客诚品是国内比较著名的时尚服装品牌，由卓越网创始人陈年创办于 2007 年，产品涵盖男装、女装、童装、鞋、家居、配饰、化妆品七大类，支持全国 1 100 个城市货到付款、当面试穿、7 天无条件退换货。

VANCL 凡客诚品在中国市场出现的时间相比其他品牌要晚很多，对于时尚服装品牌而言，想在一个新市场当中抢得一席之地，即使投入大量的人力、物力、财力，也未必完全可以实现目标。然而，与其他服装品牌相比，VANCL 凡客诚品的网络促销策略就相当成功。应该说其领导人很懂市场，他们所做的事情，完全符合市场切入的需要与开展营销的必要。

关注 VANCL 凡客诚品的网络广告促销、体验营销、口碑营销等策略，可以对 VANCL 凡客诚品所做的网络促销手段进行深入的洞察。

1. 网络广告促销

随着我国网民人数的快速增长和互联网技术的飞速发展，互联网成为消费者了解新品牌和新产品的重要渠道之一，对于年轻人来说，互联网的重要性逐渐超过了电视。

VANCL 凡客诚品采用广告联盟的方式，将广告遍布大大小小的网站，因为采用试用的促销策略，所以广告的点击率比较高。虽然采用大面积的网络促销策略，但与传统的电视广告等促销手段相比，其综合促销成本还是比较低的，并且营销效果和规模要远胜于采用传统媒体进行营销。

2. 体验营销

一次良好的品牌体验(或一次糟糕的品牌体验)比正面(或负面)的品牌形象要强有力得多。VANCL 凡客诚品采用以"VANCL 试用啦啦队"为主题的免费获新品试穿体验活动，消费者只需要填写真实信息和邮寄地址，就可以拿到试用装，当消费者试用过凡客诚品产品后，就会对此做出评价，并且和其他潜在消费者交流。因为试用装质量很好，所以一般情况下，消费者的评价都不错，这样就树立了品牌的正面形象。

3. 网络口碑营销

试用消费者对潜在消费者的推荐或建议，往往能够促成潜在消费者的购买决策，铺天盖地的广告攻势和媒体逐渐有失公正的公关，已经让消费者对传统媒体广告信任度下降，网络口碑往往成为产品最有力的营销策略。

VANCL凡客诚品在其官网上的产品购买页面中单独设置了评论区域,消费者的正面评价为企业的产品做了很好的宣传,这样的网络口碑营销几乎是没有成本的促销策略。

4. 会员制体系

类似于贝塔斯曼书友会的模式,消费者订购VANCL凡客诚品商品的同时就自动成为VANCL凡客诚品会员,无须缴纳任何入会费与年会费。VANCL凡客诚品会员还可获赠DM杂志。DM杂志成为VANCL凡客诚品与会员之间传递信息、双向沟通的纽带。采用会员制大大提高了VANCL凡客诚品消费者的归属感,拉近了VANCL凡客诚品与消费者之间的距离。通过长期的沟通与交流,VANCL凡客诚品可以为其会员提供更加周到的网络服务。因此,会员制不失为是一种良好的营销策略。

综上所述,互联网对VANCL凡客诚品最大的促进有三方面:
(1) 网络广告促销降低了企业的营销成本。
(2) 网络广告和体验营销大幅度提高了品牌占有市场的速度。
(3) 消费者自发通过互联网对潜在消费者进行有效的网络口碑营销。

VANCL凡客诚品的网络促销策略无疑是成功的,可以引发多种思考:一方面,传统企业如何针对消费者的心态,利用互联网新媒体工具进行有效的营销推广;另一方面,消费者的心态和消费交流的欲望,本身也是一种非常有价值的需求,进而商业的转化也十分便利。帮助品牌凝聚精准用户产品的应用,必然会受到企业的青睐。

(资料来源:https://wenku.baidu.com/view/c727e9e5cc175527062208bd.html,有删改)

问题:凡客诚品网络营销促销策略成功的原因是什么?

6.4.3 相关知识

1. 网络营销促销的概念

网络营销促销是指利用现代化的网络技术向虚拟市场传递有关产品或服务的信息,以启动需求,引起、辅助和促进消费者的购买欲望和购买行为为目的的各种活动。

从营销角度分析,网络营销促销是指以人员或非人员的方法,帮助或者说服顾客购买某种商品或服务,对卖方(企业)产生好感,引起购买欲望和购买行为的各种活动。从这个角度来说,促销是一个启发需求、促成消费的过程。

从信息角度分析,网络营销促销是指将产品或服务的信息传递给目标顾客,从而引起其兴趣,促进其购买,实现企业产品销售的一系列活动。从这个角度考虑,促销的实质是传播与沟通信息。

从技术角度分析,网络营销促销是指利用现代化的网络技术向虚拟市场传递有关产品或服务的信息,从而引起消费者的购买欲望和购买行为的各种活动。

2. 网络营销促销的功能

(1) 告知功能

企业提供各种促销形式,能够把企业的产品、服务、价格、企业理念等信息通过互联网传递给目标消费者,引起他们的注意,同时有助于消费者加深对产品的认识和记忆,增强购买意愿。

(2) 说服功能

网络促销的目的在于通过各种有效的方式,解除目标公众对产品或服务的疑虑,说服目标公众坚定购买决心,以扩大本企业产品的销售。消费者购买的发展过程一般要经过未知、知道、理解、确信、购买这五个阶段。企业先通过网络促销活动对消费者进行说服和诱导,使之逐步完成知道本企业的产品,再确认产品优点,最终决定购买的转化。例如,在同类产品中,许多产品都趋于同质化,在质量、功能等方面差别都不是很大,用户难以察觉产品之间的差异。企业通过网络促销活动,宣传本企业产品区别于同类产品的特点,使消费者了解企业产品的独特优势,认识到企业产品可能给他们带来的特殊效用和利益,进而乐于购买企业的产品。

(3) 反馈功能

利用网络促销的各种形式,企业不仅能够达到迅速传播信息的目的,同时还能实现企业与顾客之间实时、异地的双向沟通。企业能够通过 E-mail、网站意见箱、BBS 等及时地收集和汇总顾客的需求和意见,迅速反馈给企业管理层。由于网络促销所获得的信息基本上都是文字资料,信息准确、可靠性强,对企业经营决策具有较大的参考价值。

(4) 创造需求

运作良好的网络促销活动,不仅可以诱导需求,而且可以创造需求,挖掘潜在顾客,扩大销售量,特别是对新生事物感兴趣的网络顾客,更容易被引导。

(5) 稳定销售

在企业产品销售量波动较大、市场地位不稳的情况下,通过适当的网络促销活动,树立良好的产品形象和企业形象,往往有可能改变消费者对企业及产品的认识,提高产品知名度和用户对企业的忠诚度,达到锁定用户、实现稳定销售的目的。

3. 网络营销促销的形式

网络促销形式有四种,分别是网络广告、站点推广、销售促进和关系营销。其中网络广告和站点推广是主要的网络促销形式。

(1) 网络广告

网络广告已经形成了一个很有影响力的产业市场,因此企业的首选促销形式就是网络广告。网络广告的类型很多,根据形式的不同可以分为旗帜广告、电子邮件广告、电子杂志广告、新闻组广告、公告栏广告等。网络广告主要是借助网上知名站点(如新浪、搜狐等)、免费电子邮件和一些免费公开的交互站点(如新闻组、公告栏)发布企业的产品信息,对企业和产品进行宣传推广。网络广告作为一种有效且可控的促销手段,被许多企业用于在网上进行新产品的推广和扩大企业知名度等。

（2）站点推广

站点推广就是利用网络营销策略扩大站点的知名度，吸引上网者访问网站，起到宣传和推广企业及企业产品的效果。站点推广主要有两类方法：一类是通过改进网站的内容和服务，吸引用户访问，起到推广效果；另一类是通过网络广告宣传和推广站点。前一类方法费用较低，而且容易稳定顾客访问流量，但推广速度比较慢；后一类方法可以在短时间内提高站点知名度，但与前一类相比费用较高。例如电脑游戏与硬件的生产商——美国世嘉公司利用网站进行各种不同的促销宣传，如向公众推出新的游戏角色并为上网者提供下载游戏的机会，如此，美国世嘉公司主页的访问量平均每天达25万人次。

（3）销售促进

网络销售促进是指企业利用可以直接销售的网络营销站点，采用一些销售促进方法宣传和推广产品。

① 网上折价促销。折价亦称打折、折扣，是目前网上最常用的一种促销方式。由于网上销售的商品不能给人以全面、直观的印象，也不可试用、触摸等，因此，网上商品的价格一般都要比采用传统方式销售时要低，以吸引人们购买。目前大部分网上销售商品都有不同程度的价格折扣。折价券是直接价格打折的一种变化形式，如有些商品因在网上直接销售有一定的困难，故可结合传统营销方式，从网上下载、打印折价券或直接填写优惠表单，到指定地点购买时可享受一定优惠。

② 网上变相折价促销。变相折价促销是指在不提高或稍微增加价格的前提下，提高产品或服务的品质和数量，较大幅度地增加产品或服务的附加值，让消费者感到物有所值。由于网上直接价格折扣容易让消费者产生品质降低的疑虑，因此利用增加商品附加值的促销方法比较容易获得消费者的信任。

③ 网上赠品促销。赠品促销目前在网上的应用不算太多，一般在新产品推出试用、产品更新、对抗竞争品牌、开辟新市场的情况下，利用赠品促销可以达到比较好的促销效果。

④ 网上抽奖促销。抽奖促销是网上应用得较多的促销形式之一，是大部分网站乐意采用的促销方式。抽奖促销是以一个人或数个人获得超出参加活动成本的奖品为手段进行商品或服务的促销。网上抽奖活动主要附加于调查、产品销售、扩大用户群、庆典、推广某项活动等。消费者或访问者通过填写问卷、注册、购买产品或参加网上活动等方式获得抽奖机会。

⑤ 积分促销。积分促销在网络上的应用比传统营销方式要简单和易操作。网上积分活动很容易通过编程和数据库等来实现，并且结果的可信度很高，操作起来相对简便。积分促销活动一般会设置价值较高的奖品，消费者可以通过多次购买或多次参加某项活动来增加积分以获得奖品。现在不少电子商务网站发行的虚拟货币应该是积分促销的另一种体现，如淘宝的淘金币等。淘宝通过举办活动和做任务来使会员"挣钱"，同时会员可以使用网站上的虚拟货币来购买本站的商品，这实际上是给会员购买者相应的优惠。

⑥ 网上联合促销。由不同商家联合进行的促销活动称为联合促销。联合促销的产品

或服务可以起到优势互补、互相提升自身价值等作用。如果应用得当,联合促销可以达到相当好的促销效果,如网络公司可以和传统商家联合,以提供在网络上无法实现的服务等。

以上六种是网上促销活动中比较常见且较重要的方式,其他如节假日促销、事件促销等都可以与以上几种促销方式结合使用。但要想使促销活动达到良好的效果,必须事先进行市场分析和竞争对手分析,以及在网络上实施活动的可行性分析,与整体营销计划相结合,组织实施促销活动,以使促销活动新奇、富有销售力和影响力。

(4) 关系营销

关系营销是借助互联网的交互功能来吸引用户与企业保持密切关系,培养顾客的忠诚度,提高企业的收益率。例如,一个鲜花礼品递送公司会在适当的时候通过电子邮件提醒顾客,应该为其母亲送一束鲜花祝福生日了。

4. 网络促销方案设计

(1) 网络促销方案设计的含义和特点

营销策划是对企业开办、发展的整个经营活动进行的必要规划和安排。网络促销方案设计是企业针对在网络上如何开展相应的促销活动而进行的设计、选择和实施计划。

网络促销方案只是企业整个促销方案中的一部分,它的目标、实施步骤和运用方法都要与企业的整个促销方案达到高度的统一。网络促销方案要体现产品的网络特征,能够充分利用网络技术手段实现企业的宣传推广和产品销售的最终目的。

(2) 网络促销方案的设计流程

根据国外网络促销的大量实践,网络促销方案的设计流程主要由五个方面组成,即确定网络促销对象、设计网络促销内容、设计网络促销组合、制订网络促销预算方案、评价网络促销效果。

① 确定网络促销对象。

网络促销对象是指能在网络虚拟市场中产生购买行为的消费群体。随着网络的迅速普及,这一群体的规模在不断扩大。这一群体主要包括以下三部分人员:

产品的使用者　这里指实际使用或消费产品的人。实际的需求构成了这些顾客购买的直接动因。抓住了这一部分消费者,网络销售就有了稳定的市场。

产品购买的决策者　这里指实际决定购买产品的人。在许多情况下,产品的使用者和购买决策者是一致的,特别是在虚拟市场上更是如此。因为大多数上网人员都有独立的决策能力,也有一定的经济收入。但在另一种情况下,产品决策者和使用者则是分离的。例如婴儿用品,产品使用者是婴儿,但购买的决策者则是婴儿的母亲或其他相关的成年人。所以,网络促销同样应当把购买决策者放在重要的位置上。

产品购买的影响者　这里指对最终购买决策者可以产生一定影响的人。在低价、易耗的日用品等的购买决策中,产品购买影响者的影响力较小,但在高价耐用消费品的购买决策上,产品购买影响者的影响力较大。这是因为对高价耐用品,购买者往往比较谨慎,希望广泛征求意见后再做决定。

② 设计网络促销内容。

网络促销的最终目标是引起购买行为。这个最终目标是通过设计具体的信息内容来实现的。消费者的购买过程是个复杂、多阶段的过程，促销内容应当根据购买者目前所处的购买决策过程的不同阶段和产品所处的生命周期的不同阶段来决定。一般来讲，一项产品完成试制定型后，从投入市场到退出市场，大致要经历四个阶段：投入期、成长期、成熟期和衰退期。在新产品投入市场的开始阶段，消费者对该种产品还非常生疏，促销活动的内容应侧重于宣传产品的特点，以此引起消费者的注意。当产品在市场上已有了一定的影响力，促销活动的内容则需要偏重于唤起消费者的购买欲望，同时，还需要创造品牌的知名度。当产品进入成熟阶段后，市场竞争变得十分激烈，促销活动的内容除了针对产品本身的宣传外，还需要对企业形象做大量的宣传工作，树立消费者对企业产品的信心。在产品的衰退阶段，促销活动的重点在于加强与消费者之间的感情沟通，通过各种让利促销，延长产品的生命周期。

③ 设计网络促销组合。

促销组合是一个非常复杂的问题。网络促销活动主要通过网络广告促销和网络站点促销两种促销方法展开。但是不同的产品种类、销售对象和促销方法将产生不同的网络促销组合方式。企业应结合实际，根据网络广告促销和网络站点促销两种方法各自的特点和优势，根据自己产品的市场情况和顾客情况，扬长避短，合理组合，以达到最佳的促销效果。

网络广告促销主要实施"推战略"，其主要功能是将企业的产品推向市场，获得广大消费者的认可。网络站点促销主要实施"拉战略"，其主要功能是将顾客牢牢地吸引过来，保持稳定的市场份额。

一般来说，日用消费品（如化妆品、食品、饮料、医药制品、家用电器等）的网络广告促销的效果比较好，而对于大型机械产品、专用品，采用网络站点促销的方法比较有效。在产品的成长期，应侧重于网络广告促销，宣传产品的新性能和新特点；在产品的成熟期，应加强自身站点的建设，树立企业形象，巩固已有市场。所以，企业应当根据自身网络促销的能力确定两种网络促销方法配合使用的比例。

④ 制订网络促销预算方案。

在网络促销实施过程中，企业感到最困难的是预算方案的制订。因为运用互联网技术进行促销是一种新生事物，所有的价格、条件都需要在实践中不断比较、学习和体会，不断地总结经验，只有这样，才可能利用有限的资金达到尽可能好的效果。制订网络促销预算方案应注意以下几点：

<u>明确网上促销的方法及组合的办法</u>　不同的信息服务商，宣传的价格可能相差极大，就好比在不同的电视台做广告，在中央电视台做广告的价格远远高于在地方电视台做广告的价格；企业自己设立站点进行宣传，价格最低，但宣传的覆盖面可能最小。所以，企业应在认真比较各站点的服务质量和服务价格的基础上，选择适合本企业产品质量和价格的信息服务站点。

确定网络促销的目标 企业进行网络促销的目标是宣传产品,或是宣传售后服务,或是树立企业形象。只有明确网络促销的目标,才能据此策划投入内容的多少(包括文案的数量、图形的多少、色彩的复杂程度)、投放时间的长短、频率和密度的大小、广告宣传的位置、内容更换的时间间隔及效果检测的方法等。这些环节都确定好后,对整体投资数额就有了预算的依据,与信息服务商谈判时也就有了一定的把握。

明确网络促销影响的服务对象 必须要明确企业的产品信息希望传递给哪个群体、哪个层次、哪个范围。因为在服务对象上,各个站点有较大的差别。有的站点侧重于中青年,有的站点侧重于学术界,有的站点侧重于产品消费者。一般来讲,侧重于学术交流的站点的服务费用较低,专门从事新产品推销的站点的服务费用较高,而某些综合性的站点的费用最高。在宣传范围上,单纯使用中文促销的费用较低,使用中英文促销的费用较高。企业促销人员应当熟知自己产品的销售对象和销售范围,根据自己的产品选择适当的促销形式。

⑤ 评价网络促销效果。

网络促销的实施过程进展到了一定阶段,就必须对已经执行的促销内容进行评价,衡量促销的实际效果是否达到了预期的促销目标。

充分利用互联网上的统计软件,及时对促销活动的好坏做出统计。这些数据包括主页访问人次、点击次数、千人广告成本等。在网上,用户可以很容易地统计出自己站点的访问人数,也可以很容易地统计广告的阅览人数,甚至可以告诉访问者,他是第几个访问者,利用这些统计数字,网上促销人员可以及时地了解自身在网上的优势和不足。

促销人员通过销售量的增长情况、利润的变化情况、促销成本的降低情况,可以判断促销决策是否正确;同时,还应注意促销对象、促销内容、促销组合等方面与促销目标的因果关系的分析,以便对整个促销工作做出正确的决策。

6.4.4 实训项目

企业网络营销促销方案设计

【实训目的】

1. 掌握网络营销促销形式;
2. 能够为企业制订网络促销方案。

【实训任务】

选择某一家企业,为其制订一个"双11"的网络促销方案。

【实训步骤】

1. 确定网络促销对象;
2. 设计网络促销内容;

3. 设计网络促销组合；
4. 制订网络促销预算方案；
5. 评价网络促销效果。

6.4.5 思考习题

1. 网络营销促销的含义是什么？
2. 网络营销促销的功能有哪些？
3. 网络促销的形式有哪些？
4. 网络促销方案设计的含义和特点是什么？
5. 网络促销方案的设计流程包含哪些步骤？

第 7 章 网络营销策划与效果评价

7.1 网络营销策划

7.1.1 学习目标

【能力目标】

※ 能够分析网络营销宏观和微观环境；
※ 能够分析并理解网络营销战略定位；
※ 能够分析并理解网络营销策划目标；
※ 能够分析并理解网络营销策略；
※ 能够制订网络营销实施方案并撰写网络营销策划书。

【知识目标】

※ 掌握网络营销策划的内涵；
※ 掌握网络营销策划的程序；
※ 掌握网络营销环境分析工具；
※ 了解网络营销 STP 战略制定过程；
※ 了解网络营销策划书的基本内容。

7.1.2 学习案例

AB 公司网络营销策划方案

1. 公司网络市场环境 SWOT 分析

SWOT 分析是对企业网络营销内外部环境进行综合和概括,进而分析企业的优劣势、面临的机会和威胁的一种方法。SWOT分析可以帮助企业把资源和行动聚集在自己的强项和有最多机会的地方,并让企业的战略变得明朗。下面将应用SWOT方法分析某生产冰淇淋设备的AB公司的市场环境。

(1) 优势。

① 厂家直销价格优势。

AB公司生产、销售冰淇淋设备,由于省掉了中间渠道的费用,因此公司销售的冰淇淋设备的价格相对其他品牌有优势。

② 公司设备技术先进。

AB公司销售的设备,均采用美国AB集团先进的技术生产制造,设备品种丰富,技术先进,都是电脑数控或智能型机器设备。

③ 公司团队合作精神较好

AB公司有专业的网络、业务、技术、物流等团队,团队之间相互合作,共同奋斗,齐心协力,一起做好公司品牌推广工作。

(2) 劣势。

① 公司成立较晚。

AB公司是2011年成立的,公司网站2012年2月才建设好,公司品牌和网站、网络推广起步晚,而其他竞争对手品牌在网络上已占据优势。

② 网络营销经验不足。

AB公司刚刚着手网络营销推广,网络推广经验不足。

(3) 机会。

① 冰淇淋市场发展前景广阔。

国内冰淇淋市场日益扩大,目前我国冰淇淋人均消费水平约为1千克,与美国等发达国家的人均年消费量40千克差距甚远。随着我国国民经济的发展和人们生活水平的提高,冰淇淋将成为老百姓的日常消费品,冰淇淋市场发展前景广阔。

② 经营模式新颖。

AB公司以销售设备并免费加盟模式经营,客户只要在AB设备商城购买设备就可以加盟,从而吸引更多想投资创业的人群。

(4) 威胁。

① 网络营销效果体现需要较长的时间。

网络推广的效果体现需要较长时间,特别是一些免费的网络推广手段,其效果在短时间之内很难体现出来,而公司实施网络推广需要增加人力、资金的投入,可能会影响公司管理层的决策。

② 同行业竞争较激烈。

冰淇淋行业中已有很多有名的品牌,如哈乐雪、多喜爱、星班客、冰雪皇后等,这些品牌知名度较高,在消费者中已经形成一定影响力。

③ 潜在进入的竞争者多。

由于冰淇淋市场广阔,利润较高,有很多企业也看到了商机,纷纷加入冰淇淋行业中,因而市场中有不断新加入的冰淇淋品牌,增加了冰淇淋市场的竞争压力,给公司快速稳定发展带来一定的威胁。

2. 分析竞争对手的网站及推广方式

目前,在国内主营冰淇淋加盟和冰淇淋设备的公司和品牌有哈乐雪、多喜爱、星班客、冰雪童话、锐奇设备商城等。这些竞争对手大致可分为两类:一类是主营冰淇淋加盟,客户如加盟需要缴纳加盟费用;另一类是冰淇淋设备商城,客户不需要缴纳加盟费,竞争对手主要单卖设备。加盟形式竞争者主要以哈乐雪为代表,设备商城形式竞争者以锐奇设备商城为代表。

通过分析发现,哈乐雪公司网站百度权重较低,收录数量不高,网站的部分关键词在百度收录中排名较好,公司的主要网络推广方式是网络软文及网络广告。

锐奇设备商城网站的百度权重更低,网站关键词在百度收录排名较前的关键词均与冰淇淋无关。

3. 确定网络推广的目标市场

企业进行网络推广时,需要了解目标客户的网络应用习惯,据此采取相应的网络营销工具进行推广。经过分析,AB 公司的目标客户群主要有如下三类:

(1) 计划创业的年轻人群。

近几年,大学毕业生数量逐年增加,工作竞争压力越来越大,很多刚毕业大学生或者已经毕业几年的大学生不想为他人打工,想自己创业开店,而 AB 冰淇淋加盟需要的资金比较少,适合部分年轻人群体。

(2) 无工作失业人群。

由于各种原因,在家待业的人群如家庭主妇、下岗人员等想重新创业,加盟冰淇淋项目既方便照看家庭,又可以增加家庭收入。

(3) 已有店铺想再增加创业项目的人群。

这类人群已有店铺或门面,想在已有生意的基础上增加冰淇淋项目,或者因为目前店铺生意不好想改行做冰淇淋项目。

4. 规划网络推广的主要目标

与传统推广一样,网络推广同样首先需要明确营销目标。只有确定了明确的营销目标,网络推广才有行动的方向,才能对网络营销活动做出及时的评价。

(1) 初期推广目标。

AB 公司商城前期网络推广以提升品牌知名度和关键词排名为主要目标,主打产品为冰淇淋设备,由一个产品品牌带动其他产品。初期主要通过论坛、贴吧、博客、信息平台和网络广告等方式来推广网站,提高冰淇淋设备、冰淇淋机等关键词排名和获得客户户资源。

(2) 中期目标。

网络营销中期目标是提高 AB 设备商城在各大搜索引擎上的收录,保持收录量的平稳增加,提高 AB 设备商城的反链链接,提高 AB 设备商城网站在搜索引擎中的整体权重。同时把和冰淇淋相关的关键词(如冰淇淋机、冰淇淋加盟、冰激凌加盟、冰激凌机等)的排名提升至百度首页位置,然后再推广公司第二品牌——AB 烧烤设备。

(3) 终极目标。

公司网络营销的终极目标是能够让人们一提冰淇淋设备和烧烤设备就想到 AB 设备商城,让 AB 设备商城网站在同行业网站中具有一定的品牌影响力!

5. 选择恰当的网络推广方式

网络推广方案的制订,是对各种网络推广工具和资源的具体应用。在信息技术发展日新月异的今天,网络推广的方式也层出不穷。根据网络营销实践经验,用户获取网络信息的主要途径包括搜索引擎、即时通信软件、电子邮件、BBS 论坛等方式。考虑到公司产品品牌在市场上出现较晚、资金实力一般的实际情况,主要选择了搜索引擎推广及优化、博客推广、第三方网络营销平台推广、问答及百科类推广、论坛推广、电子邮件推广、网络广告推广等方式来进行开展营销推广活动。

问题:
1. 完成上述策划方案需要哪些能力与知识?
2. 上述策划方案的优点及不足有哪些?

7.1.3 相关知识

1. 网络营销策划内涵

网络营销策划是以对网络市场环境的分析和充分获取市场竞争信息为基础,综合考虑外界的机会和威胁、自身的资源条件及优势劣势、竞争对手的战略动向和市场变化趋势等因素,制订出一定时期的网络营销任务、目标以及实现目标的方案。它是企业对将要发生的网络营销行为进行的超前规划和设计,也是企业网络营销活动的起点和指南。

网络营销策划覆盖的领域广泛、内容丰富,因此可以从不同角度对其进行划分。按照营销策划作用时间的长短分类,可分为长期策划和短期策划。按照营销策划目标分类,可将其分为营销战略策划和营销战术策划,前者如网络营销战略目标的策划、STP 策划,后者如 4P 策略的策划。按照策划的范围分类,可以分为单项策划和整体策划,前者如某一专项推广和促销活动的策划,属于局部策划,后者是企业整体网络营销活动的策划,包括多个局部单项策划。本章将介绍企业网络营销活动的整体策划。

网络营销策划作为一种实践性很强的科学性和艺术性相结合的企业市场活动行为,其本身既有严谨的内在逻辑联系性,又有可操作性的策划程序。因此,在进行营销策划时,应该按照一定的流程逐步进行,以提高营销策划的质量和科学性。网络营销策划的一般流程包括:环境分析、网络营销 STP 战略、网络营销目标设定、网络营销 4P 组合策略、详细实施方案、费用预算、策划效果预测及方案控制与调整。

2. 网络营销环境分析

(1) 外部环境分析

根据营销环境对企业网络营销活动影响的直接程度,网络营销的外部环境可以分为直接环境(微观环境、行业环境)和间接环境(宏观环境)。

① 网络营销直接环境。

网络营销直接环境是指与企业网络营销活动联系较为密切并且作用比较直接的各种因素的总称,主要包括供应商、顾客、现有及潜在竞争者、替代品等。分析微观环境的常用模型是波特的五力竞争模型。

② 网络营销间接环境。

网络营销间接环境是指对企业网络营销活动影响较为间接的各种因素的总称,主要包括人口环境、政治法律、经济环境、科学技术、自然地理等环境因素。分析间接环境的常见模型是 PEST 模型,其中 P(Politics)指政治因素、E(Economy)指经济因素、S(Society)指社会因素、T(Technology)指科技因素。

网络人口环境是网络市场的第一要素。网络人口数量直接决定市场规模和潜在容量,人口的性别、年龄、民族、职业等人口结构和人口地理分布也会影响企业的营销活动。这些信息可从中国互联网络信息中心一年两次发布的《中国互联网络发展状况统计报告》中获取。据最新发布的统计报告显示,截至 2019 年 6 月,我国网民规模达 8.54 亿,互联网普及率达 61.2%,非网民仍以农村地区人群为主。网民年龄以 20—29 岁人群占比最高,互联网持续向中高龄人群渗透。在我国网民群体中,初中学历的人和学生占比最多。

网络营销的政治法律环境对企业网络营销活动的影响主要表现为国家政府所制定的方针政策以及所颁布的各项法规、法令和条例等,如 2014 年 3 月 15 日实施的《中华人民共和国消费者权益保护法》、2017 年 3 月 15 日施行的《网络购买商品七日无理由退货暂行办法》和 2019 年 1 月 1 日施行的《中华人民共和国电子商务法》等,对企业网络营销活动具有保障和规范作用。更多的政策、法规信息可通过政府部门网站获取如中华人民共和国中央人民政府(http://www.gov.cn)、中华人民共和国商务部(http://www.mofcom.gov.cn/)、商务部电子商务和信息化司(http://dzsws.mofcom.gov.cn/)和中华人民共和国国家市场监督管理总局主办的中国消费者权益保护网(http://www.315.gov.cn)等。

经济环境包括消费者收入、消费者支出、消费者储蓄和信贷等,直接影响消费者的购买力和消费偏好,进而影响企业网络营销活动。我国地域经济发展具有不均衡性,地域网络消费热点随之亦呈现差异。例如,2019 年上半年的我国网络零售,大城市生鲜、化妆品、宠物用品等零售额增长较快,而中小城市和农村地区服装、汽车用品、大家电等零售额增长较快。此外,也不可忽视网络经济自身特征的影响,例如网络经济的马太效应、长尾效应和外部性等。

网络技术为人们创造了崭新的数字化虚拟空间,同时也为人类营造了一个"虚拟社会"。在这虚拟社会里,随着人们思想文化、价值观念的交融与碰撞,逐渐形成了一种独具特色的网络社会文化,包括网络语言、网络语体、网络礼仪、网络习俗等,对企业的网络营销活动具有影响力和制约作用。

科学技术是社会生产力中最活跃的因素,对企业网络营销活动的影响最直接。科技的发展会影响行业兴衰、消费者购买行为、企业营销组合策略的创新以及企业营销管理现代化水平。

外部环境分析在顺序上,应当从大到小,即先宏观环境再微观环境,但从关注的程度和花费的精力上,则应该重小轻大。另外,在外部环境分析中,对消费者和竞争者的调查与分析是重中之重,应该尽量做得细致和深入,而其他环境因素有时则可以省略。

(2) 企业内部条件

企业内部条件是指企业内部所有对网络营销活动产生直接或间接影响的因素,包括企业资源、企业目标、企业任务、企业整体战略、企业组织结构、企业文化、战略业务单位的竞争战略、网络营销部门在企业的地位、企业产品的市场占有率、产品质量、分销渠道、产品价格等。

(3) SWOT 分析

SWOT 分析又称企业竞争态势分析方法,通过企业外部环境中的机会(Opportunities)和威胁(Threats)、企业自身的优势(Strengths)和劣势(Threats)四个维度对企业的内、外部环境进行综合分析,最终得出一系列决策性结论。其中,优劣势分析主要着眼于企业自身的实力及其与竞争对手的比较,而机会和威胁分析将注意力放在外部环境的变化及对企业的可能影响上。SWOT 分析能帮助企业认清形势,指导企业制定出符合自身条件的发展战略、竞争战略和营销战略。

在确定企业网络营销机会、威胁、优势和劣势四个要素的基础上,企业可以形成 4 种应对战略,分别是 SO 战略、WO 战略、ST 战略和 WT 战略。见表 7-1-1。

表 7-1-1 SWOT 战略矩阵

	优势(S)	劣势(W)
机会(O)	SO 战略:增长型战略(发挥内部优势,利用外部机会,创建最佳业务状态)	WO 战略:扭转型战略(利用外部机会,克服内部劣势,机不可失)
威胁(T)	ST 战略:多种经营战略(改善内部优势,回避外部威胁,果断迎战)	WT 战略:防御性战略(减少内部劣势,回避外部威胁,休养生息)

总之,网络营销环境分析的目的是:发挥优势,克服劣势,寻找机会,避免威胁,谋求企业外部环境、内部条件与企业网络营销目标间的动态平衡。

3. 网络营销目标设定

在完成了环境分析之后,下一步就是在环境分析的基础上,确定网络营销目标,而这也是营销策划整个流程的关键环节。一般情况下,一份网络营销策划方案中的目标包括以下三个方面:任务(需要完成什么)、可量化的工作指标(工作量是多少)、时间限制(什么时候完成)。目标的设定应该遵循 SMART 原则,即具体(Specific)、可衡量(Measurable)、可操作(Available)、可实现(Realistic)和时效性(Timed)。因此,营销目标在设定时也要遵循上述 SMART 原则。

网络营销目标就是网络营销策划要实现的期望值,如一年内企业某一产品的网络市场份额达到10%。应该明确的是网络营销目标只与产品和市场有关,通行的原理是仅仅通过把某些东西卖给某些人,从而达到公司的财务目标,而推广、定价、促销等只是取得成功的方式,所以定价目标、促销目标、广告目标以及其他类似目标不应与网络营销目标相混淆。

营销目标的设定要明确,否则策划对象就会很模糊,不易产生策划构想。在设定营销目标时必须注意以下几点:

① 营销策划目标要尽量量化,以便于测量。对于不易量化的目标,也要尽量想出较为客观的评价标准。

② 营销目标不要设定得太高,也不要设定得太低。太低的话,起不到激励效果,达不到营销策划的目的;太高的话,又难以实现,容易造成消极影响。

③ 如果存在多个营销目标,那么应该使营销目标相互协调一致。在目标之间有难以协调的矛盾时,要明确表述目标的优先顺序。

制定营销目标的方式主要有以下几种:

成本/利润驱动型　即根据每年公司运营所需的所有成本加上对利润的要求,直接换算出公司未来一年的营销目标。这种方式在目前很多中小网络企业中十分普遍。

简单类比型　通过对本企业或同行业的平均增长或平均规律进行简单的类比,进而对未来一年的经营目标进行设定。

分析推导法　即通过对过去几年中企业在市场上的表现以及对自身资源的合理评估后,运用有效的调研方法,取得一些相关的参数指标,进而把这些指标参数运用到一个通用模型中,进行调整与计算,最终得出未来一年营销目标的合理范围。

值得一提的是,营销目标的设定应当在一定假设的基础之上,所有的公司在营销目标设定之前不得不做出一些假设,而这些假设则是营销策划能否成功的主要决定因素。假设就是对企业未来所面临环境的一种预定,营销策划的成功程度取决于这种假设与实际情况符合的程度。一般来讲,假设与实际情况的符合程度越高,营销策划的成功率就越高。当然假设是不能任意做出的。例如,如果两个负责产品经销的经理做出了假设,其中一个相信市场将增长10%,而另一个则相信会下降10%,这种假设对企业是没有益处的。真正的假设应将营销策划环境标准化。例如,考虑到企业所处的产业气候,假设:① 当新的工厂投入运营时,产业的过剩能力将从125%增长到130%;② 价格竞争将迫使董事会把价格水平降低5%;③ 在第三个季度末之前,主要的竞争对手将在某个领域推出一项新产品。假设的数量应尽量少,避免一些无用假设的出现。有效地避免无用假设的方法是:如果对所做的假设不管不顾,而企业的营销策划仍然可行,那么这样的假设就是不必要的,应该加以剔除。

4. 网络营销战略策划

网络营销策划目标告诉你要到达的目的地,而网络营销战略策划则勾画了你达到这一目的地的整体框架。网络营销战略策划在整个策划流程中居于十分重要的地位,因为营销目标的实现完全取决于营销战略策划这一环节,可以说是整个策划流程的核心所在。网络营销战略策划主要包括网络市场细分、网络市场目标化、网络目标市场定位等,也就是营销中常提到的 STP(Segmentation, Targeting, Positioning)活动。

(1) 网络市场细分

网络市场细分就是对网上消费者分类的过程,是根据某一标志将网上现实和潜在消费者群分成在需求和欲望方面有明显差异的子市场的过程。市场细分的结果是形成若干消费者群落,称为细分市场。

市场细分有利于选择目标市场和制定市场营销策略,有利于发掘市场机会,开拓新市场,有利于集中人力、物力投入目标市场,有利于企业提高经济效益。任何时候,营销人员确定市场存在显著的、可测量的差异时,都要考虑市场细分。有效的细分市场必须具备足量性、可衡量性、可进入性、差异性和相对稳定性的特征。

网络上主要有消费者、企业和政府三种市场。对消费者市场进行细分,营销人员一般考虑四个要素,即地理位置、人口统计特征、心理特征和行为特征。例如,成立不到三年就在纳斯达克上市的拼多多,按照地理位置、行为特征对市场进行细分,定位于三、四线城市以及广大城镇追求购物实惠和参与乐趣的消费者。

① 地理位置。地理位置细分就是以消费者所处的地理位置以及其他地理因素(包括城市、农村、地形气候、交通运输条件等)为依据,把总体消费者群进行分类的过程。该细分方法的主要依据是:处在不同地理位置的消费者,对企业及其产品具有不同的需要和偏好,他们对企业的营销战略、营销策略会有不同的反应。

② 人口统计特征。人口统计特征细分就是指企业按照人口统计特征(包括年龄、性别、语言、收入、婚姻状况、职业、文化程度、家庭规模、家庭生命周期的阶段、宗教信仰、国籍、种族等)对网络市场进行分类的过程。

③ 心理特征。消费者心理特征包括个性、价值观、生活方式和活动、兴趣和观念。个性是指诸如他人取向、自我取向、习惯等显著特点。价值观是指内在的信念,比如宗教信仰。生活方式和活动在心理学中指的是与产品无关的活动,比如喜欢运动、喜欢外出吃饭。兴趣和观念是指人们所持有的态度和信仰,例如,有些人认为上网是浪费时间,而有些人认为如果离开网络则几乎无法生活。

④ 行为特征。行为特征细分就是企业根据消费者购买或使用某种产品的时机、追求的利益以及消费者对某种产品的使用率、消费者对品牌的态度和忠诚程度等行为特征来细分网络市场的过程。

(2) 网络目标市场选择

网络目标市场选择,是企业为了实现预期的战略目标而选定的营销对象,是企业试图通过满足其需求实现盈利目的的消费者群。常见的网络目标市场营销战略有：

① 无差异网络目标市场营销战略。它是指企业将整个网络市场作为自己的目标市场，面对所有的细分市场只推出一种产品并只实施一套营销组合策略，通过无差异的大规模营销，以吸引更多的消费者。这种战略的优点是：经营产品的品种少而批量大，能够节省大量的营销成本，从而大大提高利润率。这种战略的缺点是：忽略消费者的需求差异，容易被其他企业模仿，从而引起激烈的竞争，使企业可获利机会减少。这种战略比较适合那些商品同质性高、需求量大、规模经济效益明显的产品或服务。

② 差异性网络目标市场营销战略。它是指企业在网络市场细分的基础上，选择两个或两个以上的细分市场作为网上目标市场，针对不同细分市场的消费者需求，分别设计和实施不同的营销组合策略，以满足消费者需求。这种战略的优点是：有利于满足不同消费者的需求；有利于企业开拓网络市场，扩大销售，提高市场占有率和经济效益；有利于提高企业的市场应变能力。这种战略的缺点是：在创造较高销售额的同时，也增大了营销成本，使产品价格升高，从而失去竞争优势。这种营销策略，对于那些小批量、多品种生产性企业有较大的适用性。日用消费品中绝大部分商品均可采用这种网络目标市场营销战略。此外，同时采用网上和网下多渠道销售的企业，为了渠道区隔，也时常采用此种营销战略。

③ 集中性网络目标市场营销战略。它也称密集性目标市场营销战略，是指企业集中力量进入某一细分市场，针对该细分市场设计一套营销组合策略，实行专业化生产和经营，以获取较高市场占有率的一种营销战略。这种战略的优点是：企业可深入了解特定细分市场的需求，提供有针对性的服务，有利于提高企业在所选目标市场上的地位和信誉；实行专业化经营，有利于降低成本。只要网上目标市场选择适当，集中性网络目标市场营销战略可以为企业在某一领域形成核心竞争力，建立所选目标市场上主导者的地位奠定了良好的基础，也可以帮助企业获得更多的经济效益。这种战略的缺点是：企业将所有力量集中于某一细分市场，当目标市场消费者需求迅速发生变化或者出现强大竞争者时，企业的应变能力与抗风险能力很差，有较大的经营风险，可能会使企业陷入困境。这种战略主要适用于那些资源力量有限的小企业。

④ 个性化网络目标市场营销战略。它是指企业将每个网上消费者都看作一个单独的目标市场，根据每个消费者的特定需求安排一套个性化的网络营销组合策略，以吸引更多的消费者。实施这种战略的前提是：第一，每个网上消费者需求有着较大的差异，而且他们有着强烈的满足其个性化需求的要求；第二，具有同种个性化需求的消费者具有足够大的规模；第三，企业具备开展个性化营销的条件；第四，个性化营销对交换双方而言都符合经济效益的要求。可以说，个性化网络目标市场营销是差异化网络目标市场营销的细分极限化，与无差异网络目标市场营销属两个极端。

在市场细分的基础上，企业无论采取什么目标市场覆盖战略，也无论选择几个细分市场，所确定、选择的目标市场必须具有最大潜力，能为自己带来最大利润。因此，在确定目标市场时，应该遵循市场所需、对手所弱和自我所能的原则。

(3) 网络市场定位

① 内涵。

网络市场定位就是根据竞争者产品在网络市场所处的位置,针对消费者或用户对该种产品某种特征或属性的重视程度,强有力地塑造出本企业产品与众不同的、给人印象鲜明的个性或形象,并把这种个性或形象生动地传递给顾客,从而使该产品在市场上确定适当的位置。即通过营销活动的策划与开展,为企业产品创造一种明显区别于竞争者的特色性差异,并把这种差异形象生动地传递给顾客,使企业产品在顾客心目中形成一种独特的、深刻的、鲜明的印象,从而形成网络市场上企业独一无二的、不可替代的竞争优势。

② 定位步骤。

网络市场定位一般包括三个步骤:

第一步,分析网络目标市场现状,确认潜在的竞争优势。这一步骤主要分析三个方面的问题:一是竞争对手的产品是如何定位的;二是在目标市场上,顾客欲望满足程度如何以及确实还需要什么;三是针对竞争者的市场定位和潜在顾客的真正需要的利益要求,企业应该以及能够做什么。通过以上三个方面的系统分析,把握和确定企业的潜在竞争优势在哪里。

第二步,明确竞争优势。企业通过与竞争者在产品、促销、成本、服务等方面的对比分析,了解自己的优势与劣势,从而明确自己的竞争优势,进行恰当的市场定位。

第三步,选择定位战略。一般而言,企业常用的定位战略主要有避强定位战略、对抗定位战略、补缺定位战略和重新定位战略。

避强定位策略又称补缺式定位策略,是指企业力图避免与实力最强的或较强的其他企业直接发生竞争,而将自己的产品定位于另一市场区域内,使自己的产品在某些特征或属性方面与最强或较强的对手有比较显著的区别,从而赢得更大的生存和发展空间的市场定位策略。这是中小企业常用的定位战略。

对抗定位战略又称针锋相对定位战略,是指企业把产品或服务定位在与竞争者相似或相同的位置上,同竞争者争夺同一细分市场。一般而言,当企业与竞争者实力相当或更具竞争实力时,可以考虑实行这种定位战略。

补缺定位战略是指企业寻找新的尚未被占领但有潜在市场需求的位置,填补市场上的空缺,生产市场上没有的、具备某种特色的产品的市场定位战略。例如,拼多多推出的低价拼团模式满足了三、四线城市消费人群对低价、乐趣网购的需求,其销售额得到了爆发式增长。

重新定位战略是指企业在选定了市场定位目标后,如定位不准确或虽然开始定位得当,但市场情况发生变化,如遇到竞争者定位与本公司接近,侵占了本公司部分市场,或由于某种原因消费者或用户的偏好发生变化,转移到竞争者方面时,考虑重新定位。

③ 定位方式。

各个企业经营的产品不同,面对的顾客不同,所处的竞争环境也不同,因而市场定位的方式也不同。总的来讲,市场定位主要有以下几种方式:

根据具体的产品特点定位　形成产品特色的许多因素都可以作为市场定位的依据，如所含成本、材料、质量、价格、品质、功效、形态、档次等。例如，格力强调"让世界爱上中国造"显示的是产品品质定位；海尔空调定位"一级变频，专利自清洁"显示其特有功效；唯品会定位于"品牌特卖"。

根据特定的使用场合及用途定位　为老产品找到一种新用途，是为产品创造新的市场定位的好方法。例如，曾有一家生产曲奇饼干的厂家最初将其产品定位为家庭休闲食品，后来发现不少顾客购买是为了馈赠，又将之定位为礼品。

根据顾客得到的利益定位　产品提供给顾客的利益是顾客最能切实体验到的，也可以用作定位的依据。例如，1975年，美国米勒推出了一种低热量的"Lite"牌啤酒，将其定位为喝了不会发胖的啤酒。又如，百度公司的口号"百度一下，你就知道"。

根据使用者类型定位　该定位直接以产品的消费群体为诉求对象，突出产品专为该类消费群体服务，来获得目标消费群的认同。把品牌与消费者结合起来，有利于增进消费者的归属感，使其产生"我自己的品牌"的感觉。例如，蘑菇街定位于"时尚目的地"，专注于时尚女性消费者；海澜之家定位于"男人的衣柜"。

针对特定竞争者定位　该定位主要是借名牌之名提升自己品牌的形象，主要有两种形式：一是甘居第二，即明确承认同类中另有最负盛名的品牌，自己只不过是第二而已。这种定位方式会使人们对公司产生一种谦虚诚恳的印象，例如蒙牛乳业刚起步时宣称"做内蒙古第二品牌"。另一种是勇居局部第一。例如，内蒙古的宁城老窖宣称自己是"宁城老窖——塞外茅台"。

根据产品所处地位定位　一种是首席定位，强调品牌在同行业或同类中的领导性、专业性定位。例如，拼多多宣称是"新电商开创者"，三只松鼠宣称是"全网坚果销量领先品牌"，良品铺子宣称"连续4年高端零食全国销量领先"。另一种是高级群体定位，借助群体的声望、集体概念或模糊数学的方法，打出限制严格的高级团体的牌子，强调自己是这一高级群体的意愿，从而提高自己的地位形象和声望，赢得消费者的信赖。例如三万昌打出正宗原产地"中华老字号"，给人印象深刻。

根据情感文化定位　首先是情感定位，它将人类情感中的关怀、牵挂、思念、温暖、怀旧、爱等情感融入品牌，使消费者在购买、使用产品的过程中获得这些情感体验，从而唤起消费者内心深处的认同和共鸣，最终获得对品牌的喜爱和忠诚。例如，当年感动一代人的经典广告，"南方黑芝麻糊，回忆小时候的味道"。二是理念定位，即企业用自己的具有鲜明特点的经营理念和企业精神作为品牌的定位诉求，体现企业的内在本质。例如，"IBM就是服务"是IBM公司的一句响彻全球的口号，也是IBM公司经营理念的精髓所在。三是文化定位，它将文化内涵融入品牌，形成文化上的品牌识别。例如，珠江云峰酒业推出的"小糊涂仙"酒。四是历史定位，即以产品悠久的历史来建立品牌识别，这在食品加工和制造业中的一些老字号企业宣传中常见。例如张裕集团有限公司的宣传口号是"百年张裕，传奇品质"。五是生活情调定位,即使消费者在产品使用过程中能体会出一种良好的、令人惬意的生活气氛、生活情调、生活滋味和生活感受,从而获得一种精神满足。例如,青岛纯生啤酒的"鲜活滋味,激活人生",美的空调的"原来生活可以更美的",云南印象干红的"有效沟通,印象干红"。

5. 网络营销组合策略制定

围绕网络营销目标与战略定位,制定网络营销产品、价格、渠道、促销等组合策略。具体来说,就是企业针对自己所选目标市场的需求,综合运用可以利用的各种网络营销策略,开展有针对性的、行之有效的、总体效果最优的营销活动,以更好地实现自己的各种营销目标,最终通过满足目标市场用户的需求实现自己盈利的目的。产品策略是指企业能够提供什么样的产品和服务去满足消费者的要求,它是网络营销组合策略的基础,包括产品生命周期及新产品开发、产品组合、产品包装与商标策略等。价格策略是指企业在一定的环境下,为实现长期的营销目标,协调配合营销组合其他方面的策略而制定的定价策略,包括决定定价导向、新产品定价策略、价格调整等。渠道策略是指企业采用什么样的渠道模式将产品与服务传递给消费者,包括直销模式和间接分销模式,前者如搭建自有官网的直销和基于第三方零售平台的直销,后者如基于第三方批发平台的间接分销。促销策略是指采用什么样的方式与消费者进行沟通,包括网络推广、网络促销、网络广告等。

6. 网络营销实施计划

网络营销实施计划是详细地介绍实施营销方案的具体步骤以及时间上的安排情况,即策划行动方案。行动方案应包括:要做什么、什么时候做、在哪里做、谁负责做、怎么做、需要哪些资源、人员安排如何、费用预算多少、达到什么目的、最终效果如何等。按照这些问题为每项活动编制详细程序,以便执行和检查。如表7-1-2所示。

表 7-1-2 网络营销实施计划

项目名称	负责人	地点	开始日期	计划结束日期	实际结束日期	预算费用	实际费用	备注
项目1								
项目2								
……								

7. 费用预算

费用预算是对整个营销方案推进过程中的费用投入,包括总费用、阶段费用、项目费用等的预算。费用预算直接涉及企业资金支出情况,对营销策划方案的实施有很大影响,预算应尽可能详尽周密,各项费用应尽可能细化和准确,能真实反映该营销策划方案实施的投入大小,以便让企业决策层对此有充分了解和准备。营销预算最常用的是活动项目估计,即按照策划所确定的活动项目列出细目,计算出所需经费。这种办法计划性强,开支项目清晰。如表7-1-3所示。

表 7-1-3　网络营销费用预算表

序号	项目	时间	单位	单价	数量	金额	备注
1							
2							
……							
合计							

7.1.4　实训项目

企业网络营销策划方案

【实训目的】

1. 掌握网络营销策划的流程；
2. 能够针对给定企业进行网络营销环境调查，策划网络营销方案；
3. 能够撰写企业网络营销策划方案。

【实训任务】

请以自己熟悉的中小型企业为背景，认真分析该企业的行业环境、竞争者状况、企业的目标市场，然后为该企业撰写一份符合企业实际且可行性、操作性较强的网络营销策划方案。

【实训步骤】

方案内容可以参照以下框架：

1. 公司简介。
2. 公司网络营销环境分析。
（1）公司网络营销外部环境分析；
（2）公司网络营销内部条件分析；
（3）公司网络营销环境 SWOT 分析。
3. 公司网络营销目标。
4. 公司网络营销目标市场选择与定位。
（1）公司主要目标市场；
（2）公司网络营销产品及服务定位。
5. 公司网络营销策略。
（1）产品及服务策略；
（2）分销渠道策略；
（3）价格策略；
（4）沟通策略。

网络营销：工具、方法与策划

6. 公司网络营销实施方案。
(1) 计划与进度安排；
(2) 费用预算；
(3) 预期效果。

7.1.5 思考习题

1. 网络营销策划一般包括哪些步骤？
2. 网络市场细分的内容和目的是什么？
3. 网络营销目标设定时为什么要遵循 SMART 原则？
4. 分析下列产品定位属于哪种定位方式？
(1) 科沃斯的"智生活,享人生"
(2) 欧普的"用光创造价值"
(3) 波司登的"专注羽绒服 42 年"
(4) 好孩子的"让爱拥抱你"
(5) 艺福堂的"连续十一年稳坐茶类目宝座"
5. 选择你感兴趣或熟悉的本地公司,为该公司起草一份网络营销策划方案。

7.2　网络营销效果评价

7.2.1　学习目标

【能力目标】

※ 能够较熟练地建立网络营销效果评价指标体系；
※ 能够较为熟练地跟踪、搜集各项评价指标数据；
※ 能分析、评估网络营销效果评价指标数据。

【知识目标】

※ 了解网络营销效果评价的含义、作用及流程；
※ 掌握网络营销效果评价指标类型及含义；
※ 掌握常见网络营销评价指标数据获取渠道及分析工具用法。

7.2.2 学习案例

某网站推广分析报告

1. 分析指标

通过流量、来源、受访页面和访客四个方面对网站的推广效果进行诊断分析。其中流量分析主要进行流量的趋势、对比和当前在线分析；来源分析主要针对流量来源域名、搜索引擎和搜索词进行分析；受访分析主要分析网站页面流量及访问深度情况；访客分析主要分析网站访客的区域分布，使用的网络运营商，访问设备、操作系统和搜索引擎，新老访客比例，访客忠诚度，访客活跃度以及访客个人特征信息。

2. 流量分析

(1) 趋势分析。

某网站一周流量趋势见图7-2-1，从7天的流量趋势来看，网站每天早上10点到下午5点这个时间段的访客最多，每天平均访问量在500左右。

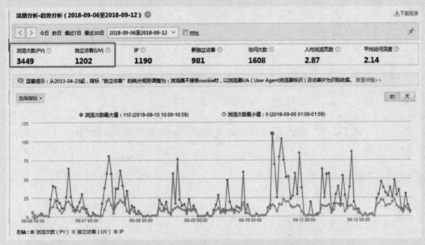

图7-2-1　网站最近一周流量变化趋势

在该周中，星期六、星期天的浏览次数和访客数最低，这和正常上下班时间是相匹配的，同时独立IP、新访客、访问次数、人均浏览页数、平均访问深度等指标也较低。详见图7-2-2。

时段	浏览次数(PV)	独立访客(UV)	IP	新独立访客	访问次数	人均浏览页数	平均访问深度
全站总计	3449	1202	1190	981	1608	2.87	2.14
2018-09-12	458	216	213	180	292	2.12	1.57
2018-09-11	584	180	176	147	245	3.24	2.38
2018-09-10	857	191	188	153	279	4.49	3.07
2018-09-09 星期天	282	109	113	82	155	2.59	1.82
2018-09-08 星期六	336	132	128	113	160	2.55	2.1
2018-09-07	542	187	188	160	241	2.9	2.25
2018-09-06	390	187	184	146	236	2.09	1.65

图7-2-2　网站最近一周流量指标值

(2) 对比分析。

对前后两周流量进行了对比分析，在这一周和上一周中，PV(浏览次数)环比降低了4.49%，但UV(独立访客)却环比增长了1.78%，详见图7-2-3。UV增加，PV减少，是因为人均浏览页数和平均访问深度不够，详见图7-2-4。

查看：对比报表　　★更多指标

时段	浏览次数(PV) 时段一	时段二	变化情况	独立访客(UV) 时段一	时段二	变化情况
全站总计	3449	3611	-162(-4.49%)	1202	1181	+21(+1.78%)
09-06 VS 08-30	390	765	-375(-49.02%)	187	201	-14(-6.97%)
09-07 VS 08-31	542	472	+70(+14.83%)	187	177	+10(+5.65%)
09-08 VS 09-01	336	454	-118(-25.99%)	132	115	+17(+14.78%)
09-09 VS 09-02	282	301	-19(-6.31%)	109	121	-12(-9.92%)
09-10 VS 09-03	857	513	+344(+67.06%)	191	178	+13(+7.3%)
09-11 VS 09-04	584	550	+34(+6.18%)	180	178	+2(+1.12%)
09-12 VS 09-05	458	556	-98(-17.63%)	216	211	+5(+2.37%)

图7-2-3　前后两周PU、UV指标对比分析

查看：对比报表　　★更多指标

时段	人均浏览页数 时段一	时段二	变化情况	平均访问深度 时段一	时段二	变化情况
全站总计	2.87	3.06	-0.19(-6.21%)	2.14	2.36	-0.22(-9.32%)
09-06 VS 08-30	2.09	3.81	-1.72(-45.14%)	1.65	2.76	-1.11(-40.22%)
09-07 VS 08-31	2.9	2.67	+0.23(+8.61%)	2.25	2.12	+0.13(+6.13%)
09-08 VS 09-01	2.55	3.95	-1.4(-35.44%)	2.1	2.75	-0.65(-23.64%)
09-09 VS 09-02	2.59	2.49	+0.1(+4.02%)	1.82	2.06	-0.24(-11.65%)
09-10 VS 09-03	4.49	2.88	+1.61(+55.9%)	3.07	2.24	+0.83(+37.05%)
09-11 VS 09-04	3.24	3.09	+0.15(+4.85%)	2.38	2.35	+0.03(+1.28%)
09-12 VS 09-05	2.12	2.64	-0.52(-19.7%)	1.57	2.16	-0.59(-27.31%)

图7-2-4　前后两周人均浏览页数及访问深度指标对比分析

(3) 当前在线。

网站近15分钟内，共有3个独立访客访问网站，且都是新访客，详见图7-2-5。

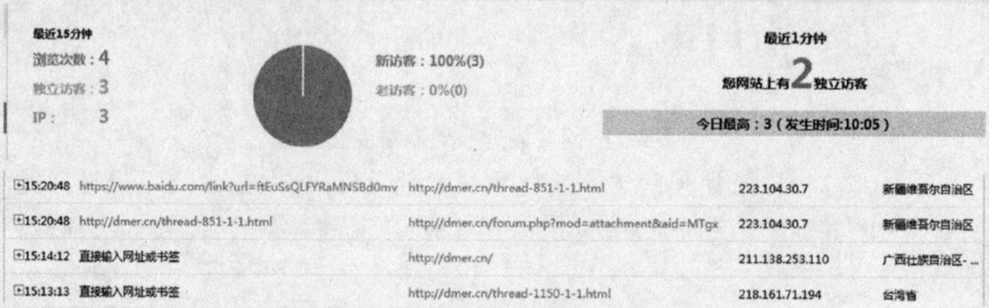

图7-2-5　网站近15分钟访客情况

3. 来源分析

(1) 来源分类。

从访客访问总体来源看，用户主要是通过其他外部链接、直接输入网址或标签的形式访问网站主页，详见图7-2-6。

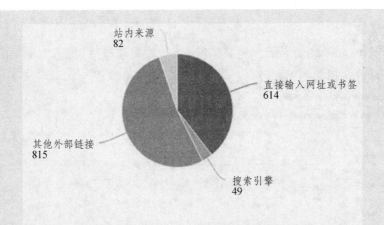

图 7-2-6　网站访客来源总体情况

从来源域名来看,外部链接主要是从经管之家跳转进来的,详见图 7-2-7。

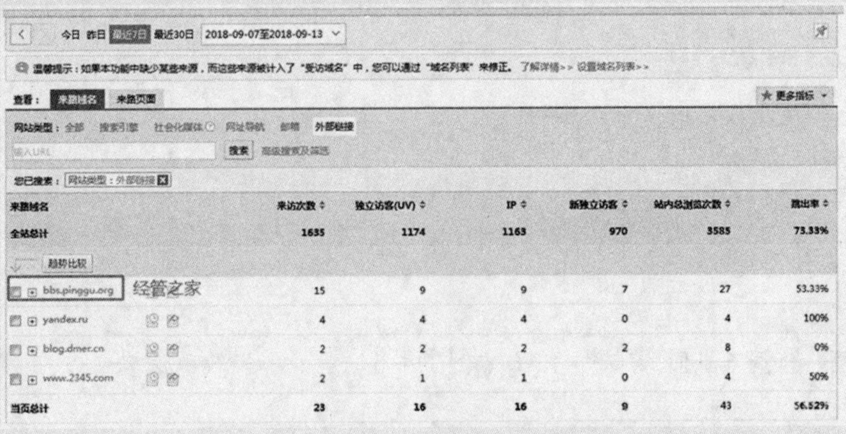

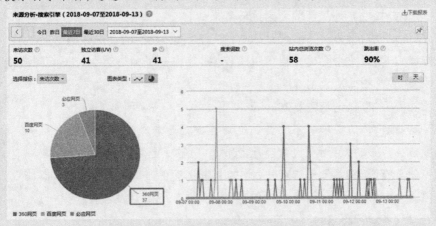

图 7-2-7　网站访客来源域名情况

(2) 搜索引擎。

从搜索引擎来看,通过 360 网页访问主页的访客数最多,占比 74%,详见图 7-2-8。

图 7-2-8　网站访客来源搜索引擎情况

(3) 搜索词。

从搜索词看，用户主要通过搜索引擎搜索“数据分析师培训”和“minitab 教程”跳转到网站主页。详见图 7-2-9。

序号	搜索词	来访次数	百度	360搜索	搜狗	谷歌	其它
	全站总计	50	10	37	0	0	3
1	数据分析师培训	10	0	10	0	0	0
2	数据分析培训	7	7	0	0	0	0
3	minitab17中文教程	6	0	6	0	0	0
4	minitab17使用教程	3	0	3	0	0	0
5	minitab17使用教程百 ...	2	0	2	0	0	0

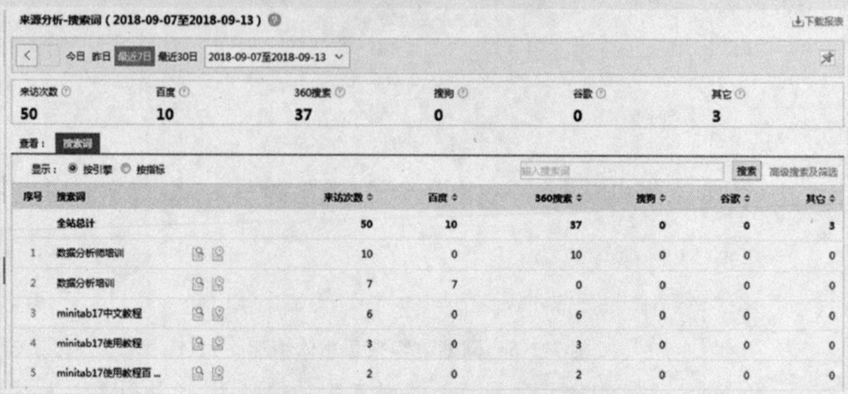

图 7-2-9 网站访客来源搜索词情况

4. 受访分析

略。

5. 访客分析

略。

6. 结论与建议

(1) 结论。

在周一至周五期间，每天早上 10 点到下午 5 点这个时间段的访客最多，周末访客数相对较少。

在这一周和上一周中，PV 环比降低了 4.49%，但 UV 却环比增长了 1.78%，源于人均浏览页数和平均访问深度不够。

从访问来源看，91% 的用户通过其他外部链接、直接输入网址或标签的形式访问网站主页，外部链接主要是从经管之家跳转进来的。

从搜索引擎看，用户最喜欢通过 360 网页访问论坛主页，占比达 74%。

从搜索词看，用户主要通过搜索引擎搜索“数据分析师培训”和“minitab 教程”跳转到论坛主页，占总搜索次数的 60%。

在受访页面中，以论坛主页和 minitab 论坛为主。

7 日流量记录中，广东省不管是独立访客数还是总浏览次数都位列第一，上海市独立访客数虽排名第二，但浏览次数却排名第三，明显小于江苏省。

从城市分布看，在某 7 日访客中，用户主要分布在上海市、北京市和南通市，南通市 PV 高，但是 UV、跳出率却低，可见南通市用户对该论坛兴趣度较高。

非移动设备访问论坛主页占比高达 99.78%。

在操作系统上,96%以上的用户使用 Windows 系统访问论坛;在浏览器上,用户主要使用 360 和谷歌浏览器,占比达 57%。

75%的用户只访问一次就离开了网站,论坛跳出率比较高,用户忠诚度较低。

用户访问深度为 1 页占比达 79%,活跃度很低。

在所用访客中,以男性访客为主,年龄主要集中在 18—30 岁,其中大部分都是游客访问,沉迷网民占比 23.14%。

(2) 建议。

① 针对用户跳出率较高的问题,是否可以请用户界面设计人员重新对页面进行排版设计,以增强用户吸引力。

② 由于周一至周五的上午 10 点到下午 5 点用户浏览量较大,故可以在此时间段做广告推广(360 或谷歌浏览器,也许费用较高),提高网站访问量,增加网易云课程的销售量。

③ 网站主页"一个月学会数据分析"的推广页面较小,不够吸引用户的注意,另外推广标题是否可以变成"dmer 老师教你一个月从零开始学会数据分析",要和新闻标题一样,第一眼就能吸引用户注意。

④ 网易云课堂直接跳转到课程目录页会更好一点。毕竟课程介绍和评价用户在购买之前肯定会去找、会去看的。就个人而言,刚开始最想看到的是课程具体会讲些什么,而且目录那个字体有点小,不注意都看不到,用户可能直接关闭页面就走了。

⑤ 根据用户评论区的反馈,对课程内容加以改进,提高口碑,有助于好友推荐,提高课程销量。

问题:

1. 完成上述网站推广分析报告需要哪些能力与知识?
2. 上述网站推广分析报告有哪些优点及不足?

7.2.3 相关知识

1. 网络营销效果评价概述

(1) 含义

网络营销效果评价,即通过科学的原理、方法,采取定性或定量指标来衡量网络营销活动状态,并对照给定的评价标准,评价网络营销活动是否达到预期效果。它既是对某一阶段网络营销活动的总结,也是制定下一阶段网络营销目标、策略的前提和基础,需要贯穿网络营销活动始终。

(2) 类型

按照不同的分类标准,网络营销效果评价有多种类型。从评价活动开展的时间阶段来看,网络营销效果评价包括网络营销活动过程控制及事后评价两种形式,过程控制是网络营销目标得以实现的保证,事后评估反映网络营销活动的综合效果。

从评价活动开展的对象来看,网络营销效果评价包括宏观层面的网络营销战略实施效果评价和微观层面的某一具体网络营销活动如网站推广、网店推广、E-mail推广、微信推广等效果的评价。

(3) 作用

网络营销效果评价在网络营销中十分重要。通过评价,一方面可以最终了解网络营销的活动成果,另一方面也可以检查网络营销运行状况与预期标准之间的差异,以便随时进行纠正,确保网络营销目标的实现。其作用主要体现在以下两个方面:

一是有助于选择合适的网络推广渠道,减少盲目性。网络营销效果评估需要将营销推广得到的所有数据进行统计分析,得出月度、季度、年度投资收益率,这样可以有效地评测出哪些推广平台更适合企业进行网络营销推广,为企业的营销推广带来更大的经济效益。信息技术及应用模式的不断发展催生出越来越多的营销方法和推广渠道。然而,推广的渠道和营销的方法并非越多越好,需要针对具体的营销目标遴选合适的推广渠道和营销方法。

二是有助于优化推广方案,提高推广的效率、效果。通过网络营销效果评价,监测网络营销活动运营状况,衡量预定计划与实际执行情况是否存在偏差。如果存在偏差,就要找出推广策略中存在的问题及不足,并采取有效措施进行及时"纠偏",以保证网络营销计划的完成和网络营销目标的实现。同时,网络营销效果的评估需要将营销推广得到的所有数据进行统计分析得出月度、季度、年度投资收益率,这有助于对网络营销方案和计划进行优化调整。

(4) 可行性

与线下营销相比,网络营销效果相对易于监测,为网络营销效果评价工作日常开展提供了可行性。广告界有一个著名的说法,广告商都知道有50%的广告预算都是浪费的,却不知道浪费在哪里。以线下最典型的广告——报纸及电视广告为例。广告媒介所能提供的只能是报纸发行量和电视节目收视率,但广告真实送达率有多高,无从计算。看报纸的人,可能会忽略分类广告版;其他版面的广告,能被多少人看到,也无法统计。电视广告也类似,尽管有专业机构如央视索福瑞、AC尼尔森公司发布节目收视率统计数据,但人们时常在广告时间浏览其他电台节目、聊天或做其他事,到底有多少人关注到了广告,也不得而知。

线下销售活动也很难对用户进行跟踪监测,并相应地做出改善。一个用户去商场逛了半天,如果最后没有购买任何东西,那么商场根本就不知道这个用户来过。如果这个用户买了东西,商场能得到的数字只是销售额和所购买的商品,而对用户什么时候进入商场、浏览了哪些商品,也还是一无所知。当然,聘请市场调查公司针对随机用户进行监测是例外。而网络营销则是另外一个场景。用户怎样进入网站?什么时候进入网站?在网站上浏览了哪些页面?在页面上停留时间多久?最后购买了哪些产品?购买的金额是多少?这些都可以清楚地进行统计。就算用户没有进行购买,他在网站上的活动也都留下了踪迹,可以跟踪分析。

2. 网络营销效果评价的流程

(1) 确定评价周期

根据网络营销活动过程控制和最终反馈需要设定评价周期。一般来说,对企业的网络营销效果评价以年为周期,而对于具体某项营销策划活动的评估周期则相对较短。实际工作中,评价周期可以根据实际需要灵活设置,有日、周、月、季度、年等。

(2) 构建评价指标

审视网络营销策划及实施目标,明确评价标准,并构建评价指标体系。因评价对象和目标差异,难以建立具有普遍适用性的网络营销效果评价指标体系。一般衡量企业网络营销战略实施有效性的常用工具是平衡记分卡(Balanced Score Card,BSC)。其他多数专项网络营销活动都有详细的评价指标,如网站、网店、E-mail、社交媒体等推广效果指标。

(3) 数据收集与对比分析

依照建立的评价指标,逐项收集相关评价指标数据,并与事先设定的评价标准进行比对,判断网络营销活动进展状况,发现并总结存在的问题与不足,提出对策。

(4) 撰写评价报告

评价报告应该包括五个方面:一是评价目的,它是指导评价方向的依据,以及进行评价工作的出发点;二是评价标准体系,它是实际评价工作过程中进行数据采集的基础;三是实际效果数据采集以及数据分析,进行相关数据的采集、整理,并对比预先设定的营销目标指标值进行分析;四是综合评价,对数据分析的结果进行描述和说明;五是存在问题与对策,找出数据所体现的问题与不足,提出对策。

3. 网络营销效果评价指标及工具

(1) 平衡记分卡(BSC)

BSC 是由美国哈佛商学院教授罗伯特·卡普兰(Robert S. Kaplan)和复兴方案国际咨询企业创始人兼总裁大卫·P. 诺顿(David P. Norton)创立的,从客户、内部管理、学习和创新、财务四个视角建立评价指标,将营销战略与评价指标联系在一起,系统地考虑企业业绩驱动因素,打破了传统只注重财务指标的框架的束缚,能够将财务和非财务指标结合进行企业业绩的考核,是一种有效的执行企业战略和监控企业绩效的工具,广泛应用于企业战略绩效评价(表7-2-1)。其中,客户视角主要从客户感知角度评价企业传递的价值,主要评价指标有客户满意度、客户忠诚度和新客户开发。内部管理视角评价的是企业如何通过内部管理满足客户的预期、传递企业价值,评价指标内容包括网站设计、网站推广、技术支持、售后服务以及营销策略有效性五个方面。学习和创新视角(也称作"成长视角")关注的是产品或服务的可持续优化以及产品的创新,相应评价指标有:新产品的数量、新产品在销售中所占的比例、新市场的开拓、客户关系管理和供应链管理的改进程度等。财务视角关注的是企业财务目标,主要评价指标有投资回报率(Return on Investment,ROI)、销售量和销售利润等。

投资回报率是指净利润与总资产（固定资产＋流动资产）之比。网络营销活动的投资回报率一般按照项目利润÷投资额（包括市场调研、产品开发、新产品推广测试所投入的资金）来计算。例如，某企业花10万元进行网店直通车推广，提升了网店流量，增加了12万元的交易额，这一案例中的投资回报率为120%。

表7-2-1 平衡记分卡的四个视角

客户视角		内部管理视角		学习和创新视角		财务视角	
目标	评价指标	目标	评价指标	目标	评价指标	目标	评价指标

（2）网络营销评价指标

网络营销评价指标尽管因评价对象而异，但是具有一定相通性，这里主要介绍的是网站推广效果评价指标，比较常见的有：浏览量（PV）、IP、访客数（UV）、新访客数、新访客比率、跳出率、平均访问时长、平均访问页数、转化次数、转化率。它们可以概括为三类：流量数量指标、流量质量指标和流量转化指标。此外，一些网站流量分析工具还提供访客来源、访问行为、环境及地区分布等数据。

① 流量数量指标。

浏览量（Page View，PV）。PV是从页面浏览的角度衡量网站流量，用户每打开一个页面就被记录1个PV，用户多次打开同一页面，浏览量值累计，统计时间维度经常以日为单位。PV越多越说明该页面被浏览的越多。PV之于网站，就像收视率之于电视，已成为评估网站表现的基本尺度。

独立IP数。独立IP数是从IP数的角度衡量网站流量，是指一天之内访问网站的不同独立IP个数之和。同一IP无论访问了几个页面，独立IP数均为1，所以PV个数大于等于独立IP数。

独立访客数（Unique Visitor，UV）。UV是从访客维度看网站的流量，是指一天之内网站的独立访客数（以Cookie，即小型文本文件为依据），一天内同一访客多次访问网站只计算1个访客。独立访客中有些是新访客。新访客数是指一天的独立访客中，历史第一次访问网站的访客数。用新访客数除以独立访客数可得新访客比率，即一天中新访客数占总访客数的比例。新访客比率可以衡量营销活动开发新用户的效果。

访客次数。访问次数是指访客在网站上的会话（Session）次数，一次会话过程中可能浏览多个页面。如果访客连续30分钟内没有重新打开和刷新网站的网页，或者访客关闭了浏览器，则当访客下次访问同一网站时，访问次数加1。反之，访客离开后半小时内再返回，则算同一个访次。该判断均以Cookie为准。如果网站的用户黏性足够好，同一用户一天中多次登录网站，那么访问次数就会明显大于访客数。

② 流量质量指标。

跳出率。跳出率是指只浏览了一个页面便离开了网站的访问次数占总的访问次数的百分比,即只浏览了一个页面的访问次数除以全部的访问次数。跳出率是非常重要的访客黏性指标,它显示了访客对网站的兴趣程度;跳出率越低说明流量质量越好,访客对网站的内容越感兴趣,这些访客越可能是网站的有效用户、忠实用户。该指标也可以衡量网络营销的效果,指出有多少访客被网络营销吸引到宣传产品页或网站上之后,又流失掉了。比如,网站在某媒体上打广告推广,分析从这个推广来源进入的访客指标,其跳出率可以反映出选择这个媒体是否合适,广告语的撰写是否优秀,以及网站入口页的设计是否用户体验良好。

平均访问时长。平均访问时长是指平均每次访问在网站上的停留时长,即平均访问时长等于总访问时长与访问次数的比值。平均访问时间越长说明访客停留在网页上的时间越长;如果用户对网站的内容不感兴趣,则会较快关闭网页,那么平均访问时长就短;如果用户对网站的内容很感兴趣,在网站停留了很长时间,平均访问时长就长。

平均访问页数。平均访问页数是指平均每次访问浏览的页面数量,平均访问页数等于浏览量除以访问次数。平均访问页数越多,说明访客对网站兴趣越大。而浏览信息多也使得访客对网站更加了解,这对网站市场信息的传递、品牌印象的生成,以至将来的销售都是有好处的。一般来说,会将平均访问页数和平均访问时长这两个指标放在一起分析,进而衡量网站的用户黏度情况。

③ 流量转化指标。

转化次数。转化次数是指访客到达转化目标页面,或完成网络营销目标期望的动作次数。转化就是访客做了任意一项网络营销者希望访客做的事。它与网络营销期望达到的推广目的和效果有关。如对于网络广告来说,"转化"是指受网络广告影响而形成的购买、注册或者信息需求。

转化率。转化率即访问转化的效率,等于转化次数除以访问次数。数值越高,说明越多的访次完成了网站运营者希望访客进行的操作。

④ 流量来源。

一般网站统计工具会提供直接访问、搜索引擎和外部链接三种主要的流量来源所占比例、各自的流量情况以及随时间的变化趋势。直接访问也称"直达",带来的流量是指网民通过在浏览器上直接输入网址或者通过点击收藏的网站地址对网站进行的访问。所有无法知道来源的流量都会被归入直接访问,包括点击 QQ 的聊天链接进入网站等。搜索引擎带来的流量是指网民通过在搜索引擎上输入搜索词后,在搜索结果页点击链接并访问的网站,点击"搜索引擎"链接可以查看具体是哪些搜索引擎带来的流量,以及所使用的关键词情况。外部链接带来的流量是指网民通过除搜索引擎以外的网站上的链接访问的网站,点击"外部链接"可以查看具体是哪些网站带来的流量。

⑤ 访问行为路径。

入口页。也称着陆页(Landing Page),是从外部(访客点击网站外广告、搜索结果页链接或其他网站上的链接)访问到网站的第一个入口,即每个访问的第一个受访页面。可以从流量、新访客、吸引力和转化四个维度对入口页进行分析。

退出页与退出率。退出页是指在本网站这次访问的终点页面,即每个访问的最后一个受访页面。退出率(Exit Rate)为该页面的退出次数除以该页面的 PV 数。除了一些特殊页面(如结账完成、注册完成页面等)的退出率高是正常现象外,其他页面的退出率高说明页面可能存在一定的问题,说明访客对该页面不感兴趣,该页面质量有待提高。

⑥ 访客属性。

访客系统环境。系统环境数据提供了访客在浏览网站时使用的各种系统环境及相应的流量数据。系统环境包括浏览器、操作系统、屏幕分辨率、屏幕颜色、Flash 版本、是否支持 Java、语言环境、是否支持 Cookie、网络服务提供商等。通过这项统计数据,可以获取:访客在浏览网站时经常使用的是什么系统环境;使用什么系统环境的访客在网站上停留的时间更长或者访问的页面更多;哪种系统环境之前还没有考虑过。获得这些信息后,可以更多地从技术功能方面去优化网站,从而进一步提升网站的吸引力及易用性,带来更高的访客转化率。

访客地域分布。访客地域分布是指根据访客访问时的 IP 地址确定的访客地理位置。地域分布提供了各个地域给网站带来的流量数据,这些数据有助于合理地分配各地域的推广预算和有针对性地制定业务推广策略;对于已经进行了推广的地域,可以及时地了解在该地域的推广策略是否带来了足够的访客,以及这些访客对网站内容是否足够感兴趣,借助这些信息可以进一步评估在该地域的推广方案的合理性,并且不断地调整与优化。对于尚未进行推广的地域,如果存在流量,说明这些地域有网民在关注网站,可以抓住时机在这些地域进行推广,以便及时地获得更多商机。

电子商务平台通常还可以提供访客的人口统计特征、心理特征等属性信息,描绘访客画像。

(3) 评价指标获取工具

一般大型网站或广告服务商都有自己的一套流量统计系统,可以到自己的后台查看,如淘宝、新浪微博、微信等自身均提供推广效果查看工具。如果没有的话,评价指标的获取有两种途径,一种是直接通过分析网站服务器上的日志文件获取流量及用户访问行为数据,另一种是基于第三方在线流量统计网站获取相关指标数据。

① 网站日志分析。

网站日志是记录 Web 服务器接收处理请求以及运行时的错误等各种原始信息的以.log结尾的文件。通过网站日志可以清楚地得知用户在什么 IP、什么时间、什么操作系统、什么浏览器、什么分辨率显示器的情况下访问了网站的哪个页面,是否访问成功。

从服务器上下载网站日志文件后,直接对其进行分析,对一般的网络营销人员是非常困难的。而借助网站日志分析工具,则相对简便。网站日志分析工具能以报表、统计图的形式向我们展示日志的分析结果,并且分析出来的数据报表条理清晰,易于查看,降低网络营销人员利用网站日志获取评价指标数据的难度。网站日志分析工具众多,有些是免费开源的,可根据自身需要自行选择。

② 第三方流量统计网站。

大多数时候,网络营销人员并不能接触网站的原始日志,通过对网站日志的直接分析也往往太过复杂和技术化。在网站架设时,更多时候是通过第三方网站统计分析工具来评估网站的各项网络营销效果。网站统计工具主要是运行在第三方统计服务商的服务器端,用户在需要跟踪分析的所有网页中,通常是在整个网站所有页面内插进一段 JavaScript 统计代码。这段代码会自动监测访问信息,并把信息写入服务商数据库中。用户可在服务商提供的界面查看网站流量统计和分析报告。目前常见的第三方网站统计分析平台有 Google analytics、GoStats 网站统计分析、量子恒道、CNZZ 数据专家、51 啦和百度统计等。此外,也有专门针对网店、微博账号的第三方流量统计工具。下面以百度统计为例,介绍第三方网站流量统计工具的用法。

百度统计(tongji.baidu.com)是百度推出的一款稳定、免费、专业、安全的网站流量统计分析工具,分为站长版和客户版,适用于 PC 网站、手机站、wap 站等各类网站,需要在被统计的网站页面上安装相应的百度统计代码。具体步骤如下:

a. 新建一个百度统计账户,如果还没有,请在 tongji.baidu.com 直接注册。百度推广客户可直接使用推广账户登录,接受统计开通协议即可。

b. 在账户中添加站点,即所要跟踪的网站,一个账户可以设置多个网站。

c. 获取网站的跟踪代码,按照相关说明安装在该网站的所有页面中。

获取一段百度统计 javascript 代码,如需要统计全站流量,需在所有页面均添加此统计代码,可以使用包含模板的方式。当用户打开一个网页时,页面中的埋点 javascript 片段会被执行,访客的来源信息(包括页面 URL、时间、唯一 ID、屏幕分辨率等)将被收集,然后将收集到的信息发送给百度统计,经过处理后更新到报告中。

异步代码示例:

```
<!DOCTYPE HTML>
<html>
 <head>
  <title> New Document </title>
  <meta name="Keywords" content="">
  <meta name="Description" content="">

   <!--您网站的样式表/脚本-->

   <script>
       var _hmt = _hmt || [];
       (function() {
           var hm = document.createElement("script");
           hm.src = "//hm.baidu.com/hm.js?09c5d4daddb9b6250ba93075257e58a2";
           var s = document.getElementsByTagName("script")[0];
           s.parentNode.insertBefore(hm, s);
       })();
   </script>
 </head>

 <body>
     <!--您网站的页面代码-->
 </body>
</html>
```

访问分析代码

d. 查看网站统计数据。

代码安装正确 20 分钟后，可在报告中查看网站分析数据，如图 7-2-10 所示。

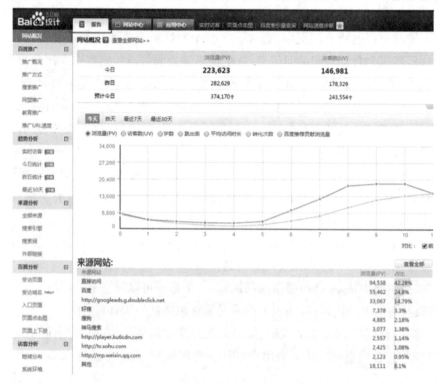

图 7-2-10　百度统计查看报告界面

百度统计工具提供了网站流量的趋势分析、来源分析、页面分析、访客分析等报告功能。

此外，还可以通过 alexa 网站获取一些网站外部推广效果数据，如网站排名、搜索引擎收录情况、反链数量等。其英文站：http：//www. alexa. com/，中文站：http：//alexa. chinaz. com/。

7.2.4　实训项目

网络营销效果评价

【实训目的】

1. 掌握网络营销评估的方法；
2. 能够根据给定企业网络营销运营情况进行评价；
3. 能够撰写企业网络营销评估报告。

【实训任务】

某公司是一家创新型快速发展的公司，是一家集研发、生产和销售于一体的全球化照明企业。产品涵盖家居、商照、电工、光源等领域，主要产品节能灯、吸顶灯、支架、筒射灯、

LED 照明等系列产品的国内市场占有率已处于领先地位。顺应电子商务发展大势,公司积极开拓网络销售渠道,基于公司官方网站及主流电商平台开展网络营销。电商营业收入占比从 2016 年的 23% 提升至 2018 年的 30%,已成为拉动公司业绩高速发展的重要增长点。目前,公司通过搜索引擎优化、论坛、社区及行业网站等对网络营销渠道进行了推广。推广一段时间后,需要针对前段时间的推广活动效果进行评价。请结合自己掌握的网站平台或新建立的模拟网站平台,完成对该公司网络营销平台营销现状的评价。

【实训步骤】

1. 准备一个待评价的网络营销渠道

没有的请免费申请一个,可以用免费的虚拟主机创建一个简易网站,并上传至互联网空间;开通一个网店或 blog 等。

2. 选择评价工具

目前常见的网络营销评价工具有十几种,比较著名的有 Google analytics、GoStats 网站统计分析、量子恒道统计(原雅虎统计)、CNZZ 数据专家、51 啦、百度统计等。可根据各统计工具的特点和个人喜好进行选择。

3. 开通并安装评价工具

根据各统计工具的操作说明完成评价工具的开通和安装。

4. 监测评价指标

正确安装统计工具后,就可以定期观察网站平台的网络营销效果,对各项指标实行精确的监测,从而评价各种网络营销方法和途径实施后的效果。同时,可以在实施过程中,根据客户行为监测及时调整网络营销方法。

5. 完成评价报告

包括评价指标、网络营销效果现状、存在问题及优化建议等。

7.2.5 思考习题

1. 什么是网络营销评价?主要评价哪些方面的内容?
2. 网络营销评价的流程是什么?
3. 网络营销评价常用指标有哪些?对网络营销优化有什么启示?
4. 请登录两家网络营销流量统计平台,比较它们的评价指标及分析功能的异同。
5. 选择你感兴趣或熟悉的本地公司,登录该公司及其主要竞争对手网站,评价该公司的网站推广情况。

参考文献

[1] 王水清.网络营销实务[M].2版.北京:北京邮电大学出版社,2015.
[2] 方玲玉.网络营销实务[M].北京:高等教育出版社,2018.
[3] 邵安兆,许茂伟.网络营销:理论、实务、案例、实训[M].2版.北京:高等教育出版社,2014.
[4] 龚芳.网络营销实务[M].北京:北京邮电大学出版社,2017.
[5] 吴洪贵,陈文婕.移动商务基础[M].北京:高等教育出版社,2019.
[6] 商玮,段建.网络营销[M].2版.北京:清华大学出版社,2015.
[7] 付珍鸿,潘玲玲.网络营销[M].北京:电子工业出版社,2017.
[8] 喻晓蕾.网络营销[M].北京:中国经济出版社,2018.
[9] 郦瞻,等.网络营销[M].2版,北京:清华大学出版社,2018.
[10] 王蓓,付蕾.网络营销与策划[M].2版,北京:机械工业出版社,2019.